故宫营建六百年

晋宏逵　著

中华书局

故宮營建六百年

晉宏逵　著

責任編輯　李夢珂
裝幀設計　高　林
排　　版　黎　浪
印　　務　劉漢舉

出版　　中華書局（香港）有限公司
　　　　香港北角英皇道 499 號北角工業大廈一樓 B
　　　　電話：（852）2137 2338　傳真：（852）2713 8202
　　　　電子郵件：info@chunghwabook.com.hk
　　　　網址：http://www.chunghwabook.com.hk

發行　　香港聯合書刊物流有限公司
　　　　香港新界荃灣德士古道 220-248 號
　　　　荃灣工業中心 16 樓
　　　　電話：（852）2150 2100　傳真：（852）2407 3062
　　　　電子郵件：info@suplogistics.com.hk

印刷　　美雅印刷製本有限公司
　　　　香港觀塘榮業街 6 號 海濱工業大廈 4 樓 A 室

版次　　2022 年 7 月初版
　　　　© 2022 中華書局（香港）有限公司

規格　　16 開（240mm×160mm）

ISBN　　978-988-8807-74-1

本書中文繁體字版由中華書局（北京）授權出版

序

大明永樂十八年十一月初四日，皇帝頒佈詔書，將營建北京告成的喜訊鄭重地昭告天下。詔書説：「眷茲北京實為都會，惟天意之所屬，實卜筮之攸同。乃仿古制，徇輿情，立兩京，置郊社宗廟，創建宮室。上以紹皇考太祖高皇帝之先志，下以貽子孫萬世之弘規。爰自營建以來，天下軍民樂於趨事，天人協贊，景貺駢臻。今已告成。選永樂十九年正月朔旦御奉天殿朝百官，誕新治理，用致雍熙。」[1] 我們把這一天看作是明代北京城與明代北京皇宮建築的誕辰，按公曆是 1420 年 12 月 8 日，到 2020 年已經整整六百年。

在十個甲子的漫長歲月裏，明代京師及其核心皇宮建築，後來被清代統治者順理成章地全盤接收為自己的都城及紫禁城。再往後，在近一百多年以來的國家政治制度革命的驚濤駭浪中，北京從帝都演變為中華人民共和國的首都。明清故宮幸運地得到完整保存，並就其原址建立了故宮博物院，對故宮建築和其中藏品進行保護、研究和展示。1961 年，國務院公佈故宮為第一批全國重點文物保護單位，實施國家保護。1987 年聯合國教科文組織將故宮納入世界文化遺產名錄第一批中國項目之一，認定故宮在世界範圍，具有突出、普遍的文化遺產價值。2019 年參觀故宮博物院的觀眾達到一千八百萬人，反映了中外民眾對故宮的強烈興趣和喜愛。

在我看來，故宮博物院最具唯一性的收藏品就是故宮古建築群。中國習慣上將前朝的宮殿稱為故宮，如明初工部蕭洵記錄元大都宮殿的著作

1　《明太宗實錄》卷二三一。本書所引明代各朝《實錄》，都用臺灣「中央研究院」歷史語言研究所校印本，必要時介紹校勘情況。

就名為《故宮遺錄》。辛亥革命以後，我們也稱明清宮殿為故宮。中國自秦建立統一大帝國以來，經歷了十多次帝國的興替，還有更多次割據政權的興亡，每個政權都建造了自己的宮殿。歷史文獻中留下了豐富記載與描述，人間仙境般的宮闕，令人神往。但是兩千二百多年來，完整地保存下來，進入到現代社會的只有明清故宮。所以它是中國歷史上產生過的數十座宮殿建築僅存的碩果，極其珍稀可貴。2004 年，瀋陽故宮也擴展進入世界遺產名錄「明清故宮」之中。它作為明末清初一個割據政權都城的宮殿建築，在清中期曾經被擴建成為清代皇家的紀念地，也是皇帝謁陵時的行宮，具有突出的文物價值。但它畢竟不是北京故宮的客觀構成，所以這本小書所講明清故宮沒有包括瀋陽故宮的內容。

明清故宮是中國宮城建設歷史最後的成果，是中國古代宮殿建築的集大成者，保存和延續了中國最後三個王朝都城的遺址遺蹟。一方面，它以宮殿的規劃與建築為語言，清晰地解說了中國傳統文化體系，是典範。另一方面，它用藝術手法塑造了中國傳統宮殿建築突出的特色，是傑作。它們是如何保存下來，將如何繼續延續下去，也是大家關心的國家大事。我計劃用五章篇幅來說明這三方面內容。

第一章，介紹元代大都城建設的簡史，和它的規劃結構與特色。中國古代王宮或皇宮是城池的核心，建設城池的目的是保衛王宮或皇宮。所謂「凡邑有宗廟先君之主曰都」，「築城以衛君，造郭以守民」。要介紹北京故宮就不能不介紹北京城。明北京不是平地起建的新城，而是利用元朝的都城加以改造，所以需要簡略介紹元大都城的規劃結構和特點，為明代做些必要的鋪墊。

第二章，介紹明代都城建設的曲折過程和最終成果。明太祖朱元璋在取得集慶路之後，就定都問題親自調查，反覆與謀臣討論，先後在南京、鳳陽進行了大規模的都城建設。他首先要考慮有利於政權發展與穩定的大問題，他高舉的旗幟是掃蕩胡俗，「悉復中國之舊」，一切以儒家經典為依據，最終定都南京。明成祖以「靖難、清君側」的名義得天下，他高舉的

1　[唐] 徐堅：《初學記》卷二四居處部。

旗幟是「恢復祖制」，所以北京建設惟南京的制度是遵。因此北京閃爍着中都鳳陽、京師南京的光芒，這座 15 世紀建設的帝都處處顯示出周禮的規矩。明代改造大都城的工程，其核心是建造明帝國都城必備的天地壇、太廟、社稷壇等等禮制建築和大內宮殿建築，開鑿了南海，改建了城牆。其他則全盤繼承了元代、金代乃至更早時期的北京地區先民創造的成果，也基本沒有擾動元大都城中的居民。明北京城移植了明初都城建設的圖式，把傳統文化中都城建設原則再現到元都給定的框架之內，規劃和分步實施的水平極其高超。

第三章，介紹北京皇宮建築佈置的格局。明代是創造者，清代統治者以繼承者的身份繼續使用明代都城建設的全部成果，只是開放了明代的皇城禁區。乾隆時對紫禁城內部的建築作了較大規模的改建，但是並沒有突破原有的格局。

第四章，介紹故宮的建築藝術。建築活動是人類基本的生產實踐活動之一，創造了最龐大、最複雜和最耐久的物質產品。而同時它也是一個藝術創造的活動，追求建築形體和建築環境的美觀和意境。故宮建築群滿足了皇帝統治天下、皇后統御後宮的全部功能，通過空間規劃和建築佈局，顯示出雄偉壯麗的主題和等級秩序。通過遍佈全城的石雕、琉璃構件和彩畫裝飾，營造了整體統一和諧、局部豐富多彩的藝術效果。同時，建築物的室內裝修高貴典雅，精巧絕倫，創造出個性鮮明的室內空間氣氛。由於敘事的需要，本章之初非常簡要地介紹一些中國古建築的名物制度。

第五章，介紹 2001 年啟動的故宮大修工程。六百年故宮得以保存至今是民族之幸、文化之幸。作為古建築群，它時刻面臨來自人為和自然的威脅。辛亥革命以後故宮有幾次幾乎遭到滅頂之災，都在有識之士的努力下得到化解；而及時消除自然侵蝕，中國古建築的「歲修保養」制度起到了至關重要的作用。故宮博物院成立九十五年來，延續了傳統的古建築維修的長處。故宮成為全國重點文物保護單位和世界遺產以後，對古建築的維修和保護也進入一個新的階段。

晉宏逵

2020 年 6 月

目　錄

第一章　元大都城的規劃結構與特色

一、大都城建設的極簡史　/ 1

二、大都的城池　/ 4

三、大都的宮殿和御苑　/ 12

四、大都的街巷、廟社、衙署和水系　/ 19

第二章　明代都城建設

一、洪武時期定都南京　/ 27

二、成功的舊城改造　/ 38

三、嘉靖時期增建北京外城　/ 67

四、建設北京的功臣們　/ 71

第三章　故宮建築的格局

一、明清北京城的格局　/ 83

二、初創時期北京宮城的格局　/ 107

三、明代中後期和清代中期的改造　/ 122

第四章　故宮的建築藝術

一、故宮古建築的一般常識　/ 132

二、故宮建築的裝飾藝術　/ 161

三、故宮建築的空間藝術　/ 191

第五章　故宮建築的保護和延續

一、紫禁城建築維修的回顧　/ 209

二、故宮整體維修啟動　/ 221

三、故宮整體維修工程實例　/ 231

四、北京會議與北京文件　/ 268

第一章　元大都城的規劃結構與特色

　　北京所在的小平原地理位置優越，適合人類居住。考古工作者在今房山琉璃河，發現了西周燕國始封地的遺址。隋唐時期這裏是軍事重鎮，建有幽州城。遼會同元年（938年）十一月，遼太宗耶律德光將幽州升格為南京，又名燕京，是遼國四個陪都之一。遼末在東北地區興起的女真族建立了金國，先後滅掉遼及北宋。金天德三年（1151年）三月壬辰海陵王「詔廣燕城，建宮室」。「四月丙午，詔遷都燕京。辛酉，有司圖上燕城宮室制度、營建陰陽、五姓所宜。海陵曰：『國家吉凶，在德不在地。使桀紂居之，雖卜善地何益。使堯舜居之，何用卜為。』」[1]兩年以後實施遷都，改燕京為中都。值得注意的是金在擴建燕京時處處學習北宋汴京的制度，如大城、皇城、宮城層層相套；力求使皇宮居中；皇城北門拱辰門、宮城的東華門、西華門，名稱也與汴梁一樣；甚至直接拆取汴梁宮殿的門窗，還把艮嶽的太湖石運到中都御苑。中都近郊建了一批園林和行宮。大定十九年（1179年）金世宗在城東北郊建大寧宮，以後先後更名壽寧、壽安、萬寧。宮內有亭臺樓閣和湖泊，宮左引泉水種稻，歲獲萬斛，應該是座水源很充足的行宮。

一、大都城建設的極簡史

　　金貞祐三年（1215年）在蒙古軍隊圍困下，金中都舉城請降。蒙古中統元年（1260年），元世祖忽必烈稱帝，定都開平（今內蒙古自治區錫林

1　《金史》卷五《海陵本紀》。

郭勒盟正藍旗境內），以燕京為陪都，仍名中都。蒙古軍以中都為基地在漢族地區推進軍事進攻，同時輔以「漢化」的政策，為統一全國發揮了重要的作用。中統三年（1262年），開始在金萬寧宮舊址重新建造瓊華島。同時以此為中心，籌備興建一座全新的都城。新建工程大約在至元三年（1266年）從宮城開始，到至元十三年（1276年）大都城池建成。期間，至元八年（1271年），忽必烈改國號為大元，次年，命名新城為大都。關於大都建設和瓊華島重修的起止時間，諸書記載頗多異同。這裏所採用，可視為一種可能性。

忽必烈早有統一中原的大志。在即位蒙古國主之前，他曾經與木華黎的孫子霸突魯討論天下形勢，霸突魯說，「幽燕之地，龍蟠虎踞，形勢雄偉，南控江淮，北連朔漠。且天子必居中以受四方朝覲。大王果欲經營天下，駐驛之所，非燕不可。」[1]這次事關重大的討論，促成了後來元世祖定都燕京的決策。世祖曾說，「朕居此以臨天下，霸突魯之力也」。

大都建設的主持人是劉秉忠，順德府邢臺人。年輕時為生活所迫，在邢臺節度使作令吏。有一天事不如意，他慨歎自己本累世衣冠，不應該作此刀筆吏。於是跑到武安山隱居起來，在天寧禪寺出家作了和尚，僧名子聰。後來得到臨濟宗海雲大師知遇，推薦給忽必烈，「參帷幄之密謀，定社稷之大計」，「世祖大愛之」，人稱聰書記。忽必烈的哥哥蒙哥即位大汗以後，忽必烈總領漠南漢地軍國庶務。於是忽必烈在憲宗六年（1256年），命劉秉忠在都城和林迤南，桓州東、灤水北的地方，擇地建城，三年而成，命名開平。至元四年（1267年），「又命秉忠築中都城，始建宗廟宮室」[2]。

這兩次重大工程的主持人劉秉忠是一位極具傳奇色彩的人物。元博州路總管徐世隆在劉秉忠去世後，悼念他說：「首出襄國，學際天人，道冠儒釋。初冠章甫，潛心孔氏，又學葆真，復參靈濟。其藏無盡，其境無涯。鑿開三室，混為一家。逆知天命，早識龍顏，情好日密，話必夜闌……道人其形，宰相其心。誰其似之，黑衣惠琳。數精皇極，禍福能決。誰其似之，邵君康節……相宅卜宮，兩都並雄，公於是時，周之召

1　《元史》卷一一九《霸突魯附傳》。

2　《元史》卷一五七《劉秉忠傳》。

公。」[1]徐世隆認為劉秉忠學問淹貫儒釋道，博洽天地人。在朝廷上，可比南朝劉宋的黑衣宰相僧慧琳；在易學數術的修養上，可比北宋五子之一邵雍；在創建兩京方面，可比西周召公。元代末年詩人張昱《輦下曲》對元大都城的描寫，就令人聯想到劉秉忠的易學背景：「大都周遭十一門，草苫土築那吒城。讖言若以磚石裹，長似天王衣甲兵。」[2]

元代熊夢祥具體描述了劉秉忠的功勞：「至元四年世祖皇帝築新城，命太保劉秉忠辯方位。得省基（筆者按，中書省）在今鳳池坊之北，以城制地分，紀於紫微垣之次。樞密院在武曲星之次。御史臺在左右執法天門上。太廟在震位（原註：即青宮），天師宮在艮位（原註：鬼尸上）。其內外城制與宮室公府並係聖裁，與劉秉忠率按地理經緯以王氣為主，故能匡輔帝業，恢圖丕基，乃不易之成規，衍無疆之運祚。」[3]按照現代的職業分工，稱劉秉忠是元大都的主持人兼規劃師，應該是有道理的。同時還有一位趙秉溫，也對大都規劃發揮了重要作用。「（至元）三年詔擇吉土建兩都，命公與太保劉公同相宅。公因圖上山川形勢、城郭經緯，與夫祖社朝市之位，經營製作之方，帝命有司稽圖赴功。」[4]

《日下舊聞考》從《永樂大典》中抄錄了一篇《大都賦》，大約作於元代大德年間，文辭華麗，頗多鋪張，對我們理解元代人的風水觀大有裨益，讀起來也很有趣味。

「昔《周髀》之言，天如蓋倚而笠欹，帝車運乎中央。北辰居而不移，臨制四方。下直幽都，仰觀天文，則北乃天之中也。維崑崙之結根，並河流而東馳。歷上谷而龍蟠，向離明而正基。」從天文說起，描繪幽燕的山川形勢，即大風水。從幽燕觀天象，北極星在正北方，為天之中。山脈從崑崙發起，大河向東奔流。背倚群山、南向建都是符合天象的。

1　[元]徐世隆：《祭太保劉公文》，載[元]蘇天爵：《元文類》卷四七。

2　《張光弼詩集》，《四部叢刊續編》集部，涵芬樓影印鐵琴銅劍樓藏明鈔本。

3　[元]熊夢祥：《析津志》，徐蘋芳鈔本下冊，北京聯合出版公司，2017年。另有《析津志輯佚》，北京圖書館善本組輯，北京古籍出版社，1983年。徐蘋芳鈔本的優點是保留了原格式。

4　[元]蘇天爵：《故昭文館大學士中奉大夫知太史院侍儀事趙文昭公行狀》，載《滋溪文集》卷二二。

「厥土既重，厥水惟甘。俯察地理，則燕乃地之勝也。顧瞻乾維，則崇岡飛舞，崟岑茀鬱。近掎軍都，遠摽恆嶽。表以仰峰蓮頂之奇，擢以玉泉三洞之秀。周視巽隅，則川隰回洑，案衍澶漫。帶繞潞沽，股浸渤海。抱以淶、涿、滹沱之流，瀦以雍奴、漷陰之浸。浮遊近郊，則膴原爽塏，坰野倘博。繩直准平，宜植宜牧。延芳下馬，淀泊參錯。」燕京的平原土壤肥厚，水質甘甜。燕京的地理，西北方是有如飛舞的群山，近處的軍都山，遠處的北嶽恆山，聯絡成脈。仰峰蓮頂之美可以為表，玉泉三洞之山突起於原。燕京東南方泉源豐富，或川流，或伏流，或在平漫之處匯為湖泊。潞河、沽水，奔流入渤海。淶水、涿水、滹沱河、雍奴和漷陰之湖對燕京形成環抱之勢。燕京的郊區，平坦寬廣，非常適宜種植與放牧，延芳淀、下馬泊等湖泊點綴在其中。

再進一步，說到燕地民風淳樸，多忠義之士；物產豐富，特別是宛平的煤、琉璃，香水梨、岡子桃；還有豐厚的文化遺產。「訪遺蹟則金臺之舊址，石鼓之斷籀，東掖之銅馬，闓城之石獸。經山之鐫刻，蘆溝之結構。指故城而弔英傑於既往，謁古刹而念忠義之不朽。」如此形勝，堪稱地寶，確是建都的不二之選。這些，應該是劉秉忠和趙秉溫「相宅」的宏觀內容。

「是以皇元之宅是都也，睿哲元覽，訏謨辰告。狹舊制之陋側，相新基而改造。面平原之莽蒼，背群山之繚繞。據龍首，定龜兆。度經緯，植臬表。」「相宅」之後要做「營都」的技術工作。首先要占卜，來確定具體的位置和開工吉期。要進行大地測量，定中線和地平，根據天之中確定地之中。還要根據天文星座，把城制對應為地面的分野，象天法地，參照五行的運作，把趙秉溫圖上的城郭和祖社朝市落到幽燕的大地上。至於「詔山虞使掄材，命司徒往掌要，戒陶人播其埴，程匠師致其巧」，這些繁雜的工程，更是非劉太保這樣學問廣博、極具權威的重臣來管理組織不可。

二、大都的城池

大都城建築的方位制度，《大都賦》中也有不少描述，但是限於文體難以具體化，我們還需要藉助更多的歷史文獻。元代陶宗儀輯錄的《宮闕制度》堪稱系統而詳實。該文末有一小段跋語：「史官虞集曰，嘗觀紀籍

所載，秦漢隋唐之宮闕，其宏麗可怖也……集佐修經世大典，將作所疏宮闕制度為詳。於是知大有徑庭於古也。」[1] 奎章閣學士虞集所説《經世大典》是一部奉敕旨編纂的政書，他任副執筆。該書全部取材於元代朝廷各部院司府的存檔案牘，各衙門送來的一律登錄，原有記錄遺失的決不擅自妄補，只是有時需要把蒙古語譯為漢語，漢語文書在語言和文體上稍作改動。這樣把元代立國以來的典章制度歸納為十典，「工典」是其中一典，「宮苑」是該典一目。虞集的跋語説明了《宮闕制度》來自「將作」衙門，很可能是來自大都留守司兼少府監及其所轄各局。《經世大典》明中期已經亡佚，《宮闕制度》能留存下來，是十分幸運的。

此外，較系統記錄元大都宮城與宮殿的古代文獻還有以下幾種：（1）《故宮遺錄》，明初蕭洵作，書前有兩篇序言。序一署名洪武二十九年松陵生吳節，説大明建元，蕭洵奉命隨大臣「至北平毀元舊都，因得遍閲經歷」。序二署名清常道人趙琦美，清代著名藏書家。明史專家王劍英先生指出，該書特點是「較為詳實的遊記式的描述，補充了《輟耕錄・宮闕制度》之後四十年間元末新添的建築」，他認為序言有兩個錯誤：一是蕭洵身份是工部主事，不是郎中。二是明初並沒有毀元舊都。（2）《禁扁》，元通事舍人王士點等撰。記載元代及以前歷代宮殿建築的匾額題名。（3）《析津志》，也稱《析津志典》，是元代末年（14世紀中期）的作品，作者熊夢祥，該書大約在明代萬曆年間失傳了，目前散見在《日下舊聞考》等書籍中，所以不成系統。書中保存了很豐富的描寫元大都街市、閘壩、橋梁、風俗的內容，元大都的皇家和市井文化，歷歷如在目前，這些恰恰是《宮闕制度》《故宮遺錄》所沒有的內容。這些書是研究元大都的主要文獻依據。

近人對元大都進行了綜合的長期研究，主要是把文獻研究與城市考古結合起來，辨識歷史遺蹟，對照城市佈局，把成果科學地標識在地圖上。在北京大學侯仁之教授主持下，1988年《北京歷史地圖集》出版，其中《元大都（至正年間）圖》集中了前人研究成果，也代表了當時學術界對元大都城市研究達到的水平。對照這幅地圖我們可以很方便地理解元大都

1　[元]陶宗儀：《宮闕制度》，《南村輟耕錄》卷二一，載《元明史料筆記叢刊》，中華書局，1959年，第257頁。

城規劃結構的各要素（圖1）。

　　元大都城平面是一個南北略長的長方形。「京城……城方六十里，十一門。正南曰麗正，南之右曰順承，南之左曰文明。北之東曰安貞，北之西曰健德。正東曰崇仁，東之右曰齊化，東之左曰光熙。正西曰和義，西之右曰肅清，西之左曰平則。」[1] 從1969年開始的兩三年間，中國科學院考古研究所和北京市文物管理處聯合對元大都遺址進行了考古勘查和發掘，取得很大收穫。實際測量了城牆各面長度，北面6730米，東面7590米，西面7600米，南面6680米；城牆周長約28,600米。折算起來，與「方六十里」正相一致。肅清門和光熙門的地基夯築得很堅固，城門建築是被焚毀的，大量的木炭和燒土的遺蹟表明，城門洞還是唐宋以來木結構的形式，即沿門洞兩側立排叉柱，柱頂架梁承重，而不是明清時代常用的磚券洞。城的四角都建有巨大的角樓。今建國門南側的明清古觀象臺，就設在元大都東南角樓的城臺上。城牆外側，等距離地建有凸出牆體的馬面。城外環繞着護城河。勘查還發現，城牆全部用夯土築成，地下的牆基寬達24米。城牆下厚上薄，「收分」很大，牆基寬、牆高和牆頂寬的比例是3：2：1。這個比例有利於土城的堅固。為了更增強穩定性，在夯土中使用了木柱和橫木條，稱為永定柱和紝木。在西城牆的頂上，順城牆的方向，還發現斷斷續續長達300餘米的半圓形瓦管。元大都城牆設有排水設施，這是以前從來不知道的。《元史·順帝本紀》記載，至正十九年（1359年）十月，詔京師十一門皆築甕城、造吊橋。1969年在拆除明清西直門箭樓時，發現了包砌在明清城牆裏的元代和義門甕城遺址（圖2）。它建造草率，甚至沒有地基。門洞採用了磚發券的形式，還在門樓的地面下設了水槽，直通木製的大門楣，明顯是一種防火的設施。有意思的是，門洞裏抹的灰皮上留下了至正十八年四月刻劃的文字，正好與元史的記載相驗證。[2] 元大都北城牆遺址，現在還留在地面上，明清以來一直被稱為「土城」。2006年被國務院公佈為全國重點文物保護單位。北京市政府在舊址上建設了元大都遺址公園（圖3）。

1　《元史》卷五八《地理志》。

2　《元大都的勘查和發掘》，《考古》，1972年第1期。

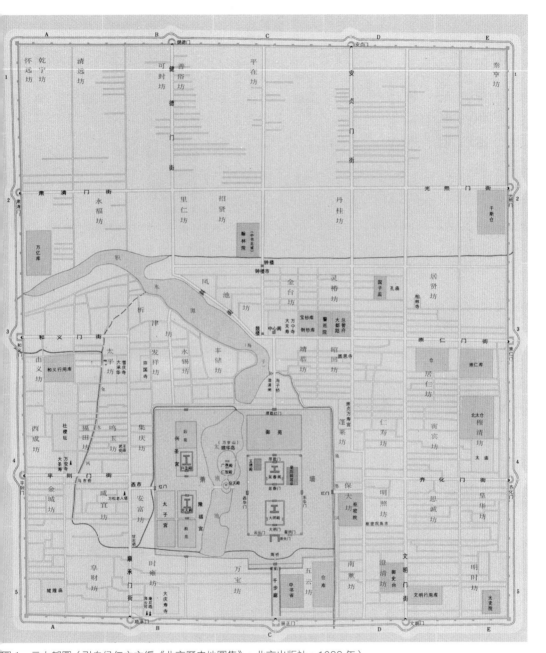

圖 1　元大都圖（引自侯仁之主編《北京歷史地圖集》，北京出版社，1988 年）

圖 2　和義門甕城遺址（引自北京市文物局編《北京文物地圖集》上冊，科學出版社，第 225 頁）

圖 3　元大都北城牆遺址

　　元大都的皇城位於全城南部偏西，距離大城南牆很近，僅經過一段千步廊的距離。「南麗正門內千步廊，可七百步，建靈星門。門建蕭牆，周迴可二十里，俗呼紅門闌馬牆。」[1]為了敍述方便，我們姑且將蕭牆稱為皇城。皇城制度是隋代首都大興城創立的，唐長安、洛陽都在宮城前面建立皇城，專門安置朝廷的各中樞衙門。北宋汴梁因為是在舊城基礎上陸續改建的，所以在宋代文獻當中，「皇城」「宮城」所指稱對象不是很清晰。但是在皇城外有一周內城則是毫無疑問的，它就是唐代汴州舊城的城牆。於是就形成了北宋汴梁城牆層層相套的格局：外城，周圍五十里一百六十五步；舊城，周圍二十里一百五十五步；皇城，周圍九里十三步；最內部是宮城或者大內，周迴五里。大內正門、皇城正門、舊城正門和外城正門，從裏向外，從北朝南，連成一條筆直的軸線。[2]元大都蕭牆的尺度，與北宋

1　[明]蕭洵：《故宮遺錄》，北京古籍出版社，1983 年，第 73 頁。

2　郭黛姮主編：《中國古代建築史》第三卷，第二章第一節，中國建築工業出版社，2003 年。

圖 4　北京地壇欞星三門

東京汴梁的舊城基本相同，而且其城內，只安排宮城、苑囿和太后、太子宮，所以從功能上我們可以把它看作是元大都的皇城。

　　麗正門與靈星門之間的千步廊是交通要道。「崇天門，正南出周橋，靈星三門，外分三道，中千步廊街，出麗正門。門有三，正中惟車駕行幸郊壇則開，西一門亦不開，止東一門以通車馬往來。」[1] 看來，大都西南部地區主要出入口應該是順承門。欞星門這種形式的門，明清都用在陵寢或者禮制、祭祀建築上，用作皇城的正門是罕見的（圖 4）。蕭牆在官方文件中被稱為「外周垣」。「外周垣紅門十有五，內苑紅門五，御苑紅門四。

1　徐蘋芳整理：《輯本析津志》，北京聯合出版公司，2017 年。

此兩垣之內也。」[1] 外周垣裏面，宮城及其御苑佔了東側的一半。剩下的一半，靠宮城是貫通南北的太液池，池中聳立瓊華島。池西岸，南部有隆福宮和西御苑。北部有興聖宮和後苑。考古勘查的結果：蕭牆東牆在今南北河沿的西側，西牆在今黃城根，北牆在今地安門南，南牆在今東西華門大街以南。牆基寬約三米，所以應該是磚牆。紅門的具體情況恐怕很難有機會搞清楚了。

元大都的宮城佔據了大都城南半部的中心位置，在文獻中經常被稱為大內。因為在太液池東，而且西邊還有隆福、興聖二宮，所以大內也稱東內。進入靈星門，金水河從西到東橫亙在大內之前。「河上建白石橋三座，名周橋，皆琢龍鳳祥雲，明瑩如玉。橋下有四白石龍，擎戴水中，甚壯。繞橋盡高柳，鬱鬱萬株，遠與內城西宮海子相望。」[2] 從這段文字中，可以讀出作者剛入蕭牆時，美麗風景和精美石雕對他的震撼。詩人張昱也吟詠過這一帶的景致：「攔馬牆臨海子邊，紅葵高柳碧參天。過人不敢論量數，雨露相將近百年。欞星門與州橋近，黃道中間御氣高。拜伏龍眠金水上，鎮安四海息波濤。」官方語言則這樣表達：「直崇天門有白玉石橋三虹，上分三道，中為御道，鐫百花蟠龍。」[3] 根據這些記載我們判斷，靈星門內跨金水河並列三座石橋，名周橋或州橋，建築材料是漢白玉，構造形式是拱橋。三座橋對應着靈星門到崇天門的三條道路，中間是御路，橋面石上雕刻百花和龍鳳。至於橋下的白石龍，由於沒有實物遺存，很難臆測它們的位置、形象和作用。

橋北就是宮城了。「宮城周迴九里三十步，東西四百八十步，南北六百十五步，高三十五尺，磚甃。」[4] 可見，其周長尺寸與汴梁城幾乎相同。宮城建有六座城門：南面建三座城門，正門名崇天門，開五個門洞。

1　[元] 陶宗儀：《宮闕制度》，《南村輟耕錄》卷二一，載《元明史料筆記叢刊》，中華書局，1959 年。

2　[明] 蕭洵：《故宮遺錄》，北京古籍出版社，1983 年，第 73 頁。

3　[元] 陶宗儀：《宮闕制度》，《南村輟耕錄》卷二一，載《元明史料筆記叢刊》，中華書局，1959 年。

4　[元] 陶宗儀：《宮闕制度》，《南村輟耕錄》卷二一，載《元明史料筆記叢刊》，中華書局，1959 年。

崇天門左建星拱門，右建雲從門，各開一個門洞。東西兩面城牆的中間位置，分別建東華門和西華門，各開三個門洞。北面中間建厚載門，開一個門洞。每座城門上都建有城樓，宮城四角各建有角樓。有考古工作者認為，「宮城的南門（崇天門），約在今故宮太和殿的位置；北門（厚載門）在今景山公園少年宮前，它的夯土基礎已經發現。東、西兩垣約在今故宮的東、西兩垣附近。宮城的牆基，由於明代的拆除改建，保存不好，殘存的最寬處尚超過 16 米以上。」[1] 崇天門實際是一建築組合：下部的城臺成「凹」字形，正面的「一」字上，中央建有十一間門樓，兩端各建一座趬樓，三樓之間用登門斜廡連接。城臺兩側向南伸出去成為兩觀，各建一座闕樓，採取複雜華麗的三趬樓樣式，也用廡房與正面趬樓相連接。所謂「三趬樓」，按蕭洵的說法就是「觀旁出，為十字角樓，高下三級」[2]。我國著名建築史學家傅熹年院士對元大都大內宮殿進行了復原研究，就是根據《宮闕制度》等文獻記載的各建築佈局和尺度，和宋代《營造法式》對北宋木結構建築的構造法和尺寸標準，對照現存的宋、元建築實物和繪畫的形象，將元大內的主要建築物，科學地再現在圖紙上，幫助我們理解和形象地認識元大都宮殿的建築及藝術成就。崇天門是其中一座（圖 5）。

三、大都的宮殿和御苑

宮城內最重要的建築在中軸線上前後排為兩組，稱為「大內前位」與「大內後位」。南以大明殿為中心，北以延春閣為中心，各自用廊廡圍合成封閉院落，稱為周廡。前位周廡的南面，中央部分建正門七間，叫大明門。左右還各有三間便門，東叫日精門，西叫月華門。院子東西兩面各建左右門五間，門南方的廊廡中部，東面還建五間鐘樓，名為文樓；對面建五間鼓樓，名為武樓。院子北面也建正門和便門。大明殿坐落在院落的中心位置，是皇帝舉辦登極、朝會、慶祝壽誕和元旦等重大活動的「正衙」，面闊十一間。它的北面有寢殿，主體建築五間，左右各有三間夾室，後邊又連着三

1　《元大都的勘查和發掘》，《考古》，1972 年第 1 期。

2　[明] 蕭洵：《故宮遺錄》，北京古籍出版社，1983 年。

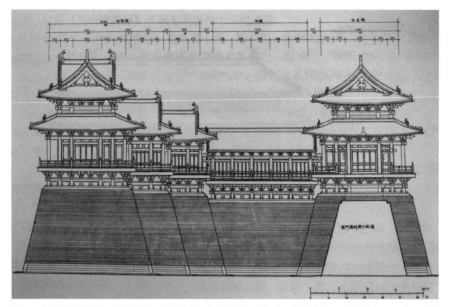

圖5　崇天門西闕樓、西趓樓及西廡東立面復原圖（引自《元大都大內宮殿的復原研究》,《傅熹年建築史論文集》,文物出版社,1998年）

間香閣。大明殿和寢殿之間連以「柱廊」,形成「工字殿」的格局。在考古發掘的簡報裏,我們看到在講究一些的元代住宅中,中心建築也採取了工字殿的方式。大內後位與前位格局相同,只是正殿減小為九間,但是用了兩層樓閣,更顯得高聳華麗。寢殿東西各有三間殿,還加了軒以擴大面積。分別名慈福殿、明仁殿,又叫東、西暖殿,室內應該是有特殊的裝置。

　　《宮闕制度》和《故宮遺錄》都用了許多筆墨來形容大內宮殿的色彩與裝飾。大明殿的殿基之下,有高三重的「殿陛」,周圍環繞着龍鳳白石欄杆。每根欄杆望柱之下,都向外挑出「螭首」（圖6）。大殿的柱礎用青石和白石兩種材料。地面鋪出自浚州的花版石,「磨以核桃,光彩若鏡」。簷柱用五六尺粗的方柱,白石柱礎雕刻龍雲,柱子漆成紅色,繪蟠龍,貼金。柱頭之上,斗栱逐間攢成一間一間的「鹿頂」,每間中央的藻井裏盤着黃金雙龍。殿四周用華麗的金瑣窗,漆朱紅色,周圍加金線邊。殿基周圍立着紅色的勾欄,望柱頂安裝鎏金銅帽,帽上裝飾着金雕。詩人張昱形容:「黃金大殿萬斯年,十二丹楹日月邊。傘蓋葳蕤當御榻,珠光照曜九重天。五垛十陛立朝廷,檻首銅雕一丈翎。不待來儀威鳳至,日聞韶濩在

圖 6　元中都遺址出土的螭首

青冥。」大明宮內所有建築的色彩，包括城樓、角樓，基本是統一的，都是紅柱紅牆紅窗；屋頂用「剪邊」的做法，即只在屋脊和屋頂周圍裝飾琉璃瓦，其他位置鋪普通瓦；木結構的梁枋上畫着彩畫。區別僅僅在於，皇帝臨御的宮殿彩畫要加貼金，稱為「間金」。城樓、角樓和周廡均不貼金（圖 7）。

　　宮城之北有一座御苑，寬度與宮城一樣，向北一直到皇城北門，面積約達到宮城一半。苑內種植五穀蔬菜，也設有花房。引海子之水進行灌溉，還建有一所水碾。宮城之西，太液池裏種植着荷花。湖泊的北半部，碧波中有兩座島，南北相鄰。北面的大一些，金代稱為瓊華島，元中統三年（1262 年）開始重修，至元八年（1271 年）賜名萬壽山。元代文獻也多稱萬歲山。如李洧孫《大都賦》：「山萬歲之嶙峋，冠廣寒之崢嶸。池太液之浩蕩，泛龍舟之敖翔。」南面的小一些，稱為瀛洲或者圓坻。登島要通過四座橋梁。東岸有登圓坻的木橋，長一百二十尺。登萬歲山的石橋，長七十六尺，橋上還有渡槽，把金水河水引上萬歲山。從西岸登圓坻有木吊橋，長四百七十尺，中間空着一小段，用兩艘船做補充，成為浮橋。這樣方便龍舟往來，皇帝行幸上都期間就把浮橋撤掉。圓坻和萬歲山之間建有白玉石橋，長二百尺。

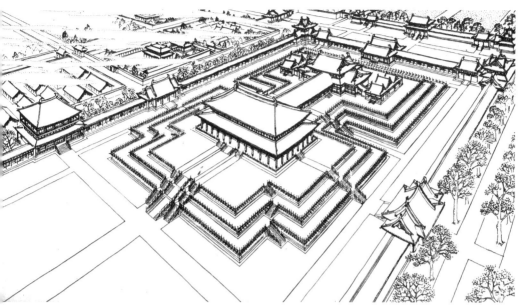

圖7 傅熹年《大明殿建築群復原鳥瞰圖》（引自《元大都大內宮殿的復原研究》圖16，《傅熹年建築史論文集》，文物出版社，1998年）

　　圓坻上建有一座儀天殿，重簷圓屋頂，周圍十一間，形制很是罕見。從圓坻北過石橋，最引人注目的是滿山的玲瓏石。所謂玲瓏石，是對園林賞石的統稱。在中國古代園林中，用土石堆疊假山是很重要的造園手法。石料有兩種作用，一種用來形成「山」的體積和體勢，對石頭的外觀並沒有特殊要求。另一種用來點綴景色，甚至用一塊巨石，形成一個獨立的景點。這種石頭稱為賞石、奇石，常用的種類有太湖石、靈璧石、英石、木變石等等，宋代還誕生了專門記錄賞石的書，《宣和石譜》和《雲林石譜》。宋徽宗做了一件遺臭萬年的事情，即在東京汴梁堆疊了一座萬歲山，周圍達十餘里。蒐羅浙江、江蘇、山東、四川、兩湖等地的賞石和奇花異草，從水旱兩路運到京城，社會震動。山上點綴的獨立峰石，得到宋徽宗垂青的六十五座都由他親自賜名題字。在園林中使用賞石，宋徽宗達到了頂峰，空前絕後。之後不久北宋滅亡，因造園亡國，宋徽宗也創造了記錄。這座山因為坐落在京城東北，屬艮位，故以「艮嶽」聞名。傳說金海陵王建造中都時，把艮嶽的賞石輦運來燕京。此說雖然沒有直接的文獻記載，但是從金人曾拆運汴京宮殿構件和珍玩北上推測，運賞石也是十分

可能的。元大都的萬歲山有大量的玲瓏石，從石質觀察，大都路肯定不是原產地，因此判斷來自艮嶽的可能性是很大的。16 世紀 40 年代，嘉靖朝禮部尚書嚴嵩在賜遊小山的詩序中，說在仁壽宮西，清虛門內：「磴道盤屈，髬髵皆肖小龍文。疊石為峰，巉巖森聳怪奇不可名狀，元氏故物也。中官云元人載此石自南至燕，每石一折糧若干，俗呼為折糧石。蓋務極侈靡。」[1] 清康熙翰林院侍講學士高士奇說瓊華島的石頭：「余歷觀前人記載，茲山實遼金元遊宴之地，明時殿亭皆因元之舊名。其所疊石巉巖森聳，金元故物也，或云本宋艮嶽之石。金人載此石自汴至燕，每石一准糧若干，俗呼為折糧石。」[2]

萬歲山造景，山腳下的平地上，設置着仿石大門，對立兩座名為日月的峰石，供人休息的石坐牀和石棋盤。峰石與棋盤都被說成是金人遺蹟。設左右兩條登山磴道。半山上，仁智殿居中，左有介福殿、荷葉殿；右有延和殿、胭粉亭。稍高，荷葉殿後有方壺亭，胭粉亭後有瀛洲亭。還有石巖石屋，稱為溫石浴室，更衣殿，「每設宴必溫酒其中」。殿庭之間，山路曲折，洞府迷離，草木蓊鬱，步移景換。山頂上的主建築叫廣寒殿，左右配以兩座圓亭，左金露，右玉虹。從命名就可以體會到，園景比擬月宮仙山瓊樓玉宇的意境。廣寒殿面闊七間，重簷廡殿屋頂，內部裝飾着藻井，文石鋪地。丹紅的木柱上蟠龍矯健。四面用金瑣窗，卻從屋裏封蔽起來，點綴着金紅兩色雲紋。殿裏還設了一座小玉殿，安置皇帝的金嵌玉龍御榻，左右列從臣坐牀。君臣前面架着一尊黑玉雕刻的大酒甕，可容酒三十餘石。其甕「玉有白章，隨其形刻為魚獸出沒於波濤之狀」。萬歲山的水景也是造景的一大成就。從東石橋上把金水河水引到島上，從北面用機械汲引直上山頂，從石龍的口中，流到貯水的方池裏。然後順暗溝伏流到半山腰的仁智殿後面。這裏也設了水池，一條蟠龍昂首，水從龍口噴射而出，然後水流分東西兩路流進太液池。

不知道從什麼時候開始，廣寒殿被誤傳為遼代蕭太后的梳妝樓。直到

1　［明］嚴嵩：《鈐山堂集》卷一五。

2　［清］高士奇：《金鰲退食筆記》卷上，《四庫全書》本。關於艮嶽石北上的歷史，韓光輝先生曾作專文論述，可參閱丁文父編《御苑賞石》，三聯書店，2000 年。

圖 8　瀆山大玉海

明萬曆七年（1579 年）五月四日，其忽然倒塌，在梁上發現金錢一百二十枚，應是建造時留下的鎮物。萬曆皇帝賜給首輔大學士張居正四枚，金錢的文字是至元通寶，因此知道廣寒殿建於元世祖時期。至於黑玉大酒甕，名「瀆山大玉海」，至元二年十二月二十五日雕刻完成，元世祖親自命令安置在廣寒殿。[1] 清康熙年間黑玉大酒甕被重新發現時，已經流落到西華門外真武廟，做了道人的菜缸。乾隆十年（1745 年）由皇家把它收購，放到圓城，即元大都的圓坻上（圖 8）。

太液池西岸，南部有隆福宮，原是元世祖忽必烈的太子真金的皇太子宮。太子早逝，太子妃仍住在這裏。元成宗即位後，尊皇太子妃為皇太后，改舊太子府為隆福宮。隆福宮整體格局也是外有長方形宮城，城內再用周廡圍成院落。與大內的區別，一是宮城門只是「紅門」而不是宮門，二是這裏只有一組周廡圍合的建築。隆福宮周廡南面，設一座正

1　《元史》卷六《世祖本紀》。

門和兩座便門。周廡東西兩面，中間設左右門；門南側的廡房中間各建一座樓閣。周廡四角都建有角樓。周廡總間數比大內少。正門五間，也少於大內正門的七間。正殿名光天殿，只有七間，既少於大內前位大明殿的十一間，也少於大內後位延春閣的九間。正殿和寢殿之間也連以柱廊，成工字殿的形式。寢殿的東側有壽昌殿，西側對稱建有嘉禧殿，也被稱為東暖殿和西暖殿，與大內後位相似，其他宮裏是沒有的。隆福宮工字殿下大臺基只有兩層，殿內也是文石墁地。各殿都是紅瑣窗，殿內鋪着毛毯，掛着朱簾。殿外周圍圍着朱闌，鎏金銅帽柱頭，裝飾金雕。

興聖宮在隆福宮之北，朝東正對着萬歲山的美麗風景。興聖宮宮牆、周廡、大殿等制度以及主要建築的間數與隆福宮相同，正殿名興聖殿，與柱廊、寢殿形成工字殿。需要指出的有三個特殊之處。第一，興聖宮有兩重磚宮牆，外牆稱為「夾垣」。夾垣東開三座門，直對圓坻木吊橋；西開一門；北開一門稱臨街門，似應距蕭牆不遠，甚至可以推測夾垣北牆即利用蕭牆。內牆南側開三座門，東西北各開一門。第二，在周廡之北，還有延華閣建築群。《宮闕制度》說它「在興聖宮後」，但是並沒有說明具體位置。我推測可能在內牆之外，夾垣以內。延華閣建築群周圍有紅色木板牆，南面開正門，名山字門，面闊只有一間，外加左右夾室各一間。板牆內正殿名延華閣，面闊五間，方殿。它的左右各配一座五間殿，稱東、西殿。延華閣後還建有一座圓亭，左右各配一座三間的方亭，名碧芳亭和徽青亭。板牆之外，東西兩側，各有一座盝頂殿，都採取了工字殿的樣式，面積也都不小。延華閣建築群的屋頂形式非常多樣。延華閣是重簷十字屋脊，白色琉璃瓦，配青琉璃剪邊。碧芳等兩座方亭也是重簷十字屋脊，青色琉璃瓦，配綠琉璃剪邊。山字門和圓亭應該是攢尖屋頂，與十字屋脊頂建築中央都加了金寶瓶。再說興聖宮正殿也是鋪白磁瓦加碧琉璃剪邊，所以屋頂形式多樣、色彩豐富是興聖宮的重要建築特色。延華閣院裏還有多座「盝頂」建築。《宮闕制度》解釋說「盝頂之制，三椽，其頂若筒之平，故名。」還有一座「畏吾兒殿」，什麼樣式，難以臆測了。據這些跡象，延華閣可能就是興聖宮後苑。第三，夾垣內外，功能性用房眾多。特別重要的，有內牆內西南角的藏珍庫，南夾垣內的省院臺百司官侍直板屋。還有如妃嬪院、妃嬪庫房、縫紉女庫房、侍女室、宦人之室、衛士直廬、宿

衛直廬等值守服務人員居停之所，再就是凌室（即冰窖）、酒房、窨花室、庖室等作坊。這些功能在其他宮也是必不可少的，但是記載都不如興聖宮這樣具體，對我們了解元代宮廷生活狀況大有裨益。

隆福宮的西側還有一座西御苑，也是以觀賞疊山和水景為主的園林。假山體量較大，山上建築名香殿，主體只有三間，左右有夾室，後邊柱廊加龜頭屋。紅柱，瑣窗，間金彩畫，白玉石柱礎，琉璃瓦，是一座外觀足夠豐富的小殿。假山之北有石臺，左右各建三間荷葉殿。假山之南建築可以分成兩組，較近的是圓殿，稍遠是歇山殿。圓殿重簷屋頂，上安鎏金寶珠。左右廊廡，連向北邊的兩座流水圓亭。三座建築之中是流杯池。歇山殿五間，後接柱廊。殿北部的東西兩側各建一座方亭。殿南部有池沼，池中建水心亭，與北部兩方亭相呼應。御苑引金水入苑，在假山上下造飛龍噴雨的景致。流杯池邊刻石為水獸，傳說元代皇帝「親製水鳥浮杯，機動流轉而行」，模仿古人曲水流觴的樂趣。

四、大都的街巷、廟社、衙署和水系

大都城內，皇城以外的地方佈滿大街小巷，方向和寬度都有制度規定：「街制。自南以至於北謂之經，自東至西謂之緯。大街二十四步闊，小街十二步闊。三百八十四火巷，二十九衖通。衖通二字本方言。」[1] 街道只有經、緯兩個正方向，除沿積水潭的斜街外，全城很少有斜街。由於大都城內有皇城和積水潭的障礙，而且北面只有兩座城門，所以除順城街以外，也很少有貫通南北或者東西的大道。經緯交織的街巷把全城劃分成為許多方正整齊的矩形。為了便於管理，把這些矩形的地段劃分為「坊」。每坊都由大學問家翰林院侍書學士虞集做了命名，一共五十個，以符合《易傳》所說的「大衍之數」。坊名都源於古代經典，或者歷史典故，盡可能做到貼切。比如福田坊，是因為坊裏有佛寺，借用佛家關於供養佛陀，必受福報，似田生物的道理。鳳池坊，是因為靠近中書省，鳳池正是中書省的代稱。阜財坊臨近庫藏，所以取古詩「南風之時兮，可以阜吾民之財」

1　徐蘋芳整理：《輯本析津志》，北京聯合出版公司，2017 年，第 7 頁。

的詩意。乾寧坊，在大都城的西北，正當乾位，取「乾」卦的象辭中「首出庶物，萬國咸寧」的詞語。街道寬度有三個等級，大街二十四步，小街十二步，折合現代公制分別為 38 米和 19 米。在大、小街形成的坊中，還排列着東西走向的火巷或胡同，胡同的南北間隔距離大約五十步。考古勘查認定胡同寬約 6—7 米。南北兩條胡同之間地塊就是規劃的造宅之地了。至元二十二年（1285 年）二月十九日，元世祖「詔舊城居民之遷京城者，以貲高及居職者為先。仍定制，以地八畝為一分。其或地過八畝及力不能作室者，皆不得冒據，聽民作室。」[1] 這裏所説舊城，即金中都城，建造大都城之後也稱南城。宅地八畝，可能是大都規劃中最小的佔地單元和標準。佔地大的單位，如衙署、學校、寺觀等，往往在南北方向覆蓋幾條胡同的間距，卻一般不突破大小街構成的「坊」，保持街巷的順暢和城市面貌的整齊。

通向城門的街無論經緯都是大街的寬度。大街兩旁設有排水明渠。順承門大街的明渠在經過平則門大街時，在渠頂加了石蓋板。考古工作者在今西四大街路口的新華書店地下發現了明渠，寬 1 米，深 1.65 米。渠的石壁上還留下了石匠的刻字「致和元年（1328 年）五月日石匠劉三」。[2] 當然，元大都的坊決不像宋代以前城市裏坊要建造坊牆，實行封閉管理。古代都城中選擇某坊之地集中設市的傳統也徹底終止，被沿街設市取代，極大地促進了城市商業的繁榮。大都城內最熱鬧的商業街是宮城之北的鐘鼓樓街和宮城之西的順承門內大街。鐘樓之下，東西南北街道「最為寬廣」，集中了米、麵等糧食店，帽子、皮帽、綢緞、鐵器等百貨店，還有個「沙剌市，一巷皆賣金、銀、珍珠寶貝」。鼓樓的「東南轉角街市俱是針線鋪。西斜街臨海子，率多歌臺、酒館。有望湖亭，昔日皆貴官遊賞之地。樓之左右俱有果木餅麵柴炭器用之屬」，「本朝富庶殷實莫盛於此」。[3] 順承門大街的羊角市是大牲口的集市，買賣羊、馬、牛、駱駝、驢騾等。果市、菜市、豬市、魚市，都設在城外靠近城門的地方。

---

1 《元史》卷一三《世祖本紀》。

2 《元大都的勘查和發掘》，《考古》，1972 年第 1 期。

3 徐蘋芳整理：《輯本析津志》，北京聯合出版公司，2017 年，第 12 頁。

壇廟建築是舉辦祭祀活動的場所。古人崇敬自然、祖先和有功於國家人民的先哲先烈，將重要的祭祀活動列入國家祀典，是「禮」的重要表達，所以壇廟是中國古代都城中非常重要的建築類型。比如明清北京天壇、地壇、社稷壇、日壇、月壇、先農壇、先蠶壇，太廟、孔廟、歷代帝王廟、關帝廟等等。元代自忽必烈時才開始國家治理上的漢化過程，祭祀活動始終沒有放棄「國俗」。所以壇廟建設並沒有與元大都建設同步。

元大都的天壇是至元三十一年（1294年）建設，選擇的位置在麗正門外七里的「丙」位，即麗正門軸線稍偏東，佔地三百八畝。天壇是一座圓形平面的三層磚砌高臺，頂層縱橫五丈，中層十丈，下層十五丈。臺的子午卯酉四個正方向上設陛，每面十二級臺階。圓壇外設兩重「壝牆」，高五尺。南面設三座欞星門，東西各設一座。外壝內的東南方位設燎壇，外面建有香殿。《日下舊聞考》推測元大都天壇在今北京永定門外，但是它的遺蹟早已經湮沒無聞了。至於地壇，終元之世也沒有建造。

元代的太廟，最初世祖中統四年（1263年）建在燕京。到至元十四年又詔建太廟於大都。實際上建設工程並沒有立即進行，因為禮官們提出了兩大方案，一個叫「都宮別殿」制，即在一個宮城內，為列位祖宗各建一座廟，或七或九。另一個叫「同堂異室」制，即只建一座廟，大殿中為每一輩祖先設一專室。至元十七年十二月，元代列祖列宗的神主遷到新廟安奉，而且燕京舊廟被毀了，按理應該是新廟建成了。但實際上新廟是按照都宮七廟制來規劃的，這時只建成了正殿、寢殿、正門和東西門。尚書段那海和禮官提出了自己的建議，「東西六廟不須更造，餘依太常寺新圖建之」。[1] 這個意見被採納了，於是至元二十一年（1284年）新太廟按同堂異室制度建成了。太廟建在大都城東部偏南的位置，齊化門大街之北，有馳道通向大街。太廟外的高牆在南、東、西三面開欞星門。太廟內牆也稱宮城，四角各建一座重簷的建築，號稱角樓。南、東、西三面的正中各建一座神門，每座都開五個門洞。南神門內一條磚鋪甬路向北通往正殿，叫通街。兩旁各建一座井亭。東西神門之間也有一條磚鋪甬路叫橫街。正殿就

1　《元史》卷七四《祭祀志》。

在橫街之北的正中。其北再建寢殿。宮城外，高牆內，還有許多為祭祀服務的殿堂。如饌幕殿、齊班廳、雅樂庫、法物庫、儀鸞庫、酒庫、內神廚局、神廚局、祠祭局、各官的齋室等，有些衙署還在外垣內另造別院。大德六年（1302 年）五月十五日太廟寢殿失火。至治元年五月，中書省建議以現存正殿為寢殿，在其前另建正殿，於是按照這個計劃實施了。至治三年（1323 年）七月太廟改建完成，除新建正殿外，其餘所有位於正殿前的建築全部南移。正殿擴大為 15 間，中三間作為一室，兩側各五間自為一室，兩端各一間為夾室。按照《元史》記載的丈尺，它的建築面積是 360 平方丈，折合成公制，竟然達到驚人的 3500 平方米。

太社太稷壇是至元三十年（1293 年）按照御史中丞崔彧的建議，在大都的西部偏南，和義門大街之南建造。外垣牆佔地四十畝，設兩所欞星門。外垣之內，靠北的位置建一座望祀堂，南望太社太稷二壇，以備風雨時使用。外垣中砌磚牆，名壝垣，高五丈，周圍 30 丈，四面各設一所欞星門。壝垣內偏南，用土夯築兩座壇臺，每臺均五丈見方，間距也是五丈，社東稷西。社壇用五色土，東用青，南用赤，西用白，北用黑，分別夯築，最上面覆蓋黃土。最後外表按照方色抹泥。社壇上面偏南的地方，埋設着白石「社主」。稷壇用普通土夯築，只是外表面用黃土，上面也不設主。兩壇四面各設一條陛道，社壇的陛道也分方色。《元史》記載中說明，內外欞星門「每所門二，列戟二十有四。」目前存世欞星門實例門數均為一、三、五之奇數；而戟門是殿座式大門，欞星門無列戟實例。這裏「每所」是否指欞星門都是兩重門，外戟門，內欞星門，或還有其他可能，只有待取得更多資料以後再討論了。

元代職官制度，是世祖命劉秉忠等儒臣參酌古今建立起來的。朝廷的核心機構有三：總管國家庶務的中書省，總管兵權的樞密院，總管官員貶斥或升遷的御史臺。《析津志》歸納的劉秉忠大都規劃要點，就只提到這三個衙門的地理位置，分別參照星座在天庭的位置做出安排。在《元大都圖》中，中書省一南一北，南在千步廊東，北在鳳池坊（後改翰林院），樞密院在蕭牆東紅門外之南，御史臺在文明門大街之西。圖中還復原了國子監、太史院的位置，還有大都路總管府、警巡院管理等大都的衙門。此外，幾乎每座城門附近都有佔地廣大的庫與倉，它們也處在朝廷管理之下。

大都城作為元代政治中心，擁有四十萬居民，朝野物資供應都依賴南方，利用古代開鑿的南北大運河來「漕運」最為便利廉價。金代曾經開挖了從中都城北直達北運河的漕河，原計劃使用永定河水，不過因河水難以控制而失敗。於是轉而專門使用西郊的高梁河水，但是水源又不夠充足。為此開挖了甕山泊（今海淀昆明湖）引水渠，用玉泉山一帶的泉水補充。高梁河水一部分供給大寧宮的園林，一部分在中都之北另開渠道直達北護城河後輸入運河。到大都建成後，高梁河水明顯不足了。至元十三年，右丞相、同知樞密院事巴延到上都見世祖，說到自己的南方見聞：「江南城郭郊野，市井相屬，川渠交通，凡物皆以舟載，比之車乘，任重而力省。今南北混一，宜穿鑿河渠，令四海之水相通，遠方朝貢京師者，皆由此致達，誠國家永久之利。上可其奏。」[1] 至元二十四年，太史掾邊源提出了引山東汶水至臨清的方案，又經過都漕運副使馬之貞實地考察，於是在二十六年（1289 年）春實施這個方案，當年五月完成，賜名會通河，疏通了從南方到通州的水道。

　　至元二十八年，大科學家郭守敬面陳了疏通從通州到大都水路的方案。「大都運糧河，不用一畝泉舊源，別引北山白浮泉，水自昌平西折而南，經甕山泊，自西水門入城，環匯於積水潭，復東折而南，出南水門，合入舊運糧河。每十里一置閘，皆至通州，凡為閘七。距閘里許，上重置斗門，時為提閉，以通舟止水。上覽奏喜曰，當速行之。」[2] 郭守敬方案從昌平神山白浮泉引水，經甕山泊，沿金代故道南行，到大都城西北入城，匯集後流向城南，輸入金代運糧河故道抵達通州。神山海拔約 60 米，大都西北約 50 米，郭守敬精確地掌握地形高差起伏，讓渠道和堰壩先向西、再向南，不僅讓白浮泉水緩緩下降，而且把經過路段的其他泉水截流入渠，同時實現與沙河、榆河的立體交叉。大都東南舊運糧河海拔不足 40 米，通州八里橋海拔 29 米。郭守敬沿途設計了多重水閘和斗門，來控制渠水的流速，保障船隻順暢通過。至元二十九年（1292 年）春天開工的時候，世祖命令丞相以下的官員們都手持筐鏟，參加勞動。在郭守敬指定立

1　[元]蘇天爵：《丞相淮安忠武王》，《元名臣事略》卷二。

2　[元]蘇天爵：《太史郭公》，《元名臣事略》卷九。

閘的地方，經常發現前代的磚木遺蹟。第二年秋天工程竣工，世祖命名為通惠河，總長一百六十四里一百四步，閘壩十處、二十座。世祖從上都回大都的時候，看見積水潭中停泊着的船隻達到了「舳艫蔽水」的程度，不禁面露喜悦之色。

在大都城中部偏北，還有一條從積水潭東北部引水的人工運河，一直向東，在光熙門之南出城。它可能是北京地區最早開挖的人工運河，後來金代也利用它作漕運水道。至元十六年（1279 年）也曾經疏浚過，為了控制水流，沿河建了八座水壩，所以被稱為壩河。

大都城的規劃以太液池為中心展開，皇家園林用水須臾不可或缺。為此從玉泉山引水，開挖了專門水渠，從和義門南水門流入京城。由於其方位在西，故名金水河。沿途在跨過幾條河流時都建有跨河跳槽。世祖時為保障水質清潔，禁止在河裏洗手。後來管理鬆弛，元英宗抱怨有人洗馬。《元大都圖》根據文獻記載與考古遺蹟，標註了通惠河與金水河的走向。通惠河從和義門北入城，匯為積水潭。在皇城厚載紅門北街之西設積水潭東出口閘，初名海子閘，後改稱澄清閘。從閘口到蕭牆東北角，短短的一公里，坡降卻達兩米，所以一共設置了三個閘，分別稱為澄清上、中、下閘（圖 9）。出了下閘，河水沿東蕭牆根南下，從麗正門東水門出城。金水河從和義門南水關進城東行，到太平坊折向南，沿金代故道到平則門大街之南折向東，到甘石橋分為南北兩支，南支從蕭牆西面南端進城，稱隆福宮前河，進太液池，再東行，經舟橋出東蕭牆入通惠河。北支沿蕭牆西牆根北行束折，在海子南岸進入蕭牆。除輸入太液池，還要南行，引水上萬歲山，餘水則直到與南支會合。

元大都的基本情況如上。我們可以對它的規劃結構特點作五點歸納：

（1）整體上繼承了漢族傳統文化中關於都城規劃的思想。

首先，體現「擇天下之中以立國，擇國之中以立宮，擇宮之中以立廟」的思想。寶雞出土的西周前期青銅器「何尊」上有一篇銘文，記錄了周成王的一段「訓誥」，稱周武王滅商建都是「宅茲中國」（也有人釋為「中域」），是擇中思想的較早的表達。考古學家認為，「擇中」的觀念產生於天文觀測，是中華原始文明的內涵之一。既然「斗為帝車，運於中央，臨制四方」，人間帝王也要擇中而治。「中」還與中正、方正等道德概念聯繫

圖 9　2015 年發現的澄清下閘遺址

在一起。其次，貫徹了《考工記·匠人營國》的規劃原則。《考工記》屬於
《周禮》六篇之一，具有儒家經典地位。《匠人》關於都城規劃的要點如下：
「宮城是全城規劃的核心，宮城位於王城的中心。宮城南北中軸線便是王城
規劃的主軸線；宮城前面為外朝，後面為市。宗廟、社稷則據主軸線對稱
設置在宮城前方的左右兩側。這便是宮、朝、市、祖、社五者的相對規劃
位置和它們之間的關係；全城道路網及里均環繞宮城這個核心，沿主軸線
對稱佈置，突出宮的地位，並襯托着主軸線的主導作用；宮城內是按前朝
後寢之制規劃的。」[1] 這些主要原則與元大都的規劃結構大部分是一致的。

　　（2）以湖泊為中心安排宮城，通惠河的開通，更加大了城市南部湖泊
的面積。這是元大都城的特點之一，也是優點之一，是元代的創造。

　　（3）隋唐以來至北宋的都城都將皇城設在京城北部，皇城之南設中央

1　賀業鉅：《考工記營國制度研究》第一章，中國建築工業出版社，1985 年，第 28
　　頁。引用時有刪節。

大道。大道寬度，長安朱雀大街 155 米，洛陽定鼎大街 147 米，汴梁御街二百餘步。元大都皇城在京城南半部，靈星門設千步廊，北門厚載紅門外也沒有設特別寬又長的大街。

（4）大內、太后宮、嬪妃宮各建宮城、御苑。大內之中分設前位與後位，每位都包括正殿和寢殿，格局相同。與《考工記》記載的層層深入的朝寢制度完全不同。

（5）「中國古代城市由封閉的市里制轉變為開放的街巷制濫觴於唐末五代的江南，在北宋中期，汴梁由市里制改造為街巷制後成為定制。但是作為按街巷制原則進行規劃平地創建的都城，大都是第一個，也是唯一的一個。」[1]

最後，還應該說明，對大都城中軸線的研究還在深入。中軸線南端，「世祖建都之時問於劉太保秉忠，定大內方向。秉忠以麗正門外第三橋南一樹為向以對。上制可，遂封為獨樹將軍。」[2]中軸線北端記載有二。其一齊政樓，即鼓樓：「齊政樓，都城之麗譙也。東，中心閣。大街東去即都府治所。南，海子橋、澄清閘。西，斜街，過鳳池坊。北，鐘樓。此樓正居都城之中。」[3]其二中心臺：「中心臺在中心閣十五步。其臺方幅一畝，以牆繚繞。正南有石碑，刻曰中心之臺，實都中東南西北四方之中也。」[4]而且中心閣與齊政樓的相對位置也是沒有歧義的：「前有大十字街，轉西大都府、巡警二院，直西則崇仁倒鈔庫、西中心閣，閣之西齊政樓也，更鼓譙樓。樓之正北乃鐘樓也。」[5]文獻的含混引申出來一些課題。如元大都的城市軸線與宮城軸線是否重合，明清鐘鼓樓是否繼承了元代鐘鼓樓的位置。《元大都圖》中宮城中軸線延伸到中心閣為止，表現的是一種可能性。

---

1 傅熹年：《中國古代城市規劃建築群佈局及建築設計方法研究》上冊，中國建築工業出版社，2001 年，第 11 頁。
2 徐蘋芳整理：《輯本析津志》，北京聯合出版公司，2017 年。
3 徐蘋芳整理：《輯本析津志》，北京聯合出版公司，2017 年。
4 徐蘋芳整理：《輯本析津志》，北京聯合出版公司，2017 年。
5 徐蘋芳整理：《輯本析津志》，北京聯合出版公司，2017 年。

第二章 明代都城建設

元代末年天下大亂，群雄並起，朱元璋是紅巾軍將領中的佼佼者。元順帝至正十五年（1355年），他率軍奪取太平。當地名儒陶安來見他，進言說，集慶（舊稱金陵）是古帝王之都，地勢龍蟠虎踞，又有長江天險為阻隔。倘若攻打下來，為我所有，佔據形勝之地，出兵以臨四方，還有什麼不能攻破呢！次年三月，他的部隊如願佔領集慶。他巡視集慶城郭，十分興奮地對徐達說，金陵險要牢固，古所謂長江天塹，確實可稱形勝之地啊！而且倉廩儲備充實，人民富足。我如今佔領了金陵，諸公又能同心協力，輔佐在我的左右，還愁什麼豐功偉績不能取得！於是改集慶路為應天府。七月，他升任吳國公，以元江南行御史臺作吳國公府。日後形勢的發展，證明了應天的戰略價值。興王之地，名副其實。

一、洪武時期定都南京

1. 慎重而艱難的選擇

至正二十四年（1364年）春天，朱元璋就任吳王，設立百官。這時再來看舊城，頗有不足之處。雖然西北方有長江天塹，但是遠離東北方的鍾山，沒有對其加以利用。在鍾山即可俯視舊城裏的吳王府，顯然談不上險固。況且吳王府是用舊衙門改作，也低矮而狹窄。於是至正二十六年（1366年）八月初一日，吳王朱元璋令劉基等「卜地」，在鍾山之南、舊城白下門外之東二里的地方建造新王宮。同時計劃增築新城，要求東北部靠近鍾山，延亙周迴一共五十餘里。十二月，被紅巾軍奉為龍鳳皇帝的

韓林兒突然溺水而亡，朱元璋脫離紅巾軍的時機已經成熟。大臣們紛紛上言，歷史上凡新的朝代興起必定有本朝代的大建設。現在既然已經決定興建新都城，那麼宮闕制度也應該及早確定。吳王認為，要立國家，最重要的事情是設立宗廟和社稷壇。於是決定：以明年為吳元年，命有司營建廟社、立宮室。二十三日，朱元璋親祀山川之神，祝冊說：「予自乙未渡江，丙申駐師金陵，撫安黎庶，於今十有二年。拓土廣疆，神人翼贊。茲欲立郊社、建宮宇於舊城之東，鍾山之陽。國祚綿長，惟山川氣運是從。謹於是日肇庀工事。敢告。」[1]明初第一次建設都城工程就這樣啟動了。

八天以後，工程的主持人來呈報宮室圖，朱元璋發現其中有「雕琢奇麗」者，馬上要求把這些東西去掉。而且對中書省臣進一步說明自己的主張：宮室只要追求完整堅固就可以了，何必加以過分的雕琢。當年堯帝，「茅茨土階、采椽不斲」，可以說是非常簡陋。可是千古以上，所有稱頌盛德必以堯帝為首。而後代多競相奢侈，追求宮室苑囿之娛到極致，蒐求車馬珠玉之玩到窮盡。慾念一旦放縱，就沒有辦法遏止，亂象就由此產生了。所以，為君者如果能崇尚節儉，則臣下不會產生奢靡。珠玉並不可貴，節儉才是寶貝。所有的營造一律都要樸素，何必因為雕琢而浪費天下之力呀！後來朱元璋曾多次表達過類似的意見，從他的經歷看，應該是真誠的。這次改建吳王宮及王都的工程，到吳元年主要項目都完成了，包括拓展都城，建造圜丘（天壇）、方丘（地壇）、社稷壇、太廟、新內（宮殿）。

自吳元年開始，朱元璋逐漸掃平了太湖和長江流域，從而將主要兵力投入到對元勢力的戰鬥中。公元 1368 年春，農曆正月初四日，朱元璋在鍾山之陽、四個月前剛建成的圜丘舉行隆重的祀天儀式，向天宣告：大明誕生，建元洪武。三月二十九日，大明軍兵臨汴梁城下，守軍投降。四月二十四日，皇帝從金陵趕到汴梁。因為自從明軍取得汴梁，就一直有人在說，作天下之君，必須居中土；汴梁是宋之故都，大明應該定都於此。皇帝來親自考察，也要與大將軍徐達籌劃攻取元大都。八月初一日，皇帝頒發一道詔書，宣佈以金陵為南京，大梁為北京。理由如下：「朕觀中原土壤，四方朝貢，道里適均。父老之言乃合朕志。然立國之規模固重，而興

---

1 《明太祖實錄》卷二一。

王之根本不輕。」[1]以南京為都城，以大梁作為北上西進攻城略地的基地，建立了南北兩京之制。對於北京汴梁，大明沒有進行建設活動。後來洪武十一年，就汴梁宋代故宮舊址建設周王府，北京之稱，也不見再提起。

第二天，徐達大軍從齊化門攻入元大都，元順帝出健德門北逃。徐達查封了元庫府、圖籍、寶物，又封了故宮殿門，令指揮張煥派千人看守。奪取元大都的消息很快報到皇帝那裏，八月十四日，皇帝命改大都路為北平府。元都既平，皇帝命大將軍開始西征。忙於調兵遣將的徐達此刻卻派人做了兩件特殊專業的事情，一是令指揮葉國珍「計度」北平南城，即金中都城舊基，《明太祖實錄》上記載了「周圍五千三百二十八丈」的計度結果。五天後，又派指揮張煥計度故元皇城，「周圍一千二十六丈」[2]。我們把「計度」理解為測量應無大錯。後來，工部尚書得到的「北平宮室圖」，應該也是這次計度的成果。第二年的十二月初六日，有人把圖呈報給朱元璋。所以這兩次活動很可能與朱元璋心心念念的選擇都城、擴建南京有着相當密切的關聯。

徐達西征勢如破竹。十二月初一日克太原。洪武二年（1369年）三月攻下奉元路，改為西安府。四月大明增設了山西、陝西二行省。九月十二日朱元璋做了一個新的決定：「詔以臨濠[3]為中都。初，上召諸老臣問以建都之地。或言關中險固，金城天府之國。或言洛陽天地之中，四方朝貢，道里適均。汴梁亦宋之舊京。又或言，北平元之宮室完備，就之可省民力者。上曰，所言皆善，惟時有不同耳。長安、洛陽、汴京，實周秦漢魏唐宋所建之國，但平定之初，民未甦息。朕若建都於彼，供給力役悉資江南，重勞其民。若就北平，要之宮室不能無更作，亦未易也。今建業，長江天塹，龍蟠虎踞，江南形勝之地，真足以立國。臨濠則前江後淮，以險可恃，以水可漕，朕欲以為中都，何如？群臣皆稱善。至是，始命有司建置城池宮闕，如京師之制焉。」[4]朱元璋登基時曾宣佈南京是京師，如京師之制即如南京。但是實際上帝鄉臨濠與南京的地理、歷史條件完全不同，

---

1 《明太祖實錄》卷三四。
2 南潯嘉業堂本《太祖實錄》作一千二百十六丈。
3 今安徽省鳳陽縣。
4 《明太祖實錄》卷四五。

中都規劃和建設，多有創造。

洪武四年正月，臨濠的建設從壇廟開始，中書左丞相李善長親自在臨濠督工。直到洪武八年（1375 年），《明太祖實錄》中不時有關於臨濠工程進展的記載，陸續有項目竣工的好消息，而且朝廷已經把臨濠縣提升為鳳陽府。四月初，滿心期待的皇帝從南京出發往鳳陽，「驗工賞勞」。十五日，皇帝在鳳陽圜丘壇舉行祭告儀式，親自寫祝文禱告。《明太祖實錄》中記載了這篇祝文，平淡無奇。但是讀一下他的文集，發現皇帝已經處於非常後悔、騎虎難下的難堪之中。「昔者元政不綱，英雄並起，民不堪命苦，殃不可禁。荷蒙昊天上帝后土皇帝祇憫世民之艱苦，授命於臣，賜以文武，人多良能。八年以來，除民禍殃。臣蒙上帝后土之恩，文武之能，非臣善為。當大軍初渡大江之時，臣每聽儒言，皆曰：『有天下者，非都中原不能控制奸頑。』既聽斯言，懷之不忘。忽而上帝后土授命於臣，自洪武初平定中原，臣急至汴梁，意在建都，以安天下。及其至彼，民生凋敝，水陸轉運艱辛，恐勞民之至甚，遂議群臣，人皆曰：『古鍾離可。』因此兩更郡名，今為鳳陽，於此建都。土木之工既興，役重傷人。當該有司疊生奸弊，愈覺尤甚。此臣之罪有不可免者。然今功將完成，戴罪謹告。惟上帝后土鑒之。」[1] 本月二十八日，朱元璋回到南京，馬上決斷，發佈詔書，停止中都建設。理由只是簡單的「勞費」。後代學者推測一定還有其他原因。有說是聽取了劉基意見，劉基在洪武元年曾經說過，「鳳陽雖帝鄉，非建都地。」[2] 還有說是這次在中都，皇帝坐在殿裏，仿佛看見屋脊上有人械鬥。李善長報告是工匠使用了「厭鎮法」，恐為不利。[3] 也有學者分析了其中更深刻的政治原因。無論如何，六年的努力報廢了。於是皇帝加速了進一步建設南京的步伐。

其實，即便是在中都建設的高潮中，南京也一直在進行着城市調整，只是中都停建以後更為集中。南京主要做了這些工程：第一步改建祭祀建

1　[明]朱元璋：《中都告祭天地祝文》，載《明太祖文集》卷一七。《四庫全書》集部六，別集類五。

2　《劉基傳》，載《明史》卷一二八。

3　《薛祥傳》，載《明史》卷一三八。

築，甚至反覆改建，務求位置和規制符合古禮。第二步是修築京師城和內城，洪武六年（1373年）六月初一日下詔，給出了具體的丈尺數目。第三步在八年（1375年）九月初四日下詔，改建大內宮殿，重申了「但求安固，不事華麗，樸素堅壯，可傳永久」的十六字方針。第四步，陸續修造城門門樓橋梁，整理街巷住宅。第五步，二十三年（1390年）四月初七日，置京師外城十五門。最後，二十五年（1392年）加強午門迤南建設。八月二十四日，重新安排朝廷衙署的位置。最終用了二十多年的時間，創立了明代的都城規制。但是對於自己投入了畢生心血的首都建設，老皇帝還是心存遺憾。他還記得御史胡子祺曾經上書，極言「關中形勝」對於統御天下的唯一性。洪武二十四年八月，皇帝專派太子朱標去陝西考察。不料太子回南京獻了地圖，就生起重病，還抱病上言經略建都之事。第二年四月太子就去世了，建都關中之議就此擱淺。「初大內填燕尾湖為之，地勢中下，南高而北卑。高皇帝後悔之。二十五年，祭光祿寺灶神，文曰，朕經營天下數十年，事事按古有緒。維宮城前昂中窪，形勢不稱。本欲遷都，今朕年老，精力已倦。又天下新定，不欲勞民。且興廢有數，只得聽天，惟願鑒朕此心，福其子孫云云。」[1]老皇帝以「聽天」決定的態度，終結了自己選擇都城的努力。

2. 南京都城規制

　　南京城池總體上是四重城牆層層相套的格局。最裏一層是核心，稱大內，洪武十年（1377年）十月完成。核心之外第二層稱內城或皇城，第三層稱京師城。洪武六年（1373年）六月初一日詔留守衛指揮使司修築京師城和內城，規定：「京師城周一萬七百三十四丈二尺，為步二萬一千四百六十八有奇。內城周二千五百七十一丈九尺，為步五千一百四十三，為里十有四。」[2]最外即外城，洪武二十三年（1390年）四月初七日決定設置京師外城十五門，規定了城門名（圖1）。

　　「外郭西北據山帶江，東南阻山控野，關十有六門。東五，曰姚坊、

1　［清］顧炎武：《天下郡國利病書》第八冊。
2　《明太祖實錄》卷八三。

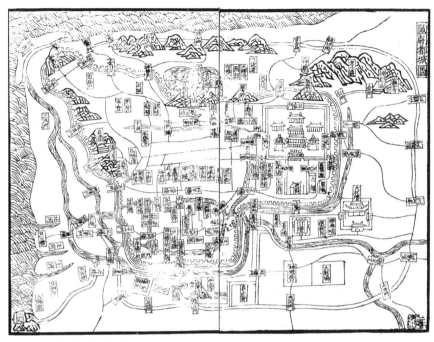

圖 1　國朝都城圖（引自《金陵古今圖考》）

仙鶴、麒麟、滄波、高橋。南六，曰上方、夾岡、鳳臺、馴象、大安德、小安德。西一，曰江東。北三，曰佛寧、上元、觀音。周一百八十里。」[1]外城應該是憑藉和利用地形來規劃的，所以沒有形成規則的幾何圖形。但是在置十五門之後，文獻很少有對外城工程的記載，很可能並沒有建成。

京師城的規劃也是根據地形，把城池區域內的丘陵圈進城中，取得居高臨下的優勢。「考諸都城之域惟南門、大西、水西三門，因舊更名聚寶、石城、三山。自舊東門處截濠為城，沿淮水北、崇禮鄉地開拓八里，增建南出者二門，曰通濟、正陽。自正陽以東而北，建東出者一門，曰朝陽。自鍾山之麓曰龍廣山，圍繞而西，抵覆舟山，建北門，曰太平。又西據覆舟、雞鳴山（原註：即雞籠山），緣湖水以北，至直瀆山而西八里，又建北出者二門，曰神策、金川。自金山北繞獅子山（原註：即盧龍山）於內，雉堞東西相向，亦建二門，曰鍾阜、儀鳳。自儀鳳迤邐而南，建定

1　[明]陳沂：《金陵古今圖考》，中社南京影印明正德年刻本，1929年。

淮、清涼二門，以接舊西門，門西出者五。由聚寶北至金川、神策，比通濟、正陽至太平之南北倍之。由朝陽至石城、三山，比定淮至神策之東城；三山水門至通濟水門之東西亦倍之。東盡鍾山之南岡，北據山控湖，西阻石頭，南臨聚寶，貫秦淮於內外，橫縮屈曲，計周九十六里。」[1] 這段文字寫作時間雖然已經是在築城之後一百三十多年了，但是作者在南京居住了三代，又因為編寫應天府誌書，得到了參閱多種史料的便利，所以應該是可靠的。我們從這段記載中不僅可以看出城牆走向是依據地形，還能參詳南京城與古建康城的關係。只是這裏所說「計周九十六里」是不正確的。我們利用洪武六年太祖實錄規定的京師城和內城的丈尺數折算一下，京師城周長應是 29.8 公里。假定按明代營造尺，一尺約折合 32 厘米，則為 34,345 米。2005 年江蘇省測繪局和南京市文物局聯合對南京城牆進行了科學測繪，結果總長度是 35,267 米。[2] 多出來的這 922 米，應該與後來對原計劃的改變有關。比如，洪武十二年十二月就曾經拓廣東北城八百餘丈。

　　洪武六年詔中所說南京內城，在洪武二十八年刊印的誌書中被稱為皇城。從當時的地圖看，它包括了兩重城牆，即外圍，一種有牆頂的牆；內圈，一種有雉堞的牆，環繞它的還有護城河（圖 2）。內城的位置在鍾山之南，偏於都城東部，距離都城的西北幾乎有二十里之遙。南面直對正陽門。內城有六座門，正南洪武門，門東有長安左門，西有長安右門。東牆偏北的位置闢東安門，相應西面闢西安門，北闢北安門。進入洪武門，左右建有曲尺形長廊，稱千步廊。正北的大門稱承天門，門前有金水河，跨五座橋梁。承天門內東建有廟左門，西建有社右門。正北建有端門。端門內，東有廟街門、通向太廟，再北有左闕門；西有社街門、通向社稷壇，再北有右闕門。正北，是大內午門。皇城內，大內之外，東面還有東上南門、東上北門；西面還有西上南門、西上北門；以及北上東門、北上西門。內城周長十四里，按明太祖實錄記載的丈尺，折合為 8230 米。

　　大內的規制：「闕門曰午門，翼以兩觀。中三門，東西為左、右掖門。午門內曰奉天門，內正殿曰奉天殿，上御以受朝賀。門之左右為東、西角

1　［明］陳沂：《金陵古今圖考》，中社南京影印明正德年刻本，1929 年。

2　楊新華主編：《南京明城牆》，南京大學出版社，2006 年，第 321 頁。

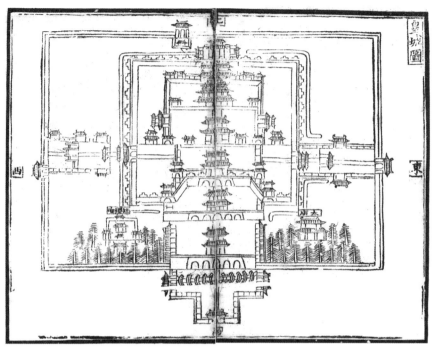

圖 2　皇城圖（引自《洪武京城圖志》）

門。殿之左右有門，左曰中左門，右曰中右門。兩廡之間，左曰文樓，右曰武樓。奉天殿之後為華蓋殿，華蓋殿之後曰謹身殿，殿後則乾清之正門也。奉天門外兩廡之間有門，左曰左順門，右曰右順門。左順門之外為東華門，內有殿曰文華殿，東宮視事之所也。右順門之外為西華門，內有殿曰武英殿，上齋戒時所居也。制度皆如舊，而稍加增益，規模益閎壯矣。」[1]

　　南京城的建造處處體現着朱元璋的主導作用。外郭城和京師城出色地利用地形地貌，折射出朱元璋豐富的戰斗經驗。朱元璋說：「是命外守四夷，內固城隍，新壘具興，低昂依山而傍水，環繞半百餘里。」「（然）宮城去大城西北將二十里，抵江干曰龍灣。有山蜿蜒如龍。連絡如接翅飛鴻，號曰盧龍，趨江而飲水末，伏於平沙。一峰突兀，凌煙霞侵漢表，遠觀近視，實體狻猊之狀，故賜名曰獅子山。既名之後，城因山之北半，壯矣哉！」[2]所以這兩重城牆的形態在我國的古都中獨樹一幟。城門的設置也

1　《明太祖實錄》卷一一五。

2　［明］朱元璋：《閱江樓記》，《明太祖文集》卷一四。

是因地制宜，利於攻防，多有創造。

　　京師城今天被稱為南京城牆，它是明代初年建築史上的奇蹟。首先是它的規模，長度世界第一，牆體氣勢磅礴。它的主要構造形式是條石和城磚砌築，保存較好的地方，最高達 26 米，牆基最寬達 19.75 米。其次，它的基礎技術具有多樣性。有些地段直接利用山崖為基，所鋪基石最重一塊達 3000 公斤。傍河鬆軟地段，先打木樁，再鋪井字形木排，最後砌條石。甚至直接把基礎挖深至 5—12 米以下，砌條石。第三，創造了「內甕城」。中國古代城牆為了加強城門的防護，在正城門外再附建一個或圓或方的小城，稱甕城，或月城。南京在通濟、聚寶、三山、石城等門設置了內甕城，即將甕城建在正城門之內。聚寶門的內甕城（圖 3），設了三道

圖 3　南京聚寶門內甕城

城門，而且在正樓城臺內部和登城馬道兩側開闢二十七個券洞，稱為藏兵洞。第四，大量的城磚上有模印的磚文，標示該塊城磚的生產地點、責任官員和造磚窯戶、人伕。磚文的本意是宣示責任制，但是如此海量的磚文極其罕見，其中蘊含的文化信息非常豐富。[1]

洪武時期史料對內城的記載比較簡略。而且對皇城與宮城、大內稱謂往往是混同的，表明對於大內來說，內城處於從屬地位，甚至吳王宮外是否建有內城也還是個疑問。因此當我們分析都城的這一個核心區域的時候，也只能將兩者結合起來。首先我們注意到新皇城對吳王宮制度的繼承。對比吳王宮：「正殿曰奉天殿，前為奉天門，殿之後曰華蓋殿，華蓋殿之後曰謹身殿，皆翼以廊廡。奉天殿之左右各建樓，左曰文樓，右曰武樓。謹身殿之後為宮。前曰乾清宮，後曰坤寧宮，六宮以次序列焉。周以皇城，城之門南曰午門，東曰東華，西曰西華，北曰玄武。」[2]這套制度明顯地來源於《周禮》中的前朝後寢規定，即「內有九室，九嬪居之。外有九室，九卿朝焉」。與元大都大內的前位、後位制度明顯地區別開。但是其中周廡和文樓、武樓的配置又不能不令人聯想到元大都的建築佈局。

新皇城對吳王宮的超越，最突出的有五個方面。第一，大內之外建有明確的城牆。這個制度從鳳陽中都開始。「皇城，一座。在外，土城□正中洪武五年七□□修壘。高二丈，周九里三十步。開四門，磚□。承天門，正南。東安門，正東。西安門，正西。北安門，正北。裏城，一座，周六里，高二丈五尺，上有女牆。開四門，有子城，無樓。午門，正南。左石闕門，午門東西。東華門，正東。西華門，正西。玄武門，正北。端門，午門之南。大明門，承天門南。左右長安門，承天門東西。左右千步廊，大明門南，東西。御橋，五座，在午門南。金水河，一道，在都城內。□水自禁垣東南流出，兩岸甃以磚石。合洪武門澗水東入淮。」[3]這裏將大內稱為裏城，其外圍城垣稱皇城或禁垣。對照南京《皇城圖》，除了南京金水河橋是

1　南京城牆的有關數據摘引自楊新華主編：《南京明城牆》，南京大學出版社，2006年。

2　《明太祖實錄》卷二五。

3　［明］袁文新等：《鳳陽新書》卷三。轉引自《明代宮廷建築大事史料長編洪武建文朝卷》，第一五七三條，中國紫禁城學會編纂，故宮出版社，2012年。

圖 4　明中都午門遺址圖

在承天門南以外,其他完全相同。説明南京內城制度源於鳳陽。

第二,午門增加了兩觀,實現了從王宮向天子宮殿的身份提升。這也是先實現於鳳陽,但反映的是包括元大都在內的長期傳統(圖 4)。

第三,奉天門外東廡闢左順門,門外建文華殿;西廡闢右順門,門外建武英殿。這意味着大內的外朝建築,從單一軸線向一中軸兩輔軸的改變,實現了宮殿格局的根本提升,也徹底改變了元大都太子宮、太后宮與大內分離的制度。

第四,在承天門內、午門之外,東邊建太廟,西邊建社稷壇。洪武八年(1375 年)七月初三日,皇帝在改建太廟的告神儀式上説,「祖宗神室,舊建皇城東北,愚昧無知。始建之時,未嘗省察,是致地勢少偏。茲度地闢左,以今日集材興工。」[1] 既然改建了太廟,皇帝又命禮部大臣詳議社稷壇制度。洪武十年(1377 年)八月初七日,禮部報告,按照周禮制度,應

1　《明太祖實錄》卷一〇〇。

該是右社稷，左宗廟；其制在中門之外、外門之內，社、稷兩神共一壇。皇帝就按照這個意見，命將社稷壇改建在與太廟對稱的位置上。

第五，拉長從午門到京師城正門的軸線距離，整理和加強午門前區域的設置。洪武二十五年（1392年）建端門、承天門門樓，並在承天門外添加長安東、西二門。這樣形成了承天門前的廣場和東西橫街。這一年的八月二十四日，皇帝要求改建朝廷的衙署。他對群臣說：「南方為離明之位，人君南面以聽天下之治，故殿廷皆南向。人臣則左文右武，北面而朝，禮也。五府、六部官署宜東西並列。」[1] 然後親自確定了這些直屬於朝廷的官署的位置與朝向，將大部分衙署進行了改建。午門前區域的建築序列是源自鳳陽的，當時朝廷還只有中書省、大都督府、御史臺三大衙署，但是已經安排在午門東西。所以南京五府六部的設置及位置安排是對中都原則的發展。衙署位置安排，還有一個故事。早在洪武十七年三月二十九日，皇帝就詔令把刑部、都察院、大理寺等公署改建到太平門外。並下達敕書說：「肇建法司於玄武之左，鍾山之陰，名其所曰貫城。貫，法天之貫索也。是星七宿，如貫珠環而成象，乃天牢也。若中虛而無凡星在內，則刑官無邪私，政平訟理，獄無冤人。若凡星出貫內者，刑官非人。若中有星而明者，貴人無罪而獄。今法司已法天道建置，爾諸職司各勵乃心，慎乃事，法天道而行之。如貫之中虛，則獄清而無事，心靜而神安，鑒玄武之澄波，睇鍾山之蒼翠，以快其情，庶不負朕肇建法司之意也。」[2] 故事的有趣之處在於，法天道是中國所有帝王的行為準則，惟有朱元璋，把它作為判斷具體庶務的依據。他希望三法司官員能夠時常欣賞湖光山色，浪漫地表達了他獄清訟平的理想。

二、成功的舊城改造

中央集權是明代的國體；同時皇帝把太子的弟弟們封為親王，到全國的重要地區擔任國王，形成與中央集權並行的親藩體制。兩種體制互相牽

---

1 《明太祖實錄》卷二二〇。
2 《明太祖實錄》卷一六〇。

制、互為補充。朱元璋認為：「天下之大，必建藩屏。上衛國家，下安生民。今諸子既長，宜各有爵封，分鎮諸國，朕非私其親，乃遵古先哲王之制為久安長治之計。」[1]他從洪武二年起，親自起草、反覆修訂了一篇《皇明祖訓》，作為家法，要求後代一字不可改易。家法規定，親王不得參與地方政府與軍鎮的事務，地方官吏也不得過問王府的事務。平常王府靠朝廷供養，王府也養着自己的三護衛軍。國家還要負責全國各親王府的建造，逐漸形成了一套比較嚴格的王府制度。親王成年，都要到封地去「之國」，王國有各自的山川、社稷、宗廟祭祀體系。親王不得私自離開王城，也不得私自到京城去。親王嫡長子封世子，將來繼承親王之位。其他子孫按「降等」世襲。即子封郡王，女封郡主；孫封鎮國將軍，孫女封縣主，等等。親王逝世，就在封地由國家造王墳和享堂。洪武三年（1370年）四月初七日，朱元璋分封了秦、晉、燕、吳、楚、齊、潭、趙、魯等親王及靖江郡王。明初，北元仍舊相當強大，經常對大明北方和西北方造成威脅。朝廷曾經命秦、晉、燕等親王率軍出征，連勛舊大臣都位居親王之下。所以明初分封制度的確起到了藩屏國家的作用。到明中期以後，朱元璋的本支子孫蕃育，人口眾多，王府制度造成的巨額開支，讓朝廷和地方政府不堪重負，這是開國皇帝始料未及的。而燕王府建設後來竟成了京師北京建設的開端，更是他不可能逆料的。

1. 改元大都城為北平府城

洪武元年（1368 年）八月初二日，大將軍徐達的軍隊填平齊化門外的壕溝，攻入元大都。皇帝收到徐達破元都賀表，命改元大都路為明北平府。初九日，徐達命指揮華雲龍「經理故元都，新築城垣，北取徑直，東西長一千八百九十丈」。十一日，「督工修故元都西北城垣」。[2]這兩次工程是元大都開始改變的前奏。關於「故元都」城垣工程的細節，還有一些其他記載：「舊土城一座，周圍六十里，克復後以城圍太廣，乃減其東西迤北之半，創包磚甓，周圍四十里。其東南西三面各高三丈有餘，上闊二

---

1 《明太祖實錄》卷五一。

2 《明太祖實錄》卷三四。

丈；北面高四丈有奇，闊五丈。濠池各深闊不等，深至一丈有奇，闊至十八丈有奇。」[1]「洪武初，改大都路為北平府，縮其城之北五里，廢東西之北光熙、肅清二門，其九門俱仍舊。」[2]

綜合這些記載，我們知道，徐達出於對元戰爭的需要，在大都城北牆之南五里的地方另築了一道新的北城牆，原本空曠的大都城北部，以及東西兩側的光熙門、肅清門失去了原來的城牆意義。這裏的「五里」也是個約數，但還是比「迤北之半」要具體些。根據現存遺蹟考察，「北取徑直」，應該是從光熙門南，元代壩河南岸為開端。壩河即成為北平府北城牆的護城河。「東西長一千八百九十丈」，約佔北城牆全長的 88%，亦即到積水潭東北水面較狹窄的地方為止。所以有學者認為，其餘的城西北抹成一個斜角的部分，就是「修故元都西北城垣」所指的部分，是有道理的。惟此，才可以説「濠池各深闊不等」[3]《洪武北平圖經志書》記載了徐達領軍所築北平府北牆，規格標準要高於元大都。至於所説「創包磚甕」，恐怕只限於北城牆，或是更局部的做法，決不是周圍四十里全部包磚。新築的北牆開闢了兩座城門，九月初一日，徐達將它們命名為安定、德勝，取代了安貞、健德兩門。經過洪武元年八、九月間的這次改建，北平府城成了一座東西略長於南北的長方形城池，西北方缺一角。共有九座城門，除北城牆的兩座城門外，其餘七門均沿用大都城門。

2. 依元舊皇城基改造王府

洪武二年十二月初六日，皇帝任命趙耀為北平行省參政。趙耀是大都督府的都事，「綜理慎密，不憚勤勞」，深得徐達愛重，是有功之臣。上月初大將軍從陝西回南京時，皇帝升任趙耀為湖廣行省參政作為獎勵，但大將軍沒有放他走。後來，皇帝又考慮趙耀曾隨大將軍取元都，熟悉北平

1　《洪武北平圖經志書》，引自 [清] 于敏中等編纂：《日下舊聞考》卷三八，北京古籍出版社排印本，1981 年。

2　《寰宇通志》，引自 [清] 于敏中等編纂：《日下舊聞考》卷三八，北京古籍出版社排印本，1981 年。

3　參閱李燮平：《明初徐達築城與元大內宮殿的拆毀》，載《明代北京都城營建叢考》，紫禁城出版社，2006 年。

的風土民情，知曉防禦北元事務的緩急，所以讓他改任北平，給了他一個「守護王府宮室」的重要任務。臨行前，皇帝召見了趙耀，談話時，趙耀把他從工部尚書張允那裏得到的「北平宮室圖」呈報給皇帝。皇帝閱覽後，「令依元舊皇城基改造王府」。[1] 我們已經知道，終洪武之世，皇城一詞所指即是包括大內在內的兩重城。皇帝對元皇城的處理意見非常明確：首先是守護，然後是改造為王府。

洪武三年四月隆重的冊封親王儀式之後，建造王府就成為僅次於建造皇城的國家大事，需要大量的優質建築材料、技術工匠和軍民勞動力、龐大的國家財政支持。但是對新建立的大明來說，這些條件一時都難以齊備。尤其是半年前剛宣佈營造中都，如果再全面營建王府，工部難以應付。同時也需要首先明確王府制度，才可以開始興建。所以七月初五日，當皇帝要求「建諸王府」的時候，工部尚書張允只是提了一個方向性意見，供皇帝決策。「諸王宮城宜各因其國擇地。請秦用陝西臺治，晉用太原新城，燕用元舊內殿，楚用武昌靈竹寺基，齊用青州益都縣治，潭用潭州玄妙觀基，靖江用獨秀峰前。」[2] 冊封了十位王爺，只提到七座王府位置，是因為另外三名親王實在太年幼，並不着急離開南京。這個意見的最大特點，是親王府都利用舊有建築群的基址，不需要開發新的土地，是一個低造價的方向。皇帝也就批准了他的意見，要求「明年次第營之」，一個一個建，並不要求一齊上馬。

可是親王府的制度卻一直沒能完整地提出來，陷入了「邊設計邊報批邊施工」的境地。皇帝很着急，洪武四年新年剛過，就要求中書省討論親王宮殿制度。工部尚書張允提了這樣一個方案：親王宮殿外圍王城，開四座正門，城外環繞護城河。王城內包括三大組建築，東南方建立宗廟，西南方建立社稷壇、山川壇。中間部位，前建宮殿，有正門，帶有月臺的前殿和後殿；後建王宮，有王宮門，後宮。宮殿還有廊房，廊房如何分佈？只圍在宮殿周圍，還是分別圍在宮殿和後宮周圍，或是像元大都那樣的周廡，方案沒有說。蹊蹺的是，這本是一個非常粗略的方案，甚至連關鍵數

1　《明太祖實錄》卷四七。
2　《明太祖實錄》卷五四。

據，即各建築的間數都沒有規定，反而不厭其煩地規定了三個細節：第一，各殿座臺基的高度，分為五個等級：正殿最高，六尺九寸五分；月臺次之，正門又次之，級差一尺。第四級王宮門和後宮，三尺二寸五分。第五級廊，二尺五寸。第二，建築彩畫裝飾的三個等級：山川壇、宗廟畫龍。前後殿、城樓用「青綠點金」；宮殿室內藻井中畫蟠螭、金邊、八吉祥花；後壁畫蟠螭彩雲。廊房只用青黑裝飾。第三，城門的大門扇上塗紅漆，金色門釘。皇帝同意他的方案。八天之後，又催中書省先確定王國的宗廟和社稷壇制度。這次禮部尚書陶凱考證了唐宋以來的制度，建議親王宗廟前門三間，正殿、寢殿各五間。社稷壇用兩重牆垣，外垣北、東、西各設三間戟門，內壇置櫺星門。偏南處東西並列社壇和稷壇。用營造尺來度量，既區別於太社太稷，也區別於州縣。皇帝也批准了這個意見。到十月，終於宣佈諸王宮殿開工。

開工的諸王宮殿包括哪幾座呢？《明史》記載，洪武三年四月，建秦王府於西安府長安、晉王府於太原府陽曲、燕王府於北平、吳王府於錢塘、楚王府於江夏、齊王府於益都、潭王府於長沙、魯王府於兗州府滋陽，把冊封親王的時間當作王府的始建年代，是不正確的。《大明一統誌》和一些地方誌書也採取這樣的表達方法，都不足憑信。通過諸王「就藩」的時間觀察，靖江王是洪武九年，秦王、晉王是洪武十一年，燕王是洪武十三年。周王、楚王是洪武十四年（吳王洪武十一年改封周王），確定了這幾座王府完工時間的下限。趙王早夭，未建府。齊、潭、魯各王府明確記載開工於十二年以後。再根據《明太祖實錄》中有關王府建設的零星記載，可以判斷，洪武四年開工的王府只有秦、晉、燕、靖江四座。

那麼燕王府工程的過程如何？洪武六年（1373年）三月十七日，燕王相請示朝廷說，先前接到詔書，土木之工勞民動眾，除了修造城池的工程之外，王府和衙署的建造都暫時停止。可是眼下燕王府的社稷壇、山川壇望殿還沒有蓋上屋頂，王城門也沒有砌磚，一旦停工就會被風雨損壞。請求用保定等府那些罰工贖罪的犯人來完成這些工程。皇帝批覆說，社稷壇、山川壇是嚴潔之地，還要由工匠來做，犯人只能去砌城門。這是官方文獻當中對燕王府工程過程的唯一具體記載。不過有趣的是，如果把後來《明太祖實錄》中關於王府制度規定的內容，按出臺次序銜接起來，恰

恰符合建築工程的過程，像極了是皇帝對關於王府工程請示的回覆。洪武七年（1374年）正月初九日，規定了親王宮殿的前殿名承運殿，中殿名圓殿，後殿名存心殿。南城門名端禮門，北名廣智門，東名體仁門，西名遵義門。皇帝説，「使諸王能睹名思義，斯足以藩屏帝室，永膺多福矣。」[1] 洪武九年（1376年）正月初四日，皇帝指示禮部，親王宮殿、門廡和城門樓都用青色琉璃瓦蓋屋頂，如同太子東宮的制度。三月初三日，皇帝要求，親王殿內的屏風可以畫雲龍；帳幔用青色文綺來做，上面用泥金工藝裝飾雲龍。這與東宮制度相仿，比最初工部的繪蟠螭方案等級提升了。五月十三日，皇帝對中書省大臣説，親王府只有宮殿可以使用朱紅色和大青綠色，一般居室只能裝飾「丹碧」。我不知道明初的丹碧是什麼顏料，但總歸要比朱紅、青綠便宜些，因為皇帝再次強調了節儉。他深情地説，我的孩子們年才及冠，又要遠離我的身邊，怎麼能用靡麗擾亂他們的心靈啊！

洪武十二年（1379年）十一月二十一日，燕王府竣工，圖紙呈報到朝廷。「其制，社稷、山川二壇在王城南之右。王城四門，東曰體仁，西曰遵義，南曰端禮，北曰廣智。門樓廊廡二百七十二間。中曰承運殿，十一間，後為圓殿，次曰存心殿，各九間。承運殿之兩廡為左右二殿。自存心、承運周迴兩廡至承運門為屋百三十八間。殿之後為前中後三宮，各九間。宮門兩廂等室九十九間。王城之外，周垣四門。其南曰靈星，餘三門同王城門名。周垣之內，堂庫等室一百三十八間。凡為宮殿室屋八百一十一間。」[2] 四個月之後，二十一歲的燕王進駐自己的封國。

在明代的王府中，燕王府規制是一個特例。為此《皇明祖訓·營繕》篇專門做了規定：「凡諸王宮室，並依已定格式起蓋，不許犯分。燕因元之舊有。若王子王孫繁盛，小院宮室，任從起蓋。」條款包含三重含義：第一，朝廷已經頒發了諸王宮室確定的格式。第二，蓋造王府必須依照該格式，不許突破。燕王府是基於元代原有建築改造的，不得作為依據。第三，如果親王后代家族興旺，可以根據需要蓋造其他小院。「犯分」是一個重大的罪名，估計也是削藩燕王的理由之一。燕王在給建文皇帝上書中

1　《明太祖實錄》卷八七。
2　《明太祖實錄》卷一二七。

專門為此說明，你身邊那些奸臣說我的王府僭越奢侈，規格超過其他王府。這是我的皇父賜給我的。我到燕國已經有二十多年了，「並不曾一毫增益」。燕王府之所以與其他王府不同，《祖訓錄》中已經明言，「燕因元之舊有」，絕不是我敢僭越，這是奸臣冤枉我呀！

　　燕王府與明代王府制度的規定有多大差別呢？我們用後來朝廷頒定的制度比較一下。明弘治八年（1495 年），面臨着建造一批王府的任務。禮部尚書倪岳等人看到各地競相攀比奢華，憂心忡忡。十月十一日，倪岳向朝廷建言，永樂、宣德年間建造王府務求儉約，希望繼續弘揚。皇帝指示，「所司其備查以聞」。這次查閱檔案的結果，寫進了國家的政書《大明會典》，即弘治八年定王府制。這份文件的寫法與洪武年間不同，也沒有與洪武制度呼應，但是它詳細記錄了各座宮殿建築的間數，我們可以據此與燕王府比較。王府定制，王城大門、門房間數以外，只有廊房十八間；燕王府「門樓廊廡」二百七十二間。王府定制，前殿七間、穿堂五間、後殿七間，周圍廊房六十間；燕王府承運殿十一間、圓殿九間、存心殿九間，周迴兩廡至承運門一百三十八間；王府定制，前寢宮五間、穿堂七間、後寢宮五間，周圍廊房六十間；燕王府前、中、後三宮各九間，宮門兩廂九十九間。宮殿間數是表達建築等級的方法之一，特別是十一間承運殿，已經達到朝廷正衙的間數。廊房多寡，說明了庭院的寬闊程度。燕王府「承運殿之兩廡為左右二殿」，令人聯想元大內鐘鼓樓和南京大內的文樓、武樓，而王府定制沒有這個制度。燕王府周垣南正門用靈星門，明顯是元代蕭牆的延續，也不符合王府定制。

　　從燕王府與王府定制的差別，可以判斷燕王府與同期的秦、晉等王府必定存在巨大差別。惟其如此，《祖訓錄》才有必要加以專門說明。燕王府「逾制」現象，除了「因元之舊有」以外，便無從解釋。既然元大都蕭牆之內有三座宮城，那麼燕王府是「因」哪一座「舊有」呢？宮殿間數也提供了答案，即只能是元大內。因為三座元代宮城中只有崇天門和大明殿是十一間規模。在大明立國不久，處處強調禮制的時候，專為王府建造十一間正殿是不可想像的，這座大殿只能是延用元大內舊殿。洪武九年四月，燕王手書致他的表兄、曹國公李文忠：「燕王今遣承奉吳祥齎手書致表兄曹國公：為營造事，所有宮殿相度，可存者存，若無用者拆去須要停

當。其營房務要好去佈置，如法起蓋。開河之事，若有人力可以興工。若人力不敷且歇，今當仲夏，宜善保不具。」[1] 瞿先生認為，當時李文忠參與了督修燕王府。燕王致書，希望他根據實際需要，勘查元代宮殿，可存留的要存留，即便無用的，拆除時也要處理妥善。這份手書證明，在落實朱元璋的上諭，「依元舊皇城基改造王府」的過程中，元代宮殿得到留存的應該也不止是大明殿。不過以理度之，元大內的標誌、建有「兩觀」的崇天門應該會被拆去。

王府定制還規定了一批功能性房屋的間數，如家廟、山川壇、社稷壇、宰牲亭、宰牲房、書堂、漿糨房、淨房、儀仗庫、茶房、世子府、典膳所、馬房、養馬房、承奉司六局、內使歇房、祿米倉、收糧廳等。連同宮殿，王府全部房屋共八百二十四間。總數甚至超過了燕王府的八百一十一間。但是決定制度的不是這些房屋的數量，因為按照《祖訓錄》，這類房屋是可以「任從起蓋」的。

洪武十一年（1378年），明太祖又分封了第二批五位親王。這時候秦、晉、靖江三座府邸已經建完，幾位年幼親王也急需建造王府了。於是工部呈報，王國宮城的縱廣尺寸也應該有定制。並提出以晉王府為准的方案，即「周圍三里三百九步五寸，東西一百五十丈二寸五分，南北一百九十七丈二寸五分」。[2] 但是弘治八年王府定制中，提到王府擁有「大小門樓四十六座，牆門七十八處」，「寢宮等處周圍磚徑牆通長一千八十九丈。裏外蜈蚣木築土牆，共長一千三百一十五丈」。磚牆是否即王城牆，土牆是否即外周垣，不很清楚。但是如果是周長，它們的長度大大長於洪武時期晉王府。我們知道，元大都大內宮城長六百五十步，寬四百八十步。晉王府的長度和寬度分別相當於元大內的 61%～62%。即這兩座宮城的長寬比值則是基本相同的，換言之，這兩個長方形是相似形。這樣，雖然燕王府的縱廣丈尺無從得知，但是如果推測它的宮城也是「依元之舊有」，也就並非過於駭人聽聞。《明史·姚廣孝傳》講了一個故事，燕王的主要謀臣僧道衍，在燕王府的後苑練兵，還挖了地下室，周圍砌上厚牆，

1　瞿兌之：《李文忠集傳》，中國營造學社編：《岐陽王世家文物考述》，第18頁。
2　《明太祖實錄》卷一一九。

牆上密密麻麻地砌上瓶瓶罐罐，然後在裏面日夜鑄造兵器。外面養着鵝和鴨子，鵝鴨亂叫，掩蓋工廠的聲音。怎麼可以做到的呢？《明史》給的答案是「燕邸，故元宮也，深邃。」

3. 升北平府為北京

洪武三十一年（1398 年）閏五月初十日，七十一歲的老皇帝去世。十六日，入葬於南京孝陵，廟號太祖。清康熙皇帝在孝陵題字「治隆唐宋」，給這位開國之君崇高的評價。皇太孫朱允炆即位，以明年為建文元年。他採納兵部尚書齊泰、太常卿黃子澄的計謀，開始「削藩」。周、湘、代、齊、岷五王先後被廢，湘王自焚。燕王先是裝瘋避難，到建文元年（1399 年）七月初五日突然起兵，誘殺北平布政使和都指揮使，以八百將士，打出了「靖難之師」的大旗。經過三年激烈戰爭，終於攻入南京，建文帝不知所終。建文四年六月十七日燕王在諸王和大臣們的「勸進」聲中登基，成為大明的第三位皇帝，定以明年改元。

永樂元年（1403 年），新年伊始，一系列朝廷大事都要新皇帝來做：新年大朝會，立春朝賀，祭享太廟，大祀天地壇。正月十三日，就在大祀慶成典禮之後，禮部尚書李至剛等上言，從來的開國之君或者由外藩入承大統，都要崇升肇跡之地。北平布政司是皇帝承運興王之地，應該按照太祖高皇帝立中都的做法，立為京都。皇帝馬上批准了這個建議，定北平為北京。緊接着，二月初三日公佈了軍政機構相應調整：北平府改為順天府，撤銷原行省的軍事、政府、監察三大機構。提升北京軍政機構為朝廷直屬，設立北京留守行後軍都督府、北京行部和北京國子監。永樂皇帝還對廷臣們說，北京是我的舊封國，原來有國社國稷。現在既然已經升為北京，社稷之禮也需要確定一下。端午節後，禮部和太常的官員們呈報了他們會議的結果：自古以來沒有兩京並立太社太稷的先例，所以北京的國社國稷不能改，但是也不應該拆，只能設官看守。將來皇上巡狩之日，在其中設太社太稷的神位祭祀即可。倒是需要補建順天府的府社府稷，讓北京行部官員按時舉行祭禮。社稷壇的討論，讓新皇帝知道，北平要成為名副其實的北京，還有很長的路要走呢！

永樂皇帝登基之後，在北方推行與民休息的政策，以期盡快醫治戰爭

的創傷。建文四年七月二十三日，他告諭群臣，我當初在王府的時候，凡是老百姓的艱苦，沒有不知道的。這幾年的戰爭，北方的人民辛勞疲憊已經到了極點。我舉義旗本是為了國家和人民，現在國家安定了，百姓還沒有安定下來，我夙夜難忘。於是派幾位老成的大臣到山西、山東、河南、陝西等布政司巡視民間疾苦。二十五日，又對靖難功臣、都督陳珪說，戰爭造成社會疲憊凋敝，北方尤其嚴重，囑托他盡心輔佐駐守北平的世子，有利於軍民的事放手去做。《明史》記載從建文四年七月到永樂三年，皇帝多次蠲免北京、山東、河南被兵地區農民的租賦，賑濟這些地區的饑荒。建文四年八月將山西無地農民移民北平，給予鈔，五年不起稅賦。永樂元年八月，將南京直隸地區的十個州郡、浙江等九個行省的富裕百姓移民北京。永樂二年七月、三年九月，分別從山西移民一萬戶充實北京。永樂四年四月初七日，順天府的三十多名「老人」來南京，感謝皇帝優免稅糧。皇帝詢問他們收成如何，生活是否恢復了。他感慨地說，北方的百姓，像重病初起之人，必須悉心調理才可以痊癒。經過三年修養生息，北方的元氣逐漸恢復，為建立都城打下了基礎。

4. 營建北京宮殿的籌備階段

永樂四年閏七月初五日（1406 年 8 月 18 日），靖難之役的第一功臣淇國公丘福，帶領文武群臣，懇請皇帝「建北京宮殿，以備巡幸」。我們無從得知君臣事先是否有所溝通，但是丘福肯定是說出了永樂皇帝的心裏話。所以這個動議不需要討論，皇帝隨即做出部署：第一，採伐大木。派遣工部尚書宋禮到四川、吏部右侍郎師逵到湖廣、戶部左侍郎古樸到江西、右副都御史劉觀到浙江、右僉都御史仲成到山西，監督軍民採伐。第二，燒造磚瓦。命令泰寧侯陳珪、北京行部侍郎張思恭督造。第三，徵發天下各行業工匠，工部負責。第四，選取軍工，由南京、河南、山東、陝西、山西都司、中都留守司、直隸各衛中選派。第五，選取民工，由河南、山東、陝西、山西、直隸鳳陽、淮安、揚州、廬州、安慶、徐州、和州選取。各處工匠和軍工、民伕，定於明年五月俱赴北京，每半年一更換。凡徵發軍民的地方原有差役稅賦一律停止。

是否可以認定「永樂四年閏七月初五日」，或簡化為「永樂四年」是

營建北京開始的標誌呢？歷史學界和建築史學界都有兩種不同的意見。永樂皇帝沒有像他父親建南京那樣，舉行隆重的告天儀式作開工典禮。而且到預定的明年五月工匠集中時間，史料中也沒有任何一座建築開工的記載。所以有人認為，个可以認定永樂四年是營建北京開始的日期。但是我認為，四年以後的數年間，永樂皇帝多次告諭臣下，要善待營建北京的軍民，這是工程正在進行的證據。四年九月，剛剛確定了營建北京的宏大目標，皇帝就叮囑長期駐守北京的重臣陳珪説，我當初舉義旗，多虧北京軍民提供了軍需，十分辛勞。這幾年雖然免除了北京的一切賦税和勞役，但是也還沒有完全恢復。現在國家不得已還需要借重北京的民力，你應該體會我的用心，「役之有節」，先安排好他們的生計，免除飢寒的後顧之憂，再讓他們去上工。這個敕令代表了永樂皇帝徵集全國工力的指導思想。六年六月，即兩年之後，皇帝向北京行部各司的群臣重申了類似的要求，他説，最近營建北京，是國之大計，不得已而為之。嚴厲地批評有些官員「重勞下事之人，略不究心，驅迫嚴苛，貪漁剝削」，一旦被我發現、落實，一律依法處理。同時他再一次敕諭陳珪和北京行部，現在天氣盛暑，必須體恤和照料上工的軍民，按時飲食作息，不要過於疲勞。如果發生疾病要給予醫藥。你們要體會我的用心，「斂怨為功，朕所不取」。八月和十月，皇帝分兩次給「赴北京工匠」和「北京營造軍民伕匠」鈔襖、衣鞋。這些記載説明營建已經在進行之中。七年正月，在天下朝觀官員一千五百四十二人參加的「陛辭」儀式上，皇帝向全國各省直至各縣級官員，再次重申：「比者營建北京，國之大事，个得已勤勞軍民。爾等宜善加撫恤，無為貪酷以重困之。」[1]説明在永樂七年的時候，為營建北京徵調力量遍及了全國。所以可以認定「永樂四年」是營建北京開始的標誌。

另一方面，營建北京宮殿顯然不是「蓋造房屋」這麼單純的建造任務，不能用是否開始「蓋房」來界定其起始時間。這個偉大的工程需要一個較長的籌備階段，需要動員和改變社會的很多方面。首先是「正名」，整飭與「京城」不符的名號，建立與京城相適應的機構，按照京城標準管理北京。這類工作在改北平為北京就開始了，我按時間順序列一個清單，

---

1 《明太宗實錄》卷八七。

從永樂元年開始。五月，以原順天府學為北京國子監，它的學生擁有了國學監生的資格。永樂三年五月，鑄「北京內府」各門關防印記，十月，設置官員專管北京「皇城勘合」，即出入皇城的憑證。這時候的北京內府、皇城，顯然就是以前的燕王府，需要按照皇城的規矩管起來。四年八月，設北京兵馬指揮司，這是只有京城才設置的武裝隊伍。造夜巡銅牌十面，由趙王直接掌管，「關領夜巡，一如京師之制」。六年八月，設北京會同館，略相當於國家賓館，接待外夷蕃國使節。十月，提升順天府稅課司為都稅司，下設麗正門、張家灣、盧溝橋宣課司，安定門、宛平、大興稅課司，文明門、德勝門分司。七年正月，由於皇帝即將「巡幸」北京，禮部提議應該改正原燕王府的宮殿和門的名號。具體什麼名號，《明太宗實錄》沒有記載，但是按照情理，應該是把南京宮殿及門的專屬名稱，移植到原燕王府來。這樣就可以用舊燕王府充當皇帝巡狩時駐蹕的宮殿了。二月初，工部又領命鑄造了北京皇城四門銅符及夜巡銅牌，這次所鑄應該是新的名號了。四月十六日，鑄「內府午門、東華門、西華門、玄武門夜巡關防條記」。這一記載，沒有明確是南北兩京的哪一京。但是這時皇帝正在北京巡狩，認定是為北京內府鑄造，應是合理的。這一年，還增設了北京寶鈔提舉司、擴充了北京五城兵馬指揮司，如南京之制。

另一項重要的籌備工作是提高北京的物資運輸能力，增加物資儲備。洪武年間至永樂初，北京、遼東軍餉都依靠海運從南方運去。為此永樂二年（1404 年）十一月設置天津衛，並建設轉運糧倉。營造北京和將來遷都，朝廷官員的俸祿、營造工匠軍民的口糧、木料磚瓦，都需要取自南方。海運風險大，運力不足。疏通水路、提高漕運能力十分緊迫。

於是在北京至通州運段，疏通利用了元代通惠河。為增加補給水的流量，進一步開發西湖景，即元代的甕山泊。永樂四年（1406 年）八月和次年九月，「修治」西湖景的堤岸和各個閘口。五年五月，修築從西湖景通向下游的河道，整理從文明門至通州的各閘。六年四月、十月，先後設惠河、慶豐、平津、澄清、通流、普濟、廣源、文明等八座閘的閘官，掌管啟閉，保障暢通，說明這次「修治」成功了。通州迤南的運段，即京杭大運河的山東段，元代至元年間開鑿有會通河，自東平至臨清，長四百五十餘里，但是已經淤塞了大約三分之一。永樂九年（1411 年）二月二十八日，

皇帝命工部尚書宋禮等主持疏浚工程。宋禮不辱使命，他聽取汶上老人白英的意見，在一處叫作南旺的高地上築堰和壩，使汶水分流南北，「十之四」南流，「十之六」北流，接濟漕河之水，使運河暢通無阻。漕運到北京的糧食一年可達百萬石。到永樂十三年，徹底停止了海運。

與提高水運能力同時，陸路也增設了「遞運所」。永樂五年十二月，因為營建北京，需要運輸的物資眾多，所以在衛輝、湯陰、大名、浚縣和南館陶增設了五所遞運所。永樂七年（1409 年）十月，從良鄉到景州再增加九所。永樂十六年四月，又一下子在北京、河南設了二十一處。據《明史紀事本末》記載，洪武時期所建的遞運所每所需要民丁三千人，車二百輛。老百姓常年奔波，不得休息，永樂時期運輸任務只能更加繁重。漕河和遞運，把營建北京所需海量物料運進北京。

「四年閏七月初五日」之後，採運大木很快就開始了，這是籌備建築材料的艱巨工程。永樂五年正月，皇帝命令工部，春天是農忙時節，軍民伐木不止，會影響農時。要求去核實，凡是一戶之中人丁少，或屯田的士兵，要放回來。這個命令至少在四川沒有執行。五月初十日，在那裏採木的工部尚書宋禮給朝廷報告了一個特大喜訊，「有大木數株，不藉人力，一夕出天谷，達於江，蓋山川之靈相之。」[1] 皇帝喜出望外，制止了群臣稱頌他的功德，把這件奇異的事情歸功於山川之神的奉獻。賜這座貢獻大木的山名「神木山」，派禮部官員前去祭祀，為山神建祠堂，命令翰林院侍讀胡廣撰寫碑文記事。胡廣繪聲繪色地描述了這件神異之事，説宋禮在馬湖府深山採伐到徑圍逾丈的幾株大木，正謀劃需要萬伕才能運下山嶺，一個夜晚，大木突然自行，吼聲如雷，把一塊擋路的巨石沖開，自身毫無傷損，這顯然只有神的力量才能做到。他順勢把神的護佑與營建北京聯繫起來：「壯哉北京，龍飛之所。帝用詒謀，大啟厥宇……神衷顯宣，嘉徵斯應。以兆皇基，萬世永盛。」[2]

宋禮在神木山採伐的大木是楠木，是永樂年間北京宮殿大木構架使用

1　《明太宗實錄》卷六五。
2　［明］胡廣：《敕建神木山神祠之碑》，轉引自《明代宮廷建築大事史料長編永樂洪熙宣德朝卷》，第一九八條，中國紫禁城學會編纂，故宮出版社，2012 年。

的主要建材。至今在鑒定故宮古建築年代時，主要結構是否使用楠木，仍舊是判斷明代建築的一個重要依據。明代地理學家王士性在他的著作《廣志繹》中，非常準確地描述了楠木的性狀。凡世間之樹，全都樹幹彎曲，枝條扶疏，長着巨大的樹冠，只有楠木和杉木樹幹筆直。但是杉木的根部雖粗，樹梢卻很細，不符合做建築材料的要求。楠木則高數十丈而樹幹上下徑圍相似，樹幹上又不生枝杈，直到樹頂才散幹佈葉，像撐傘一樣。所以天生楠木，好像是專供殿堂柱梁之用，非楠木不能滿足殿堂高大之需，非殿堂不能使楠木物盡其材。王士性認為，楠木主要生長在貴州一帶人跡罕至之處，運木出山，非常困難，「一木下山，常損數命」。朝廷在湖廣、四川安排採木，只是因為這兩處較貴州便於管理而已。

採運大木到底有多困難，清代巡撫四川都察院右副都御史張德地《題報採運楠木疏略》説得最清楚。康熙六年朝廷議建太和殿，派員到四川督採運楠木。他親自跑到貴州綏陽縣調查，當地居民告訴他，綏陽在明代設有木廠，專設官員管理。每木廠招募專業工匠二百一十名，有架長二十名，負責勘查楠木從山裏運輸到水邊的路徑，在途中搭設拽運大木的木架，墊低就高，稱為找廂。有斧手一百名，負責砍伐樹木，在原木上穿鼻，以便拴纜繩拉拽和綁紮木筏。有石匠二十名，負責鑿山開路。有鐵匠二十名，負責打製採木的所有鐵工具。有篾匠五十名，負責編纜繩，還要用打纜繩的下腳料潤滑「廂」上運木的軌道。放倒的木材從山裏外運，以長七丈、徑圍一丈二三尺的為例，需要拽運伕五百名。沿路安塘，每十里一塘，一塘送一塘直到江邊。這些工匠、架長和斧手需要從湖廣辰州府招募，他們世代以此為業。其他工匠在本地招募。木材到水邊交割給運木官員，每八十根打一個大木筏，另招募水手放筏，每筏水手十名，伕四十名。採伐大木，只能利用秋冬兩季，九月起工，二月止工，否則三月起河水泛漲，找廂無法施工。馬湖、遵義兩府，山裏的溪流都會合於重慶大江，由重慶出三峽到湖廣，最後到北京，僅水運需要一年多的時間。[1]對於督木官員，採運也是個苦差事。宋禮曾經五次入蜀，少監謝安駐藺州石夾

1　康熙《四川通志》卷一六上。

口採辦，自己耕種糧食，二十年才出山（圖5）。

　　燒造磚瓦是籌備建築材料的另一項重要工程。故宮博物院的前輩專家于倬雲先生估算，「紫禁城宮殿所需磚瓦，品種之多，數量之大也是十分驚人的。其用量大不僅在於房屋多，城垣大，而且與一些特殊工程作法是分不開的。如庭院地面，至少墁磚三層，甚至墁上七層。全部庭院估計需用磚兩千餘萬塊。城牆、宮牆及三臺用磚量更大，估計所用城磚數達八千萬塊以上。每塊城磚重達 48 斤有餘，共重 193 萬噸，因此在生產和運輸上都是非常艱巨的。」[1] 記錄在《大明會典》上永樂時期的磚窯有臨清窯和蘇州窯，實際上這是兩大磚窯系統。燒造地段並不只是臨清、蘇州兩地，而是分佈在南、北兩京的直隸地區，和山東、河南兩個省的運河沿線。燒造工作包括了徵採蘆柴，煉泥製坯，設窯燒造，運送北京等一系列工作，從朝廷到地方都需要設官管理。除了工匠之外，河南、山東二都司和中軍都督府直隸軍衞、地方政府都還要配備巨量的軍民人伕，才可能在較短時間，燒造、運送大批符合質量的成品。所以需要安排重臣來督造，又在永樂六年六月初十日，命戶部尚書自南京抵北京，緣河巡視運木燒磚。

　　臨清窯主要生產黑白城磚、券磚、斧刃磚、線磚、平身磚、望板磚和方磚，方磚又有二尺、尺七、尺五、尺二等四樣。城磚在正品之外，還要預燒一定數量的「副磚」，以備正品不滿足質量要求時替補。明嘉靖中期，臨清窯燒造白城磚的額定數量每年二百萬塊，斧刃磚四十萬塊。在營造北京期間，窯座數量比嘉靖中期要多出很多，成品數量也肯定遠遠大於每年二百四十萬塊，才能在十數年間，積累到營造所需數量。蘇州窯是南直隸一帶以蘇州為中心的磚窯統稱，產品是二尺、尺七細料方磚，後人稱之金磚。

　　明代嘉靖年間的工部郎中張問之寫了一卷《造磚圖說》，描述金磚生產之難。原書已佚，所幸還有一篇提要留存。他說長洲的窯戶，必須從蘇州東北的陸墓（今相城區陸慕）取土，乾土要呈金銀色。挖出後要運到窯座所在地，然後經過曬、敲打、舂碎、磨細、過篩，成為和泥的土。再

1　于倬雲主編：《紫禁城宮殿 —— 建築和生活的藝術》，商務印書館，2002 年。

圖5 《飛橋度險圖》，圖中所表現的，可能就是「找廂」（引自［明］龔輝：《西槎匯草》卷一，天津大學建築學院王其亨教授提供）

把土放進三級過濾的水池沉澱，泥漿過濾去掉雜質，在夯實的土地上晾泥漿，放在瓦上進一步乾燥，最後經過人的踩踏，成為作坯的泥料。坯料用手揉，逐塊放在托板上壓實，用木掌拍打，成型後放到避風避日的室內陰乾，每天拍打，八個月成坯。入窯燒需要一百三十天，依次使用糠草、片柴、棵柴、松枝，逐漸加大火力。最後停火窨水。官府選磚的標準：「必面背四旁，色盡純白，無燥紋，無墜角，叩之聲震而清者，乃為入格。」成品率，有的三五塊選中一塊，有的甚至幾十塊選中一塊。張問之的督造任務是五萬塊，三年多才完成。有窯戶因為不堪賠累而自殺。[1]

營造所需要的石材和燒製石灰的石料基本是在北京附近地區開採。「白玉石產大石窩，青砂石產馬鞍山、牛欄山、石徑山，紫石產馬鞍山，豆渣石產白虎澗。大石窩至京城一百四十里，馬鞍山至京城五十里，牛欄山至京城一百五里，白虎澗至京城一百五里。折方估價，則營繕司主

1　［清］永瑢：《四庫全書總目提要》卷八四。

之。」[1] 大石窩在今北京房山區西南部，石礦開採使用的歷史可上溯到隋唐時期，名稱白玉石。安祿山在范陽用白玉石做成魚龍鳧雁、蓮花甚至石梁，獻給唐明皇。雕琢之精巧，似非人工可為。[2] 金代在燕京中都皇城正門外建有龍津橋，宋朝使臣范成大形容「燕石色如玉」，「雕刻極工」。[3] 北京市的考古工作者在房山區發現金陵遺址，出土一些雕刻非常精彩的白石欄板，證實了金代「雕刻極工」的水平。前文已經說到，元大都宮殿中白玉石使用更為廣泛。明代宮殿和陵寢也普遍使用「白御石」。「乃近京數十里，名三山大石窩者，專產白石，瑩徹無瑕，俗謂之白御石。頃年三殿災後，曾見輦石入都，供柱礎用者，俱高廣數丈。似天生異種，以供聖朝之需。」[4] 清工部頒佈的《工程做法》中，出現了「旱白玉石」的名稱，也有人寫為漢白玉石。

我沒有找到永樂時期開採和運輸白玉石的記錄，但是明代中後期有不少同類記載可供參考：「乾清宮階沿石，取西山白玉石為之，每間一塊，長五丈，闊一丈二尺，厚二丈五尺，鑿為五級。以萬人拽之，日鑿一井，以飲拽伕，名曰萬人石。」[5] 這裏所說的階沿石「每間一塊」，是中國古建築常見的石料使用規則，即每兩根柱子之間的階條石，必須使用一塊完整的石料，不得拼接。宮殿建築間量特大，石材也就必須特別長大。超常的規格和重量，造成了開採運輸的極端困難。萬曆二十四年為重建乾清宮和坤寧宮備料，工部營繕司郎中賀盛瑞查閱了嘉靖朝的資料，當時，「三殿中道階級大石長三丈，闊一丈，厚五尺，派順天等八府民伕二萬，造旱船拽運。派同知通判縣佐二督率之。每里掘一井以澆旱船、資渴飲，二十八

1 《明水軒日記》，引自［清］于敏中等編纂：《日下舊聞考》卷一五〇，北京古籍出版社排印本，1981 年，第 2403 頁。
2 ［唐］鄭處誨：《明皇雜錄》卷下，載《唐宋史料筆記叢刊》，中華書局，1994 年。
3 ［宋］范成大：《攬轡錄》，引自《說郛》卷四一。
4 ［明］沈德符：《萬曆野獲編》卷二四，載《元明史料筆記叢刊》，中華書局，1997 年，第 611 頁。
5 ［明］李詡：《戒庵老人漫筆》卷二，載《元明史料筆記叢刊》，中華書局，1982 年，第 46 頁。

日到京。官民之費總計銀十一萬兩有奇。」[1]賀郎中實施的時候，採納了主事的建議，專造了十六輪大車，用一千八百頭騾子拽運，運輸時間縮短了六天，經費只花費不到嘉靖時的十分之一。賀郎中還注意到，石料出塘也十分困難：「照得大石料，大者折方八九十丈，次者亦不下四五十丈，翻交出塘上車，非萬人不可。合無咨行兵部，將大石窩除見在一千八百名外，再添六千二百名。馬鞍山除見在七百名外，再添三百名應用。」[2]

燒瓦採取了官營的形式，在北京辦理。明代工部營繕司直接管理兩大窯廠，一座琉璃廠，專門燒造琉璃磚瓦，平時也燒供內府應用的琉璃器用。在南城牆外，麗正門和順承門之間。清代康熙二十年遷往京西琉璃局，在今門頭溝區龍泉鎮琉璃渠村，而南城的原址發展成著名的京城古籍古玩市場。一座黑窯廠，更在琉璃廠之南，由於常年取土，留下的「窯坑」積水成湖，備極荒涼，人跡罕至。清康熙年間工部郎官江藻督廠事時，就民間小廟慈悲庵建成陶然亭，從此成了北京名勝。這兩大廠在北京，可以隨着工程進展來安排燒造，所以不再另設成品倉庫。但是從外地採運燒造的海量大木、城磚等建築材料則需要周密安排，妥善保管，所以工部還直管神木廠和大木廠。顧名思義，神木廠儲藏南方楠木。它的位置在廣渠門外二里左右，通惠河慶豐閘遺址之南。清代這裏還有偃臥的大木，《春明夢餘錄》記載，這些大木都是永樂時的遺物，其中最巨大的名為樟扁頭，樹徑圍達二丈以上，騎馬走過其下，對面不見人。乾隆二十三年皇帝便中一覽，寫了一首「神木謠」，因為神木位於京城東方，賦予它生生不息的含義。[3]大木廠也保管來自南方的木材。正統二年八月，行在工部報告說，齊化門外積存的楠杉大木已經有三十八萬根，保存不善。於是皇帝命徵集一萬民伕來修理廠房。

按《大明會典》的記載，琉璃廠、黑窯廠、神木廠、大木廠，還有一個臺基廠，合稱工部營繕司大五廠，臺基廠堆放柴薪和蘆葦。其實，營造

1　［明］賀仲軾：《兩宮鼎建紀》上卷。

2　［明］賀仲軾：《兩宮鼎建紀》中卷。

3　［清］于敏中等編纂：《日下舊聞考》卷八九，北京古籍出版社排印本，1981年，第1518頁。

北京期間，還有不少建築材料的生產與保管場所也設了廠。比如在通州和張家灣，臨近運河碼頭設有料磚廠。北京地區的馬鞍山、瓷家務、周口、懷柔等處燒製石灰，各置灰廠。明代有一個很「爛」的制度，即讓宦官來參與管理建造活動，這個機構叫內官監。「內官監，掌木、石、瓦、土、搭材、東行、西行、油漆、婚禮、火藥十作，及米鹽庫、營造庫、皇壇庫，凡國家營造宮室、陵墓，並銅錫妝奩、器用暨冰窖諸事。」[1]一個工程之前，要燒多少塊細料方磚，多少片琉璃瓦，要等內官監開數，工部才照數下達燒造。內官監也管理有廠，如方磚廠、鑄鐘廠，都在鼓樓附近，保管細料方磚。內官監辦事機構和庫府、作坊的所在地，即今地安門內大街以西到北海公園東牆的大片地區。

5. 營建北京壇廟宮殿

　　永樂十二年（1414年）正月二十四日，第二次來北京「巡狩」的皇帝命工部停運「營造磚」，遣散服役的軍民人伕。二月二十九日，又命行在工部，凡營造伕匠，全都遣散還家，明年再來赴工。這是七年半以來，皇帝第一次明令全體營造工匠休息。如果我們因此認為繁重的籌備工作基本就緒，也是有道理的，它預示着更為緊張的工作就要開始了。

　　永樂十四年（1416年）八月十八日，皇帝下達了復工的命令，全國軍民，凡是參加北京營造的開始分番赴工。所在地的官府要給每人發五錠鈔做道里費。十天之後，開始營造西宮。「丁亥，作西宮。初，上至北京，仍御舊宮。及是，將撤而新之，乃命工部作西宮，為視朝之所。」[2]二十一天之後，車駕啟程回南京。到南京後的十五天，皇帝召集群臣「議營建北京」。勳臣、武官們上疏：「北京河山鞏固，水甘土厚，民俗淳樸，物產豐富，誠天府之國，帝王之都也。皇上營建北京，為子孫帝王萬世之業。比年車駕巡狩，四海會同，人心協和，嘉瑞駢集，天運維新，實兆於此。矧河道疏通，漕運日廣，商賈輻輳，財貨充盈。良材巨木，已集京師，天下軍民，樂於趨事。揆之天時，察之人事，誠所當為，而不可緩。伏乞上順

1　《明史》卷七四《職官志》。

2　《明太宗實錄》卷一七九。

天心，下從民望，早敕所司，興工營建，天下幸甚。」[1] 六部等文官們也上疏：「伏惟北京，聖上龍興之地，北枕居庸，西峙太行，東連山海，南俯中原，沃壤千里。山川形勝，足以控四夷，制天下，誠萬世帝王之都也。昔太祖高皇帝削平海宇，以其地分封陛下，誠有待於今日。陛下嗣太祖之位，即位之初，嘗升為北京，而宮殿未建，文武群臣合詞奏請，已蒙俞允。所司掄材，官民樂於趨事。良材大木，不勞而集。比年聖駕巡狩，萬國來同，民物阜成，禎祥協應。天意人心，昭然可見。然陛下重於勞民，延緩至今，臣等切惟宗社大計，正陛下當為之時。況今漕運已通，儲蓄充溢，材用具備，軍民一心，營建之辰，天實啟之。伏乞早賜聖斷，敕所司擇日興工，以成國家悠久之計，以副臣民之望。」[2]

這次討論，意義實在太大。名義上，皇帝是在召集議營建北京，而實際上文武大臣們已經揣摩到皇帝的心思，不再提「以備巡幸」，直接把營建的意義提升為建都。而且大臣們都說到籌備工作已經取得成功，這是有目共睹的。皇帝當然接受了大臣們的善意。建西宮，是營建北京宮殿的開端，這次集議，也是計劃遷都北京的開端。永樂十五年二月十五日，皇帝設立了總管營建北京的機構，級別相當於都督府，行文用「繕工之印」。泰寧侯陳珪總負責，安遠侯柳升、成山侯王通做副手。下設經歷司為辦事機構。三月二十六日，皇帝開始第三次巡狩北京，從此再也沒有去南京。

回到北京，皇帝照例在北京的奉天殿丹陛設壇，祭告天地，御奉天殿受朝賀。這裏所說的奉天殿，不再是昔日燕王府正名後的舊殿，而是新完成的西宮奉天殿。工匠們抓緊利用皇帝南下的時間，僅用了八個月，就建成了西宮。西宮為當時命名，因為它位於燕王府舊宮殿之西，是元大內隆福宮的舊址。西宮規模相當龐大。「中為奉天殿，殿之側為左右二殿。奉天殿之南為奉天門，左右為東西角門。奉天之南為午門，午門之南為承天門。奉天殿之北有後殿、涼殿、暖殿及仁壽、景福、仁和、萬春、永壽、長春等宮。凡為屋千六百三十餘楹。」[3] 從朝門起有一條主軸線，以承天門

1　《明太宗實錄》卷一八二。
2　《明太宗實錄》卷一八二。
3　《明太宗實錄》卷一八七。

為南端，經午門、奉天門、奉天殿，到後殿為止。奉天門有左右角門，奉天殿有左右二殿，制度均模仿自南京，但缺端門。奉天殿並非南京「三大殿」格局，而且後殿、涼殿、暖殿的佈置，也與南京乾清、坤寧二宮不同，不禁令人聯想隆福宮後寢殿的左右暖殿制度。仁壽等六宮，是明代文獻中最早出現的內宮名稱。六宮制度來自南京，從吳王宮就開始了，它們的排列只說是「以次序列焉」。所以西宮中六宮的相對位置也不好推測。西宮宮殿顯然滿足了「視朝」和「家居」兩大功能，其他都被忽略了，因為皇帝建西宮的目的，就是「為視朝之所」。

至於前兩次巡狩用的舊宮殿，已經開始「撤而新之」了，西宮的作用，就是在北京新宮殿建造過程中提供一處過渡空間。西宮的一千六百三十間宮殿只用八個月建成，可謂神速。造就神速的原因，一是隆福宮空置的四十五年中，古建築可能荒廢損壞，但是它的基礎和臺基應該不會有根本的破壞，完全可以修復後繼續使用。二是中國古建築的木結構，各類承重構件，如柱、梁、斗栱、檁枋之類，從唐代就實行了標準化加工，裝配化實施，也可以搬遷重建。因此有學者推測，西宮所用材料，就是拆原燕王府而來，這是非常巧妙的安排。「既清理出了營建北京宮闕的場地，又利用廢材建築了視朝之所，省時省力，節省建築材料，免除清除大量廢料，一舉數得。」[1]

永樂十五年十一月初二日（1417 年 12 月 9 日），奉天殿和乾清宮同時動工。這個很重要的大事，《明太宗實錄》和《明史》卻都沒有記載，但是朝鮮李朝《太宗實錄》記錄了燕行使帶回來的消息。中國行在禮部咨「伏遇朝廷營建北京宮殿。永樂十五年十一月初二日起，立奉天殿，乾清宮。」[2] 翰林學士金幼孜、楊榮，為了歌頌營造宮殿時出現的祥瑞，也都記錄了這個日期。北京的氣候，十一月已經進入冬季，開工後的第四天就是冬至節了。陳珪等奏報，初八日和十八日，兩個工地都出現了五色瑞光祥雲。二十一日，金水河與太液池開始結冰了，竟然凝結成了樓閣、龍鳳

1 王劍英、王紅：《論從元大都到明北京宮闕的演變》，載《紫禁城學會論文集》第一輯。
2 ［朝鮮李朝］《太宗實錄》卷三五。引自《明代宮廷建築大事史料長編永樂洪熙宣德朝卷》，第六三五條，中國紫禁城學會編纂，故宮出版社，2012 年。

和花卉等形象。皇帝特賜群臣觀賞。時任禮部尚書率百官上表祝賀，說是皇帝的高尚道德令天降祥瑞。皇帝雖然理智地拒絕了吹捧，但是詞臣們還是紛紛獻上歌頌之章。金幼孜説，「永樂丁酉，是年十一月二日，始創奉天殿、乾清宮……未幾殿中俱現五色瑞光，由地互天，朗耀輝徹，卿雲彩靄，煜煜輪囷。天花璀璨，大如日輪，迴旋宮苑，蔽虧霄漢。金水河、太液池，冰複凝瑞，內含諸象，毫髮可鑒。自是卿雲瑞靄，繽紛雜遝，無日不見。」「於是建奉天、立乾清，法剛健，配高明。壯鴻基於九鼎，揭皇極於八紘。肆天麻之滋至，紛總總而來呈。既彌旬而閲月，羌日盛而日盈。若乃瑞彩發舒，其光五色，或紺而青，或黃而赤，或護日而圓，或凌風而直，上燭璿霄，下臨柱石。繡楹耿耀，丹闈有赫。晶晶熒熒，煜煜奕奕，昭晰輝融，交映洞射。爾其卿雲輪囷，非霧非煙，勃鬱佈護，鬱鬱紛紛。錯綜成章，五彩氤氳，乍斂而合，倏舒而分。或圓若停蓋，或長若垂紳。或燦若張綺，或麗若凝。昭回河漢，朗耀三辰。」[2]文章鋪陳，自是高明，但是我們還是不清楚當時到底發生了什麼。至於金水河、太液池結冰成異象，恐怕也是見仁見智，或者人云亦云了。

永樂十八年九月，眼看營建接近尾聲，皇帝啟動了遷都的準備。初四日，行在欽天監選定明年正月初一為上吉之日，宜御新殿受朝賀。皇帝於是派戶部尚書夏原吉趕赴南京，迎接在南京監國的皇太子，來北京參加這次曠世大典。隨後，皇帝命令行在禮部，從明年正月初一起，去掉北京的「行在」稱謂，正名為京師。而南京只是兩京之一，不再稱京師。原來朝廷直屬的六部各衙門的印信，直接取來給北京各衙門用，南京衙門重新鑄印時另加「南京」二字。不久，皇帝又命令行在兵部尚書及武官等議軍事，決定了南北兩京軍衞和兵力的重新調配。萬事俱備。十一月初四日，皇帝頒佈了著名的「建北京詔」，昭告天下，營建北京，今已告成。選永樂十九年正月朔旦舉行御殿大典。《明史》把這篇詔書的性質，定為「以遷都北京詔天下」。

這一年的年底，十二月二十九日，《明太宗實錄》對營建北京工程作

1　《聖德瑞應賦有序》，《金文靖集》卷六。

2　《聖德瑞應賦有序》，《金文靖集》卷六。

了一個總結性概述：「初，營建北京，凡廟社、郊祀壇場、宮殿、門闕，規制悉如南京而高敞壯麗過之。復於皇城東南建皇太孫宮，東安門外東南建十王邸，通為屋八千三百五十楹。自永樂十五年六月興工，至是成。升營繕清吏司郎中蔡信為工部右侍郎，營繕所副吳慶福等七員為所正，所丞楊青等六員為所副，以木瓦匠金珩等二十三人為所丞。賜督工文武官員及軍民伕匠鈔、胡椒、蘇木各有差。」[1] 總結把工程分成兩部分，營建北京是第一部分，包括三大類工程，即太廟、社稷壇，郊祀壇場與宮殿門闕。第二部分是皇太孫宮和十王邸，共八千三百五十間房屋。三年半的工期，應該也僅指第二部分。這種解讀法，可見於清代康熙年間編纂的《古今圖書集成‧職方典》卷四一，乾隆時期的《日下舊聞考》卷四三等。也有文獻把這個工期當作營建北京的總工期，如明萬曆時期的《昭代典則》卷一三。我贊同上一種解讀。從文獻出發，我對永樂時期營建北京的工期，解讀為兩大階段，從四年閏七月初五日到十二年正月二十四日（1406 年 8 月 18 日至 1414 年 2 月 14 日），是籌備階段。從十四年八月十八日到十八年十一月初四日（1416 年 9 月 9 日至 1420 年 12 月 8 日），是在建築工地現場集中實施的階段。其間十二年二月至十四年七月，做了短期休整。

當然，如此規模、如此複雜的工程，分期並不是絕對的，有一些重要的項目可能沒有休整期。首先是皇城南移的項目，考古工作者根據考古現象，認為北京的皇城是在元大都蕭牆舊址上南移改建的。因此，蕭牆內的佈局要做改動。永樂十二年（1414 年）九月十三日，開挖了「下馬閘海了」。[2] 水利專家認為，此事「當指開挖南海之事。日知閣實際是南海山口閘房，今日依然」。[3] 開挖南海向南延展了太液池水面。十七年（1419 年）十一月二十四日「拓北京南城，計二千七百餘丈」。[4] 拓南城，指北京城南城牆向外拓展，工程的長度，包括南面的新城牆和東、西兩側城牆向南新延伸的部分，三段的總長是二千七百餘丈。具體位置，是從今天東西長安街北側一線，向南推進 800 餘米。這樣，北京城的面積，就較北平府城擴

1　《明太宗實錄》卷二三二。

2　《明太宗實錄》卷一五五。抱經堂本實錄寫作「下海閘」。

3　蔡蕃：《北京古運河與城市供水研究》，北京出版社，1987 年，第 179 頁。

4　《明太宗實錄》卷二一八。

大了，全城東西距離為 6650 米，南北距離為 5350 米。[1] 南面城牆仍舊開闢三座城門，城門名也仍舊沿用麗正、文明和順承門，未作更動。拓南城加長了皇城正門到京城正門的距離，為建設午門前的重重門樓留足空間，以與南京的建築序列取得一致。

第二個項目是地下工程，即大內的基礎工程和排水工程。我國著名明清檔案學家、古建築學家單士元先生早在 20 世紀 50 年代，就對我國古建築的基礎工程作過深入研究。他說：「施工之程序以整治地基為主，刨槽夯土之功為先行。以北京故宮為例，在七十二公頃地區而言，其地基是滿堂紅的基礎，即遍地均經夯築，如原地部分土質不佳則進行換土再夯築。」[2]「我國夯土技術，幾千年來不斷發展。同時還因地制宜就地取材，出現和使用多種建築材料……以首都北京為例，大型建築包括宮殿、廟宇和衙署、府第，房基都是用三合土或一步灰土、一步碎磚，這是八世紀宋代以來官式做法。早期夯土層有十餘層者，明代北京故宮建築地基有多至三十層者（故宮北上門拆時即是）。[3] 多年來，故宮在實施避雷、消防等保護工程時，發現故宮的城牆、殿堂都採用了宋代以來官式做法的地基。2013 年發現慈寧宮花園外兩處建築基礎遺址。做法是先在地面往下挖一個大約深 3 米的基坑。為了保證鬆軟的地層能夠承受重大的古建築的壓力，用密集的柏木豎直地向地下打上樁，很形象地叫作地釘，然後在地釘的頂上，縱橫兩排擺兩層柏木的木排，之後再在這個木排上夯土或者砌磚。夯土是純淨黃土與碎磚相間夯築，總共夯了三十層。另一面砌了二十層城磚。在這些上面再去建造建築的臺基。故宮古建築在六百年的時間裏，經歷了幾次大地震，都沒有發生嚴重損傷，基礎的作用是非常巨大的（圖6，圖7）。

排水工程也是一個完整的地下系統。每個院落的磚墁地面都精細地做出向邊緣傾斜的坡度，而在臺基、牆基的邊緣用條石做集水明溝，經溝眼石流入地下支溝，匯入幹溝，最後流入內金水河。金水河從北城牆西端入

1　北京市文物局編：《北京古代建築精粹》上冊，北京美術攝影出版社，2007 年。

2　單士元：《中國建築木結構與夯土地基結構》，載《單士元集》第四卷，紫禁城出版社，2009 年，第 272 頁。

3　單士元：《中國建築木結構與夯土地基結構》，載《單士元集》第四卷，紫禁城出版社，2009 年，第 277 頁。

圖6　慈寧宮花園東北部基礎做法：地釘與木排

圖7　慈寧宮花園東北部基礎做法：
夯層

城，就稱內金水河，南流東折，在武英殿、奉天門前流過，曲折地從南城牆東端流出，最後匯入通惠河。于倬雲先生發現，這個系統在宮殿營建規劃初具規模時，在地面工程進行之前就已經完成，因而牆腳與暗溝交叉之處，均用條石做了溝幫或溝蓋，牆上絕沒有掏鑿亂縫之處。他評價：「明代排水系統工程，坡降精確、科學，上萬米的管道通過重重院落，能夠達到雨後無淤水的效果，這也是我國古代市政工程的一大奇蹟。」[1]

第三個項目是開河堆山，這個項目在官方文獻中也缺少記錄。元大都的大內，既沒有護城河，內部也沒有河流穿過。明皇城則有寬 52 米的護城河環繞四周，城裏有內金水河。元大都大內正北無山，明皇城正北有一座「福山」，所以應該是在營造北京期間用人工堆山，來模仿鳳陽中都的萬歲山，形成宮闕背山面水的好風水。于倬雲先生指出，把挖太液池和護城河的土方，運到元大都大內的御園堆成山，為土方找到出路，減少了運輸工程量，反映了工程主持人「確有古代運籌學上系統工程學的實際經驗」。[2]

另外，在北京昌平縣營建長陵，也是與營建北京同時期的偉大建築工程，建造過程文獻記載是很清晰的。徐皇后於永樂五年七月初四日在南京病逝，一直未安葬。永樂七年（1409 年），皇帝第一次北狩到北京不久，命禮部尚書趙羾和江西風水師廖均卿等人擇地，趙尚書一行於昌平縣東黃土山發現「吉地」。五月初八日，皇帝車駕親臨，封黃土山為天壽山，當日便遣官祭告興工。十一年正月，天壽山陵的地宮完工，命名為長陵。徐皇后的梓宮從南京發引，二月十七日，入葬長陵。永樂十四年（1416 年）三月初一日，以長陵殿為標誌的地面建築完成，趙工奉命奉安徐皇后的神主，長陵工程全面告竣。長陵建設雖然不屬於營建北京工程，所用工匠和軍伕也是另外調集的，但是工程的意義非常重大，因為它顯示了皇帝遷都的決心不可更改。

1　于倬雲：《紫禁城始建經略與明代建築考》，載《中國宮殿建築論文集》，紫禁城出版社，2002 年，第 8 頁。

2　于倬雲：《紫禁城始建經略與明代建築考》，載《中國宮殿建築論文集》，紫禁城出版社，2002 年。

6. 修整北京城垣

　　永樂十九年正月初一日御殿大典如期舉行。在朝與地方的文武官員，和所謂「四方蠻夷酋長」，都被北京宮殿的宏偉氣象、壯麗規模所震撼，「莫不歡欣踴躍」。詞臣們紛紛寫作辭賦歌頌盛事。不料僅僅三個月之後的四月初八日突發火災，火勢猛烈，奉天、華蓋、謹身三座大殿一齊焚毀。初十日、十三日和十七日，皇帝在敕諭、詔書中形容自己的心情：「朕心惶懼，莫知所措」，「朕懷兢懼，莫究所由」，「朕心勤惕，寢食不安」。更不料永樂二十年閏十二月二十五日，皇帝的正寢乾清宮又遭火災。終永樂之朝，宮殿未再重建。洪熙在位時間太短，且再次命名北京為行在，有南歸之舉。宣德曾擬修造宮殿，也曾遣官採運大木，不過一直未能啟動重建宮殿。所以洪熙、宣德兩朝，既無正朝，也無正寢。明宣宗時，覺得皇城東牆臨近通惠河西岸，人家緣河居住，嘈雜的市井之音一直傳入大內，因此要求搬遷居民到皇城西側的空地，之後於宣德七年（1432年）八月，將城牆和東安門遷建到通惠河東岸。從此通惠河圈入禁區，運糧船不再進城。宣德十年正月初十日，正統皇帝繼承皇位。大明經過十年的太平歲月，發展向好。完成永樂藍圖的歷史重任落在七歲的嗣君身上。正統朝對營建北京做了三件大事，按開工的時間順序，一是修整北京城垣，二是重建三殿兩宮，三是全面建造朝廷衙署。

　　正統元年十月二十九日（1436年12月7日），「命太監阮安、都督同知沈清、少保工部尚書吳中率軍伕數萬人修建京師九門城樓。初，京城因元舊，永樂中雖略加改葺，然月城樓鋪之制多未備，至是始命修之。」[1]開始建月城與城樓，是修整城垣的第一步。大明立國已經百年，而北京的東西城牆一仍元舊，還是夯土城牆，一到雨季，屢遭破壞。所以永樂至宣德的史料中有多次修理城垣的記載。南北兩面雖是新作，但月城樓鋪也多未完備。正統二年正月，工程從西面的平則門、西直門開始，幾個月後，北面安定門、德勝門興工。三年正月，朝陽門、東直門開工。六月，開始專為正陽門城樓備料。到正統四年四月二十九日（1439年6月10日）修整

1　《明英宗實錄》卷二三。

城垣工程的第一步宣告完成。「修造京師門樓、城濠、橋閘完。正陽門，正樓一，月城中、左、右樓各一。崇文、宣武、朝陽、阜成、東直、西直、安定、德勝八門各正樓一，月城樓一。各門外立牌樓，城四隅立角樓。又深其濠，兩涯悉甃以磚石。九門舊有木橋，今悉撤之，易以石。兩橋之間各有水閘，濠水自城西北隅環城而東，歷九橋九閘，從城東南隅流出大通橋而去。自正統二年正月興工，至是始畢。煥然金湯鞏固，足以聳萬國之瞻矣。」[1] 除了實錄中羅列的項目，估計在這兩年半裏，還在原來土城的外側包砌了城磚。因此正統五年八、九月間派員督修城垣時，只修了洪武元年所建北城牆和永樂十七年所建南城牆。還有，在整修城垣期間，改定了北京各城門名稱。洪武時期改定北門名為安定、德勝，其餘七門仍用元代舊名。洪熙時，把麗正門改為正陽門。大約在正統二年十月之前，其他六門也改了名。所以行在戶部奏請，希望重鑄各門宣課司的印信，改從新名。但是民間甚至官方文件，有時還使用元代舊名。

修整城垣第二步，在全部城垣的內側包砌城磚。「京師城垣其外舊固以磚石，內惟土築，遇雨輒頹毀」，正統十年六月二十六日，「命太監阮安、成國公朱勇、修武伯沈榮、尚書王卺、侍郎王佑，督工修甓之」。[2] 七月初二日，因為興工，舉辦了祭告太廟的儀式。正統十二年（1447 年）閏四月初三日，北城牆修理完成。城牆內外包砌城磚竣工，標誌着整修北京城垣工程全面完成。明北京城垣徹底取代了元大都土城。兩年以後，發生了「土木之變」，英宗北征失利被俘，蒙古鐵騎幾次攻到北京城下。堅固的北京城垣為保全大明，起到了關鍵作用。

文獻記載描述了三殿兩宮重建工程全過程。正統四年十二月初一日，皇帝派遣吳中尚書祭司工之神，「修建乾清宮以是日經始」。這天只是標誌重建工作啟動，稍後才開始具體工作。五年二月初七日，決定調集十萬人，其中工匠三萬餘人，有北京內府各監局的「住作匠」，他們常年在北京工作；也有從各地徵調來的「輪班匠」，服役一段時間後應該得到替代。另外三萬六千多人是在京的備戰軍人，他們提供技術工作以外的勞動力。

1　《明英宗實錄》卷五四。

2　《明英宗實錄》卷一三〇。

二月十八日，任命左都督沈清、少保兼工部尚書吳中，提督官軍匠作人等營建宮殿。皇帝對他們説：「爾等宜體朕愛養軍民之心，必加意撫恤，均其勞逸，毋凌虐，毋急迫，毋科擾，使樂於趨事，則人不怨事宜集，庶副委任之重。又戒把總、管工官及工匠、作頭人等，毋掊剋糧賞，毋假公營私，毋受財故縱及生事害人。違者許諸人陳訴，必罪不宥。」[1]

正統五年三月初六日（1440 年 4 月 7 日），「建奉天華蓋謹身三殿，乾清坤寧二宮，是日興工。遣駙馬都尉西寧侯宋瑛等告天地、太廟、社稷及司工等神。太宗皇帝營建宮闕，尚多未備，三殿成而復災，以奉天門為正朝。至是修造之。發見役工匠、操練官軍七萬人興工，其材木諸料俱舊所採辦儲積者，故事集而民不擾。」[2]由於永樂、宣德朝遺留下大量木材物料，而且不需要做地下基礎，所以這次重建工程的複雜程度遠不及永樂朝。十一月十七日，奉天殿的棟梁要運到工地，皇帝特派成國公、禮部尚書、工部尚書三位重臣祭司工之神、棟梁經過的正陽門和午門之神。這件事具有典禮的意義，也反映了明代建造活動的重要規律，即大木構件是在其他地點加工，成型後運到工地進行安裝。于倬雲先生認為，永樂時工部的臺基廠就是加工大木構件的地點。還有文獻記載，明代官式建築對木構件要進行「防水防腐」處理。「工部修太廟，梁棟皆豎立於廠，每根頭鑿一竅，以滾油注之，逐水且牢。」[3]正統六年正月初八日，三殿立木；三月十七日巳時，三殿上梁，這些古建築施工的關鍵節點，都舉行了祭司工之神的儀式。九月初一日（1441 年 9 月 15 日），三殿二宮重建告成，再次舉行了遣官告天地、太廟、社稷、嶽鎮海瀆的隆重儀式。實際施工工期共十七個月。十月二十九日，皇帝一家入住乾清宮和坤寧宮。十一月初一日，皇帝御新殿舉行朝會，大赦天下。同時更換了南北兩京諸衙門的印信，去掉了北京衙門的「行在」兩字，在南京衙門增加了「南京」兩字。徹底終止了洪熙時開始的「南歸」設想。

在大明門兩側建設朝廷衙署開始於正統七年（1442 年）四月十三日。

1　《明英宗實錄》卷六四。

2　《明英宗實錄》卷六五。

3　［明］李詡：《戒庵老人漫筆》卷一，載《元明史料筆記叢刊》，中華書局，1982 年。

「建宗人府、吏部、戶部、兵部、工部、鴻臚寺、欽天監、太醫院於大明門之東，翰林院於長安左門之東。初，各衙門自永樂間皆因舊官舍為之，散處無序。至是以宮殿成，命即其餘工以序營建，悉如南京之制。其地有民居妨礙者悉徙之。」[1] 八月初六日，在大明門之西，建設中左右前後五軍都督府、太常寺、通政司、錦衣衛，在長安右門之西建行人司的工程也開工了。這次集中建設，從首都功能上，改變了元大都衙署「散處無序」的缺陷，把南京在皇城前佈置朝廷衙署的規劃，移植到了北京。正陽門裏有一條北京最長的胡同，叫東西江米巷，即今東西交民巷。胡同以北，東西長安街以南，基本與皇城等寬的廣大地區，成為國家政務中樞區，按照文東武西的大原則，安置了朝廷各衙署。北京的三法司，雖然沒有玄武湖那麼幽美的環境可供安排，但也比照南京做法離開中樞區，安排在宣武門大街西側。正統七年所造衙署，還有會同館和觀星臺。八年秋天，又對國子監進行了重建。「北京故有學，在宮城之艮隅，庳隘弗稱。乃正統八年秋，命有司撤而新之，左廟右學，高廣靚深。所以奉明靈、居來學，凡百所需，靡不悉備。材出素具，役不及民。」[2] 北京國子監設在元大都孔廟原址，大明立國以來，這是第一次大規模的修建工程。

　　從正統元年到十二年這三大工程，是營建北京的一部分。它接續了被永樂十九年火災打斷的歷史過程，奠定了明清北京城的格局，最終完成了改造元大都為明京師的偉大工程。這次成功的「舊城改造」前後實際耗時累計二十六年。

三、嘉靖時期增建北京外城

　　嘉靖皇帝是大明第二位從藩國入主天下的皇帝。這位湖北鍾祥出生的十五歲少年，剛到北京，就掀起一場風波。以大學士楊廷和為首的大臣們按照禮數，要求他從東華門入文華殿，然後像「太子」那樣，上奉天殿登極。而他堅持自己是奉慈壽皇太后懿旨來作皇帝的，繼承的是大明皇統，

1　《明英宗實錄》卷九一。
2　《明英宗實錄》卷一一四。

決不是繼承堂兄正德皇帝，更不能進文華殿。大臣們只得屈服，時已中午，少年終於從大明門堂堂正正地進入皇城，直接即位。緊接着，如何對待皇帝的親生父母和大伯孝宗皇帝，他又與楊廷和們開始了激烈的爭辯，釀成明代著名的政治事件，被稱為「大禮議」。自此以後，凡逢禮制的討論，皇帝必定堅持己見，直至用「古制」改定「祖制」。反映在建築活動上，嘉靖成為永樂至正統之後，對北京城「增補」最多的一個朝代。首先是由「大禮議」直接衍生來的太廟改建，其次是對郊壇的改建和添加，最後是建造北京外城，使北京城容量大增。

早在成化十二年（1476 年）八月初十日，定西侯蔣琬就向朝廷提出增築外城的建議。理由有三：其一，太祖皇帝肇建南京，京城之外築有土城，是禮制的需要。其二，土木之變，眾庶奔竄，內無所容，前事可鑒，是首都防護的需要。其三，北京城西北一帶前代舊址猶存，若就舊址增築，成功不日可待。[1] 蔣琬所說舊址，西邊，指金中都舊城；北邊，指元大都北城牆。這個建議被擱置。弘治十六年（1503 年）九月初六日，吏科左給事中吳世忠上言，再次建議建造北京外城。理由是京師距離居庸關、古北口不過二三百里，不可不預防蒙古族的搶掠。[2] 當時強悍的蒙古首領瓦剌已在內鬥中死去，防邊趨緩，於是建議又被擱置。嘉靖二十九年（1550 年）七月，蒙古新首領俺答率騎兵搶掠通州，包圍北京，縱火焚燒安定門外的民房。俺答兵退後，九月，工部左侍郎題請建北京重城。皇帝本來已經答覆等待來年秋收以後再開始，可是有民間人士自願捐資助修，於是當年十二月，正陽門、崇文門和宣武門外三個關廂，開工建造土城。不久，掌錦衣衞事陸炳，又對皇帝反映，建城時拆遷民房，擾動墓葬，造成民怨，建城不易成功。皇帝就令工程停止了。

嘉靖三十二年（1553 年）三月三十日，兵科給事中朱伯辰再次上言築外城。他強調築城的必要性：「臣竊見城外居民繁夥，無慮數十萬戶，且四方萬國商旅貨賄所集，不宜無以圍之。矧今邊報屢警，不可不及時圖

1　《明憲宗實錄》卷一五六。

2　《明孝宗實錄》卷二〇三。

之。」又認為工程難度並不太大：「臣嘗履行四郊，咸有土城故址，環繞周規，可百二十餘里。若仍其舊貫，增卑培薄，補缺續斷，即可事半而功倍矣。」[2] 皇帝就此徵詢大學士嚴嵩的意見。嚴嵩補充説，就原址修築，確實比較容易。因為上年關廂土城已經完成過半了。於是皇帝下決心説：「今須四面興之，乃為全算。不四面未為王制也。」[3] 兵、戶、工部等報上負責官員名單：「請命總督京營戎政平江伯陳圭，協理侍郎許綸，錦衣衛掌衛事陸炳，督同欽天監官同臣等相度地勢，擇日興工。」[4] 皇帝批准了從「王制」出發、四面建外城的規劃。

兵部尚書聶豹根據四面規劃，制定了詳細的計劃，畫圖貼説上報。根據勘查四周城牆的走向，計劃確定外城總長七十餘里，其中有舊址可用的二十二里。城牆的規制，下面用夯土，牆基厚二丈，收頂一丈二尺，高一丈八尺。上面建腰牆和五尺高的垛口，城牆通高二丈三尺。城外取土築城，取土之處成濠。開十一座城門，其中九門與京城門相對應，另外在大通橋、舊彰義門各開一門，每門五間門樓。沿通惠河適當留便門，不設門樓。各門外設門房，共二十二所。城四角設角樓。城牆外側設敵臺一百七十六座，每臺建舖房，設軍卒把守。還要設大小六座水門。用工估算，每城一丈，計該三百餘工。經費估算，兵、戶、工部各攢集，共用銀六十萬兩。工程重大，須委派內官監、兵工二部堂官、掌錦衣衛事陸炳、總督京營平江伯陳圭提督修築。都察院、工科委給事中糾察巡視。以上各衙門派員各照職掌分區催攢。工程質量須保三年，因修築不得法致三年內坍塌者，催工人員及工匠均問罪。[5]

嘉靖三十二年閏三月十九日（1553 年 5 月 1 日）舉行了告太廟儀式，宣佈開工。皇帝親諭各提督等官説，「古者建國必有內城外郭，以衛君守民。我成祖肇化北京，郭猶未備，蓋定鼎之初未遑及此。茲用臣民之議，

1　《明世宗實錄》卷三九五。
2　《明世宗實錄》卷三九五。
3　《明世宗實錄》卷三九五。
4　《明世宗實錄》卷三九五。
5　《明世宗實錄》卷三九六。

先告聞於祖考，爰建重城，周圍四羅，以成我國家萬世之業。」[1] 開工後
二十二天，皇帝又覺得不踏實。他告訴嚴嵩，建城固然是好事，但要講
實效，決不能「枉作一番故事」。如下面用土上面才用磚石，肯定不會持
久；但若包磚一二年也不能完工；聽說西面城牆建造困難很大，這些不能
不想好再做啊！嚴嵩把皇帝的想法傳達給陳圭諸人，他們反饋的意見是先
從南面做起。皇帝還是覺得不夠落實，於是嚴嵩親自去工地查看。回來報
告說，正南一面工地有二十里長，困難之處在於夯築牆基，必須深挖到實
地，有的深可達五六尺、七八尺的。現在最困難的關坎已經過去，大部分
夯築已經冒出地面，高一二板至五六板的都有，最高一處達到十一板。因
為地勢有高低，培墊的土就有深淺，取土也有遠近，所以工程難易也有不
同。不過上板以後就容易見效了。皇帝則回答說，用土築總難堅固。那種
做着看的態度「非建大事者之思也」。是否可以先做南面一面，還要陳圭
等再議。大臣們回覆說，京城南面，民物繁阜，應該衛護。板築的方法一
定要取好土，就可以持久。原計劃作四面，所以長度達二十餘里，現在只
築一面，只要東西兩側北轉，接上京城東南角、西南角就可以了，總長
只需十二三里。皇帝最後同意了只建南面的意見。這一年十月二十八日
（1553 年 12 月 3 日）新築外城完工。皇帝給城門命名，「正陽外門名永定
門，崇文外門名左安門，宣武外門名右安門。大通橋門名廣渠門，彰義街
門名廣寧門。」全部工程用時七個月。

十年以後，嘉靖四十二年十二月初一日，「工部尚書雷禮請增繕重
城、備規制。謂永定等七門當添築甕城，東西便門接都城只丈餘，又垛口
卑隘，濠池淺狹，悉當崇甓深浚。上善其言，命會同兵部議處以聞。」[2] 項
目就這樣確定下來，皇帝還特別表揚雷禮為國負責的精神。四十三年正月
二十八日（1564 年 2 月 10 日）增築甕城開工，到六月二十七日完工，用
時五個月。這次工程記載簡略，我們從雷禮建議中讀到的信息有，北京外
城除了皇帝命名的五座門以外，還有兩座便門。外城創建十年後做了改
善：七座城門都建了甕城，垛口牆加高，護城河加深。

1　《明世宗實錄》卷三九六。
2　《明世宗實錄》卷五二八。

20 世紀 20 年代，瑞典藝術史家喜仁龍詳細調查和記錄了北京的城牆和城門的狀況，他看到外城的內外兩側都包砌了城磚。喜仁龍記錄了嵌在城牆和墩臺上的文字磚，發現除個別地方經過清代乾嘉時期修補以外，絕大多數使用了嘉靖時代的城磚，從嘉靖十八年到嘉靖三十三年都有。[1] 那麼這兩次工程，是哪一次實施了包砌城磚呢？要解答這個問題，有待更多的史料。

四、建設北京的功臣們

營建北京是大明的國家大事，幾十年來調動的勞動力、使用的資金和物資難以計數，社會動員面也極其廣泛。永樂十九年奉天殿災後，皇帝下詔，要求大臣直陳「致災之由」。於是《永樂大典》的編纂者之一鄒輯上疏說，營建工程使「民以百萬之眾，終歲在宮供役，既不得保其父母妻子，遂其樂生之心，又不能躬親田畝，以事力作，使耕種不時，農桑廢業，猶且徵求益深，所取無極。[2]」何況冗官濫員靡費錢糧，官司胥吏橫徵暴斂，京師百姓遭驅迫移徙、莫知所向，對老百姓不啻是一場災難。[3] 同時另一方面，營建北京是一次偉大的建築活動，形成了我國封建社會後期的一次建築高峰。很多能工巧匠發揮了無比的創造力，一些軍政官員展現了高超的管理才幹和愛惜民力的優秀品質。他們為中華民族文化的發展做出了突出的貢獻，應該為我們所紀念。歷史文獻記錄了一些人物的事蹟，展現了營建北京的生動側面。我把這些人物和事蹟摘錄下來，大致根據他們所從事工作簡單分類，約略按照時代先後，把他們的姓名和事蹟臚列於下。其中包括從朝廷到軍隊、地方的官員，個別有劣蹟的人也沒有迴避。

1　[瑞典]喜仁龍：《北京的城牆和城門》，許永全譯，北京燕山出版社，1985 年。

2　[明]鄒輯：《鄒庶子奏疏》，引自《明代宮廷建築大事史料長編永樂洪熙宣德朝卷》，第八二六條，中國紫禁城學會編纂，故宮出版社，2012 年。

3　[明]鄒輯：《鄒庶子奏疏》，引自《明代宮廷建築大事史料長編永樂洪熙宣德朝卷》，第八二六條，中國紫禁城學會編纂，故宮出版社，2012 年。

華雲龍

安徽定遠人，元末聚眾韭山，明太祖起兵來歸。洪武元年隨大將軍徐達攻入元大都，升為大都督府僉事，兼留守北平行省參知政事。次年因破山西元軍，升都督同知兼燕王左相。建燕王府和北平府（即舊元大都）北城牆「皆其經畫」。洪武七年，有人告發他佔據元丞相托克托的府第，還私自僭用元宮器物，被太祖召還南京，死於途中。[1] 明太祖在祭文中直書他的過錯，但仍念故舊之情葬以侯爵之禮。「念爾勛舊，特加侯爵。朕以燕地之重，托爾任守，務在軍民安樂。委以燕相，更望輔弼。何期數年間，軍勞民怨。詢其所以，乃爾巨府院、擅工役，害眾成家……朕有誓曰，生封侯而死諡以公，著為常典。爾生前守爵而害官民，法不當公，止葬以侯禮，且薄情不厚，所以責之也，爾其聽之。」[2]

陳珪

南直隸泰州人。善射，洪武初因軍功為燕山中護衛。靖難之役積功至指揮同知。回北京輔佐世子（後冊封太子，即後來的明仁宗）居守北京。嚴督守備，夙夜不懈，升中軍都督府僉事、泰寧侯。永樂四年命與行部侍郎張思恭督軍民伕匠燒造磚瓦。永樂八年皇帝親征北元時，又輔佐皇長孫（即後來的明宣宗）留守北京。可見陳珪是靖難功臣中，始終被委以留守北京重任的軍事主官。到永樂十五年二月十五日，組建都督府級別的專設臨時機構「繕工」，委任陳珪主持。他「董建北京宮殿，經畫有條理，甚見獎重。」永樂十七年四月三十日卒，未能見到宮殿建成。享年八十五歲。[3]《明史・陳珪傳》把他董建北京宮殿的時間移到永樂四年，我採用《明實錄》的記載。

薛祿

山東膠州人。起身卒伍，人呼薛六。後以身份漸貴，更名為薛祿。因

1　《明史》卷一三〇《華雲龍傳》。
2　［明］朱元璋：《祭淮安侯華雲龍文》，載《明太祖文集》卷一八。
3　《明太宗實錄》卷二一一。

在靖難之役中立有軍功，提升為都督僉事。永樂十五年，命成山侯王通、興安伯徐亨、都督薛祿、金玉、章安、譚廣，各督北京營建一事，泰寧侯陳珪、安遠侯柳升為總督。至五月初三日，再命行在都察院左副都御史李慶同陳珪等總督。永樂十八年十二月，營造工成，薛祿等人得到提升。李慶為工部尚書，金玉為惠安伯。後軍右都督薛祿為奉天靖難推誠宣力武臣、特進榮祿大夫、柱國、陽武侯，追封三代。「若董繕作，規制有方，力不煩費，功率堅久，人亦罕及。」宣德五年七月二十三日卒。[1]

沈清

直隸滁州人。由燕山前衛積軍功升為指揮同知。永樂間督工內府營造，升後軍都督府僉事。正統元年十月命同阮安、吳中一起督工九門城樓工程。五年命與吳中一起提督官軍匠作重建三殿二宮。六年重建宮殿工程竣工，升沈清為修武伯，子孫世襲。正統八年四月十三日卒。沈清本是軍人，但是巴結太監王振，後來不憑軍功只因督工營造而登高位，為人貪淫，不足取。[2]

吳中

山東武城人。由國子監生授營州後屯衛經歷。靖難之役，吳中在大寧都司出迎太宗。吳中相貌潔白魁梧，應對明暢，太宗予以提拔，逐漸升至右都御史，改工部尚書，參與長陵營建。將營建北京，奉命到四川採運大木。回程後又命督餉運北京。太宗北征時吳中扈從，仍督餉運。回程後吳中因家中喪事暫停職務。回北京後太宗仍命董宮殿營繕，吳中認為自己喪服在身，不宜從事吉事，遂改刑部。洪熙元年，吳中以行在工部尚書的身份主持獻陵的營建，協調修建清河、沙河等橋梁道路，調動南京軍工十一萬八千人助役。此後宣德、正統兩朝，吳中也一直任工部尚書，前後將近二十年。重建三殿二宮工程，皇帝仍命吳中董建，功成，升為少師。不過積勞成疾，於正統七年六月二十七日卒。大學士楊士奇與吳中同朝四十年，他評價，吳中知人善任，處理複雜事務的舉措經畫，井井有條，而且記憶力很好，經久

1　《明宣宗實錄》卷六八。
2　《明英宗實錄》卷一〇三。

不忘。總在修建工程之前儲存物料，以備不時之需，從未匱乏。正統間京師諸大工程物料，全部出自公家的儲存，其他部門和百姓，絲毫未受擾動。[1] 宣德、正統初的吏部郎中李賢，指摘吳中「貪財巨萬，嬖妾數十人」。吳中的妻子為人嚴屬正直，吳中很怕她。事情傳到宣宗那裏，皇帝在宴請臣僚時，讓伶人作懼內戲，吳中也無可奈何。朝廷為吳中頒誥，吳妻讓了弟讀給她聽。之後問道，這誥文是皇帝所作還是翰林代為起草？回答是翰林。吳妻讚歎，翰林先生果不虛妄。吳中平生為人，何嘗有清廉二字。[2]

李友直

北直隸清苑人。建文初為北平庫史。北平布政使張昺偵知燕王反狀，準備奏發其事。李友直密告於燕王。靖難之役後，升李友直為北平布政司右參議。設北京行部，升任行部左侍郎。永樂營建北京，庶務叢脞繁雜，皇帝命李友直主持處理，他忠於職守，從早到晚毫不懈怠。十八年營建北京告成，封李友直為工部左侍郎。洪熙元年正月，設「繕工」官，升李友直為工部尚書，專管營建事務。宣宗皇帝即位以後，曾經奉命監督四川採運大木的工作，措施得法，誠心對待勞役的各方，使大家沒有意見。於是朝廷有大工程，都委任他來監管。正統三年九月初四日卒。[3]

阮安

一名阿留，交趾人，內官監太監。正統二年春，皇帝以三殿、九門、百官庶府皆應該加以營建，命內監與工部商議這些工程的緩急，安排先後次第上報。兩部門議定以後，皇帝任命阮安，「經營圖為，悉以付汝。汝出總之。其往。欽哉」。阮安每日兢兢業業，審視材料的大小高下，計算青綠顏料金箔的數量，衡量工程緩急的次序，所需工匠和力役應該從哪裏徵發調集、數量多少，實施周期的長短，所有這一切考慮周全了，然後

1　[明]楊士奇：《故光祿大夫柱國少師工部尚書追封茌平伯諡榮襄神道碑銘》，《東里續集》卷二六。

2　[明]李賢：《古穰集》卷三〇。

3　《明英宗實錄》卷四六。[明]楊士奇《工部尚書李公神道碑》，《東里續集》卷二七。

才選擇吉日興工。不足三年，都城九門、皇城四門完成了，又兩年三殿兩宮和祀天之所、觀天之器沒有不成功的。再二年，五軍六部、百官庶府也全面竣工。於是眷顧國家育才之地，僅三個月就建成廟學。這時阮安才報大功告成。[1] 在正陽門城樓和月城創建完成之後，大家這樣議論，表達了當時人對阮安道德和智慧的稱頌：「蓋嘗聞之，命之初下，工部侍郎蔡信揚言於眾曰，役大，非徵十八萬民不可，材木諸費稱是。上遂命太監阮安董其役。取京師聚操之卒萬餘，停操而用之。厚其既廩，均其勞逸。材木諸費，一出公府之所有。有司不預，百姓不知，而歲中告成。蓋一出安之忠於奉公，勤於恤下，且善為畫也。」[2] 可以認為，阮安是正統朝大工程的規劃者和組織實施者。景泰四年八月，在受命赴山東聊城張秋治水時卒於道，囊無十金。

與阮安同時代的葉盛在自己的著作《水東日記》中，記錄了他的事蹟。清代初年刊刻的《明史紀事本末》複述了葉盛的記錄，但是在阮安事蹟之前，加上了「永樂間」三字，把時代弄錯了。《明史·宦官傳》中，更是寫成「奉成祖命營北京城池宮殿及百司府廨」，延續發展了錯誤。《明史·宦官傳》說明了阮安的來歷。永樂初年，安南內亂，殺中國使臣，引起兩國戰爭，大明勝利後廢除安南的藩屬國地位，改為交趾省。永樂五年，英國公從交趾帶回一些「美秀」的兒童，選為閹人。成祖對其中的優秀者進行教育培養，其中有阮安。五年九月，還曾將交趾諸色工匠七千七百人遣送到南京。後來在北京建築活動中有交趾人參與，來源蓋出於此。

蔡信

武進陽湖人。少年時學習工藝。永樂十一年五月，因為營建長陵有功，由營繕所所正提升為工部營繕司郎中職銜，但不實際參與司事。十八年十二月，因為營建北京有功，提升為工部右侍郎。洪熙元年命蔡信為繕工官，作李友直副手。宣德十年正月，以工部侍郎身份督工景陵建造。正統三年九月初九日卒。宣德皇帝認為蔡信唯利是圖，不識大體。洪熙元年

1　[明]李時勉：《營建紀成記》，《古廉文集》卷二。
2　[明]楊士奇：《都城攬勝詩後》，《東里續集》卷二三。

七月，工科給事中彈劾蔡信，洪熙皇帝在世時，他以供家人居住的名義，討要了南京來賓樓。現在隱匿不言，又討要南京廊房，應該以欺詐罪追責。宣德皇帝説，小人一味追求利益，不會知足。但現在建造先帝陵寢，正要發揮他的作用，不要再追究了。宣德元年三月，蔡信建議，浙江都司、大同、寧夏、宣府各衞軍匠正在北京工作，應該把他們的家屬取至北京，置於錦衣衞名下。兵部尚書指出蔡的主張極其荒謬。皇帝説，蔡信以匠藝得官，哪裏懂得道理。他只知道，管的人越多對自己越有利。蔡信去世時正統皇帝遣官致祭。「爾以精通工技，久效勞勤。茲特遣祭，命官治喪葬。爾其承之。」[1]

按《明史‧職官志》，洪武「二十五年置營繕所。改匠作司為營繕所，秩正七品，設所正、所副、所丞各二人，以諸匠之精藝者為之。」其實崗位的額數恐怕是經常被突破的。如永樂十八年十二月，因營建北京告成，同一批提升了營繕所副吳福慶等七員為所正，所丞楊青等六員為所副，以木瓦匠金珩等二十三員為所丞。成化十八年四月南北兩京營繕所、文思院官員達到一千九百九十九員。明代出現了一批由能工巧匠升任為工部大員的人，被稱為「工匠卿貳」。蔡信可能是明代達到這個級別的第一位。

楊青

金山衞人（今上海市松江區），幼名阿孫。永樂初，以抹灰工在北京工作。一次內府房間新抹灰上有蝸牛爬過的痕跡，仿佛有異彩，永樂皇帝問他是什麼，阿孫如實報告，得到皇帝讚賞。皇帝問他姓名，知還使用幼時名字，就説如今楊柳青青，可以青字得名，授營繕所官。永樂十八年以營建北京告成，由營繕所丞升所副。還有一次便殿成，皇帝把金銀豆撒在地上賞賜工匠，大家一哄而上，獨楊青不去搶，皇帝更器重他，讓他在營建中為「都知」。正統六年十月，因為重建三殿二宮成，升為工部左侍郎。當時人將他與元代雕塑家相比，他們都是因技藝而進入大臣行列。[2]

1　《明太宗實錄》《明仁宗實錄》《明宣宗實錄》《明英宗實錄》。

2　康熙《松江府志‧藝術傳》，轉引自《哲匠錄續》，載《中國營造學社匯刊》第三卷第三期。

蒯祥

　　直隸吳縣人。他的父親名蒯福能，永樂中朝廷將進行大工程，徵發天下有一技之長的工匠。有司推薦了福能。福能在南京非常勤奮地工作，成績極其突出。但是不久因為年紀大了，請以蒯祥代替他。永樂十五年的時候，蒯祥與皇帝的扈從隊伍一起來到北京。凡是營建宮殿，廟社，城池，竭盡勤勞。正統十二年閏四月，因為建造北京城池城樓管理工程的功勞，由營繕所副升為工部主事。景泰初，以新皇登基，升營繕司員外郎。景泰四年，因隆福寺營造功，升太僕寺少卿。景泰七年，因營建壽陵升工部右侍郎。天順改元，降回少卿。不久就因為營建南內、景陵，仍升為右侍郎。天順八年二月，命與太監、撫寧伯、工部尚書等官員一起督軍匠造裕陵。成化二年七月，因為九年的業績考核合格，升為工部左侍郎。成化十一年五月，升正二品俸，仍於內官監管理工程。成化十七年三月卒，享年八十四歲。《明憲宗實錄》評價他，「正統以來凡百營造，祥無不預。」「祥為人恭謹詳實。雖處貴位，儉樸不改。常出入未嘗乘肩輿。」蒯祥對建築營造，深思熟慮，胸有成竹。凡有工程項目，總是先要把想法畫成圖紙呈報。到工地上指揮工匠們實施，尺寸總是很準確，每每讓皇帝稱心如意。如果有人違背了蒯祥的指揮，就會出錯。蒯祥從不因為自己的高超技術傲視其他工匠，而是耐心地指導他人，如同對待自己的子弟。年紀大了以後，還手執枴杖，指點工作，一如年輕時。談起先朝的工程，大事小事，記憶十分清晰。[1] 無論技藝還是人品，蒯祥都是值得尊敬的。

　　正統以來歷朝《實錄》中蒯祥的履歷很是清晰。他對營建北京貢獻最大的是正統時期。按年齡推算，他參與永樂時期建造宮殿時才十九歲。永樂十八年升賞營繕所木瓦匠二十三人，為首者名金珩。明中期的著作《皇明紀略》中說，「京師有蒯侍郎胡同，蒯為吳香山人，斫工也。永樂間，召建大內，凡殿閣樓榭以至迴廊曲宇，隨手圖之，無不稱上意者，位至工部侍郎。」這容易讓人誤解他是因為永樂間的功勞才官至侍郎。康熙《吳縣誌·人物誌·藝術》則說，明蒯祥「能主大營繕。永樂十五年建北京宮

1　［明］彭時：《工部左侍郎蒯公墓誌銘》，《彭文憲集》卷四。

殿，正統中重作三殿……皆其營度」，「上每以蒯魯班呼之」，[1] 傳說的意味就比較明顯了。

陸祥

直隸無錫縣人。當初以石工身份隸屬工部，鄭親王之國，選為王府工副。以後，他因超人技藝被人推薦，於是召回工部，為營繕所丞。正統十二年閏四月，與蒯祥一起由營繕所副升為工部主事。《明英宗實錄》特別指出，「以蒯善攻木、陸善攻石，管匠修城有勞也」。説明在營造中國古建築的時候，與其他工種相比，木工和石工具有特別重要的作用。以後陸祥的升遷，一直是與蒯祥一起，直到成化二年官至工部左侍郎。成化五年十二月初二日卒。陸祥有老母患病，有人報告皇帝得知，命光祿寺每天供給酒飯，還賜五錠鈔幫他贍養老母。陸祥有巧思，曾經用一塊方寸之石，刻鏤成水池進獻。池中魚龍水藻之類，應有盡有。他為人謹慎，士大夫並不因為他出身雜流而嫌棄他。[2] 無錫陸家，世代從事石工。先祖曾任元代「可兀闌」，即將作大匠。洪武初，朝廷鼎建宮殿，陸祥與兄陸賢均應召到南京。陸賢授營繕所丞。[3]

夏原吉

江西德興人。以鄉薦入太學，選入朝廷，書寫制誥文書。因才能出眾被太祖提拔為戶部主事。永樂初，提升為戶部尚書。他將戶部主管的戶口、府庫、田賦的數目抄成手冊，置於懷中，胸中有數。當時，朝廷急需用錢：兵革初定，要醫治創傷；靖難功臣要封賞；分封諸藩；增設衛所；安南戰爭；鄭和航海；營建北京，從南向北轉運輸送物資都需要戶部運籌。因為夏原吉善於籌劃，滿足了國家大事的需要。永樂六年六月，奉命緣運河巡視運木、燒磚。夏原吉為人有雅量，有擔當。在戶部二十七年，是明初著名大臣。[4]

1　轉引自《哲匠錄續》，載《中國營造學社匯刊》。
2　《明英宗實錄》有關卷，《明憲宗實錄》卷七四。
3　《康熙無錫縣誌・人物方技》，轉引自《哲匠錄續》，載《中國營造學社匯刊》。
4　《明史》卷一四九《夏原吉傳》。

郭資

河南武安人，洪武十八年進士，逐漸做到北平左布政使，很為燕王看重。靖難期間，善於撫恤守城軍民，從不耽誤供給糧賞，被燕王比為漢之蕭何，命掌北平布政司事。永樂元年拜為行部尚書。永樂皇帝表揚郭資：行部要管理六曹，政務繁雜。由你主持，就可以做到悉心殫慮，為國為民。計劃有條理，對於糧食物資的節約措施特別得當。永樂十九年，改任戶部尚書，郭資以身作則，以勤率下，把戶部管理得井井有條。[1]

宋禮

河南永寧人，洪武中以國子生提拔為官。永樂二年，拜工部尚書。四年閏七月，派遣到四川採運大木。五年三月奏報大木自達於江的消息。九年二月，山東濟寧州同知潘叔正言，疏浚會通河不僅山東受益，國家更可以解決物資轉運的困難。皇帝命宋禮去考察。宋禮回來報告，疏浚會通河極大便利，且現在的氣候正適宜實施，於是皇帝任命宋禮總督工作。疏浚之後，又整理河南祥符黃河故道，徹底保證了漕河的暢通。完工之後，宋禮又回到四川。直至永樂十七年九月，皇帝下發敕令，對宋禮說，你採運大木，已經入蜀多年，殫竭心力，真是太辛苦了！現在木材已經夠用，你可以回京處理部務了。你年紀大了，又有病，可以不必上朝，有事讓侍郎代你上奏就可以了。永樂二十年七月二十日宋禮卒。宋禮為人有才幹，但是對待下屬過於嚴刻，有小過錯也要繩之以法。在四川期間，老百姓也受其馭下嚴酷之苦。[2]

陳瑄

合肥人。靖難之師到浦口，陳瑄以舟師來降，燕王得以渡江。永樂即位，封為平江伯。永樂元年起，每年都擔任總兵官，率領舟師轉運糧儲。起初都用海運，為此建天津衛和直沽百萬倉以利轉運，十年建青浦寶山以

---

1 《明史》卷一五一《郭資傳》。[明]楊榮：《贈湯陰伯諡忠襄郭公神道碑》，載《楊文敏集》卷一七。

2 《明史》卷一五三《宋禮傳》。

停海船。宋禮疏浚會通河後，十三年，陳瑄在淮安、徐州、沛縣、泰州、高郵整理漕河水路，置閘建倉，使淮河迤南地區漕河暢通，兵民便利。十五年正月，命陳瑄提督沿河運木赴北京。洪熙元年，宣宗敕令陳瑄發五萬運糧軍助建造獻陵。當年十二月再借陳瑄運糧軍一萬人助修長陵殿宇。宣德元年三月，朝廷計劃修理南京宮殿，要陳瑄運糧回程時，裝載沿河收儲的大木赴南京。宣德八年十月二十八日病卒。陳瑄掌管漕運近三十年，多有建樹，對營建北京也發揮了重要作用。[1]

採運大木眾臣

師逵，山東東阿人，洪武時國子生出身。永樂初，為兵部侍郎，改吏部侍郎。永樂四年閏七月初五日，與宋禮等五人被派遣採運大木。師逵往湖廣，徵調十萬人入山，開闢道路。他採取了招商的辦法，使伐木得以進展。師逵孝母、清廉，但是過於嚴酷刻板，老百姓不堪忍受，很多人參加了李法良造反，師逵因此被彈劾。但是正值永樂親征，太子監國，因為師逵是皇帝派遣，太子沒有處理他。[2]

古樸，河南陳州人，洪武時國子生出身。建文時為兵部侍郎，太宗即位改戶部。永樂四年派遣的採木五大臣之一，以戶部左侍郎身份往江西採木。古樸有愛民之心，因此在完成任務的時候得到賜賚褒獎。[3]

劉觀，雄縣人，洪武十八年進士，永樂二年調左副都御史。永樂四年派遣的採木五大臣之一。劉觀赴浙江，未幾而還。五年冬，因山西旱，奉命散遣採木軍民。劉觀貪濁，宣德三年謫戍遼東。[4]

史仲成，慶陽府安化人，洪武中以國子生擢監察御史。永樂四年派遣的採木五大臣之一。仲成往五臺山。他從不體諒別人的辛苦，一味地督責體罰，甚至懲罰到管軍的百戶。永樂十一年四月，皇帝說，仲成連軍官都不去體恤，難道還能夠安撫軍民嗎！令召還治罪。仲成剛回南京就

1　《明宣宗實錄》卷一○六。

2　《明史》卷一五○《師逵傳》。

3　［明］楊士奇：《戶部尚書古公神道碑》，《東里續集》卷二六。

4　《明史》卷一五一《劉觀傳》。

中風而卒。[1]

金純，泗州人，洪武中國子生，授吏部文選司郎中。永樂初為刑部右侍郎。將營北京，命採木湖廣。永樂九年，與宋禮疏浚會通河。[2]

柴車，錢塘人，永樂二年以舉人授兵部主事。八年作為兵部尚書隨員參與扈從北征，回來後任命為江西右參議。為採木入福建。[3]

劉叔愍

江西廬陵人。初為沅陵知縣，愛民勤政，升為北京行部員外郎。當時，北京行部是新設的衙門，又是在靖難戰爭之後，不久又有大營造，行部庶務極其繁劇。劉叔愍以廉潔和勤奮得到周圍人尊重，連平常跋扈的太監也待之以禮。後修《永樂大典》，召為副總裁。在離開沅陵縣的六年裏，沅陵百姓多次乞求放他回去為官，於是升調為辰州知府。建北京宮殿，劉叔愍率郡民來北京就工役。一年多以後不幸病逝。服勞役的老百姓給他裝殮，完成勞役之後送他回辰州安葬。劉叔愍博學有修養，平和寬厚，正直廉潔。為事有擔當，居官多惠民。[4]永樂期間營建北京，地方官員親自率領應役的民伕和工匠，是制度的要求，還是劉知府出於愛民，需要進一步研究。

韓翼

直隸任縣人。永樂初從鄉貢入太學。十四年提拔為兵部主事。二十一年升郎中。正統元年升大理寺右少卿。曾經有運南方大木至陸地，但是沒有辦法抬起來。工人們環聚周圍，束手無策。韓翼指揮大家作「機軸」，節省了很大力氣。皇帝給予賞賜來表彰他。[5]

1　《明太宗實錄》卷一三九。

2　《明史》卷一五七《金純傳》。

3　《明史》卷一五七《柴車傳》。

4　《明太宗實錄》卷二三〇。

5　《明英宗實錄》卷二二七。

第三章 故宮建築的格局

　　明永樂、正統、嘉靖三朝，確定了北京城的格局。整個城市拱衞着皇宮，成為中國封建社會最後兩個朝代政治、軍事的決策地和傳統文化中心。營建北京形成了明代建築活動的第二次高潮，清代繼續發展，誕生了大批明、清官式建築群，很多優秀作品遺留至今，成為中國古代社會最後階段的文化標識，其核心就是故宮（圖 1）。

一、明清北京城的格局

　　明北京城面積約 62 平方公里，超過元大都 25% 以上。從地理位置觀察，明代改建了兩重皇城，較元代蕭牆南移。相應地將京城南擴，拉開了皇城南面與京城的距離。南擴的外城面積略大於洪武初放棄的元大都北部。以東西長安街一線為界，以南的部分與皇城核心區，是明代所開拓，迤北的北京內城是元大都的延續。從這個意義上說，明北京城建設不存在選址問題，只需要繼承金、元的風水，繼承金、元等前代開發的成果。評價北京城規劃的成就，選址要歸功到元大都上去。我們首先歸納一下宮城以外的其他要素的情況（圖 2）。

1. 城池

　　明清北京是四重城環環相套的模式，延續了南京的規劃。只是最外重沒有能夠按計劃完成，造成了城池的「凸」字形輪廓。四層城牆基本形狀是矩形，主輪廓比較方正，朝向正南。宮城有一條規劃中軸線，與幾何軸

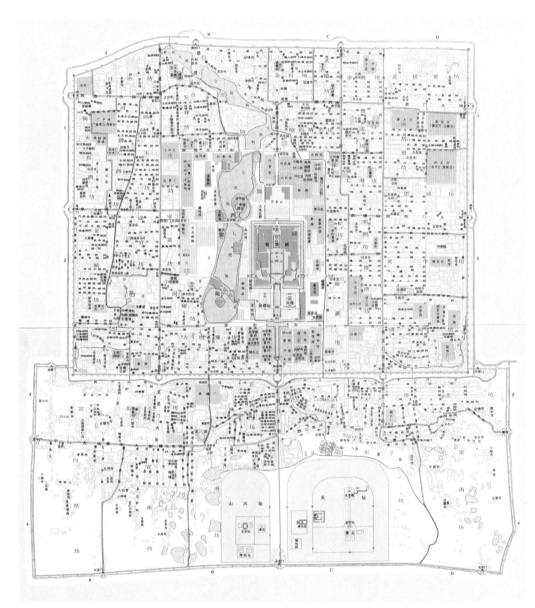

圖 1　明北京城圖（引自侯仁之主編《北京歷史地圖集》，北京出版社，1988 年）

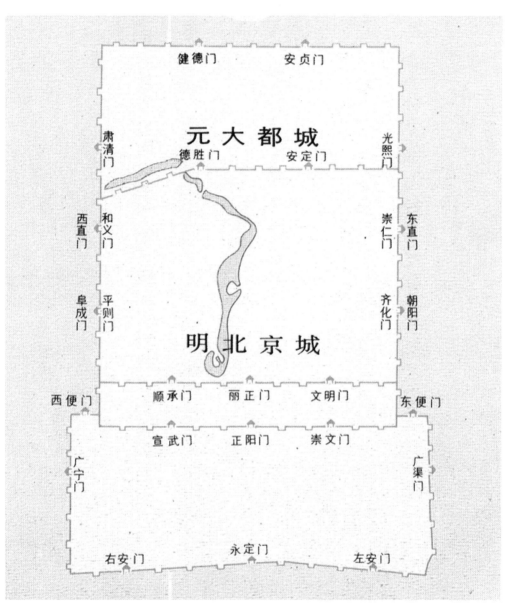

圖 2　元明都城變遷圖（引自侯仁之主編《北京歷史地圖集》，北京出版社，1988 年）

線重合。向南，從午門，穿過皇城大明門（清代天安門）、京城正陽門和外城永定門。向北，從玄武門（清代神武門），穿過萬歲山主峰（清代景山萬春亭）、北安門（清代地安門）、鼓樓，到鐘樓，全長約 7.8 公里。皇城的幾何軸線與中軸線不重合，從中軸線到西牆的長度比到東牆長約 830 餘米，以容納寬闊的太液池，保持城市的特色。外城、京城的幾何軸線與中軸線只稍有偏差，分別約 330 米、260 米。在改造元大都城的過程中，使用中軸線的規劃和設計手法得到了繼承和延續，並且成功地獲得發展。

外城，或稱重城，清代也稱外羅城，還有俗稱帽子城，是不很規整的矩形。據萬曆《大明會典》，「城南一面長二千四百五十四丈四尺七寸，東一千八十五丈一尺，西一千九十三丈二尺。各高二丈，垛口四尺。基厚二丈，頂收一丈四尺」。城牆高、厚數據與嘉靖朝兵部尚書的計劃書有所差別，只有基厚相同。清代《會典》照抄明代數據，說明清代外城沒有變化。外城共設七座城門，南牆正門永定門，直對京城南牆正門，形成大道，皇帝祭天或行親耕禮都要經過。永定門左為左安門，右為右安門。東城牆闢廣渠門，西城牆闢廣寧門，清代後期改稱廣安門。另外，在外城與京城相連的北牆上，東西兩邊各設一座便門。這些門都有甕城。

現代測量，外城南牆長 7950 米，東西牆長約 3100 米。[1] 城牆內部夯土，外表包砌城磚，下腳用條石為基。牆基處城牆厚 12.2—13.3 米，牆頂部厚 9.82—10.4 米，垛口牆高 1.72 米，城牆高 5.8—7.15 米。南牆外側，設三十座墩臺，東側十四座，西側十三座。四角有角樓。城外環繞護城河。[2] 外城城垣和城門在 20 世紀 50 年代前後陸續全部拆除。永定門是北京城中軸線的起點，具有重要的地標意義。2004 年北京市政府決定重建永定門城樓。明代城樓是單簷歇山屋頂，形制簡樸。清代乾隆三十二年（1676 年）改建為重簷二層樓房的「三滴水」樣式。重建按照 20 世紀 30 年代的測繪圖進行，反映了清代的面貌（圖 3，圖 4，圖 5，圖 6）。

京城，為與外城對應也稱內城。是東西略長的矩形。《大明會典》記錄的丈尺是「城南一面長一千二百九十五丈九尺三寸。北二千三百三十二

1　《中國大百科全書》建築卷《北京城》條。

2　［瑞典］喜仁龍：《北京的城牆和城門》第六章，許永全譯，北京燕山出版社，1985 年。

圖 3　從廣安門箭樓城臺觀外城城牆（引自［瑞典］喜仁龍：《北京的城牆和城門》，李竹潤譯，故宮出版社，
2018 年）

圖 4　外城西北角樓（引自［瑞典］喜仁龍：《北京的城牆和城門》，李竹潤譯，故宮出版社，2018 年）

圖 5　永定門城樓及護城河側影（引自［瑞典］喜仁龍：《北京的城牆和城門》，李竹潤譯，故宮出版社，
2018 年）

圖 6　重建的永定門城樓

丈四尺五寸。東一千七百八十六丈九尺三寸。西一千五百六十四丈五尺二寸。高三丈五尺五寸。垛口五尺八寸。基厚六丈二尺，頂收五丈。」其中「城南一面長一千」應為二千，是筆誤。清代《會典》還是照抄數據，說明城牆沒有任何改變。現代測量長度，南牆 6690 米，北牆 6790 米，東牆 5330 米，西牆 4910 米。[1] 城牆內部夯土，兩側下邊用條石、上部用城磚包砌。牆基厚約 21 米，頂寬約 17 米，高 12 米。西牆殘存垛口牆高 1.62 米。[2]京城共闢九座城門，南牆正中為正陽門，正對皇城大明門。東有崇文門，西有宣武門。東牆南側朝陽門，北東直門。西牆相對為阜成門、西直門。北牆東側安定門，西側德勝門。城四角各有規模宏大的角樓。20 世紀從 60 年代起，京城城牆和城門、角樓陸續被拆除。現存城門有正陽門城樓和箭樓、德勝門箭樓，東南城角樓及其以西約 2000 米城牆也倖存下來，它們成為認識北京城的標本。

正陽門是京師正門，被稱為國門，建築規格特別隆重。城樓稱正樓，用重簷二層樓三滴水的樣式。月城前圓後方，開三個門洞，正南和東西各一。相應城牆上有三座建築，與正樓相對是箭樓，也稱敵樓。內部木結構，外面全部包砌厚磚牆，從上到下留出四排射孔。東西稱閘樓，因為這兩座大門採用了閘板的形式。正統四年四月十五，大學士楊榮等在退早朝以後，去剛剛完工的月城參觀。「時雨新霽，天氣清和，微風輕颸，埃壒不生。既抵城門，適與都督沈清遇。公董城之役者也，遂導予五人者登城樓觀新製作。躡梯三層至最高處極目四望，內則宮闕之佳麗，崔巍輝煥，太液金溝之水，混涵蜿蜒。萬歲之山雲霞繚繞，佳木鬱葱。外則潞河之流東入於海。沃壤之廣，南去無際。西北則連山層巒逶迤聳伏，若虎踞龍蟠。環城四面皆居民，凡數百萬家櫛比鱗次，望之莫極。遂循城西下出城門觀橋。橋分三道，皆疊石為之，中則輦路也，徘徊者久之。」[3] 這篇序文表達了作者對都城建設取得新成果的喜悅，也寫出了「登樓遠眺」是城樓的一種審美要素（圖 7）。

1　［瑞典］喜仁龍：《北京的城牆和城門》第三章，許永全譯，北京燕山出版社，1985 年。
2　《北京文物地圖集》下冊《明北京城城牆》，科學出版社，2009 年。
3　［明］楊榮：《登正陽門樓倡和詩序》，《楊文敏集》卷一一。

皇城，在萬曆《大明會典》中，明確地把明初的「兩重皇城」區分開，外圍稱皇城，內稱宮城。皇城整體是一個南北略長的矩形，但是西南部缺一角。「皇城起大明門，長安左右門，歷東安、西安、北安三門，周圍三千二百二十五丈九尺四寸。」「大明門，承天門正南，中為馳道，東西長廊，名千步廊，折而左右。長安左門，大明門內稍北，折而東。長安右門，大明門內稍北，折而西。東安門。西安門。北安門。以上六門，俱皇城門。」皇城牆全部用城磚砌做，地下用夯土做基礎，寬約 4.3—4.8 米。牆基厚約 2 米，牆高約 6 米，收頂處厚 1.73 米。用磚砌出簷，名「冰盤

圖 7　正陽門城樓

圖 8　中華門建築彩色渲染圖（引自故宮博物院、中國文化遺產研究院編《北京城中軸線古建築實測圖集》，故宮出版社，2017 年）

簷」，牆身抹紅灰，牆頂覆蓋黃琉璃瓦。[1]皇城南面，承天門外，建一個「T」字形廣場，T 字的三端中間各有一座城門，正南即大明門，為皇城正門。

　　清初改稱大明門為大清門，承天門為天安門，北安門為地安門。乾隆以後，以天安門為皇城正門，統計皇城只算四門，即天安門、東安門、西安門、地安門。個別的加上闕左門和闕右門，成六門。天安門以外的牆不再算作皇城，而稱為「外垣」，或稱「皇城外郭」。乾隆二十五年以後，還在長安左右門之前，又加了東西「三座門」和圍牆。從 20 世紀 20 年代開始，皇城被陸續以「用磚」的名義拆除。現在，天安門成為紀念中華人民共和國成立的文物建築，在天安門東西兩側還各留存約 900 米左右的皇城牆，與左、右闕門等皇城遺蹟都得到了保護（圖 8，圖 9，圖 10，圖 11，圖 12，圖 13）。

　　明代皇城中，宮城外，還有十二座門，分為三組，宮城東門外，叫作東上門、東上北門、東上南門、東中門。宮城西門外，叫作西上門、西上北門、西上南門、西中門。宮城北門外，叫作北上門、北上東門、北上西門、北中門。這十二座門的制度應是創自洪武十年，十一年命名。在洪武二十八年刊行的《京城圖志》中有系統記載，而且與大內各門並列，説明

1　《北京文物地圖集》下冊《明皇城城牆》。

圖 9　長安右門（1952 年拍攝。引自北京市規劃設計研究院編《北京舊城》，1996 年）

圖 10　天安門

它們是宮闕制度的一部分，所以也在營建北京時自南京移植過來。但是清代初期，東西兩面的八座門和北中門已經消失，文獻記載也很罕見。需要對它們的功能做一簡單描述。

觀察本書第二章引用的明初南京《皇城圖》，在兩重城牆相對的四門之間，用門和廊廡圍成四條封閉的通道，可稱為「門前大道」，從而把皇城劃分為六大區域。即東北、西北部兩大曲尺形區域，東南、西南兩個矩形區域，宮城正前方的太廟和社稷壇區域。我們以南面「門前大道」為例，觀察建築排列的次序。最外皇城洪武門。進門往北經千步廊、金水河橋，到第二重承天門。門內御路兩側建左右廡房，北端是第三重端門。端門內仍建廡房，御路盡頭是午門。這樣從皇城進入宮城要經過四重門禁。為了解決「門前大道」兩側交通，除洪武門外，各重門前之兩側都建有東西向的門。承天門前設長安左、右門，連通京城東西。端門前有社稷街門和太廟街門，連通廟社區域。午門前設闕左門、闕右門，連通宮城前東西巡邏通道。宮城外東、西、北三面的門前通道，建築序列與南側的「四重」保持一致。如東面，皇城門是東安門，第二重是東中門，第三重是東上門，第四重是宮城東華門。東上南、北門，位於東上門之外，建築朝向南北，連通皇城東部南、北兩個區域。

明北京城的這十二座門的作用和朝向應該與南京是相同的，只是北京皇城內，西有太液池，從西華門到西安門有較長的道路，還要轉彎；玄武門外又擋着萬歲山，所以西中門與西上門相對位置、北中門與北上門的相對位置有所調整。據我考察，北京東、西、北三座上門的位置，都是緊鄰筒子河建造的。北上門 20 世紀 50 年代才拆除，在大約繪製於清康熙年間的《皇城宮殿衙署圖》上有所表現（圖 14）。由北上三門的相互關係，可以推測東西兩面內門的設置。理解了這十二座門的作用，也就理解了端門的作用。端門是一座相當單純的「禮制之門」，對強化宮城的護衛也起一定作用。移植這十二門的制度到北京，非常生動地解說了永樂對「祖制」的堅守，也表現了規劃者的高超。「祖制」和宮城中煙波浩淼的湖泊，都是既定的條件，他們用自己的智慧，把二者完美地結合起來（圖 15）。[1]

1　參閱拙作《明代北京皇城諸內門考》，《故宮學刊》，2016 年第 2 輯。

圖 11　闕左門

圖 12　地安門（1955 年拍攝。引自北京市規劃設計研究院編《北京舊城》，1996 年）

圖13　南池子大街兩側的皇城牆

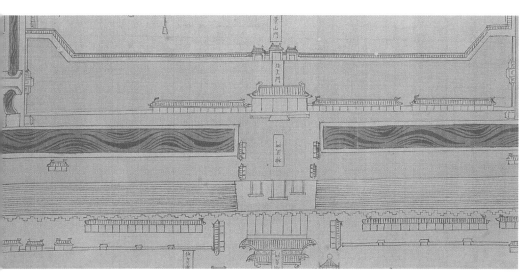

圖14　清初北上三門圖（引自《皇城宮殿衙署圖》。該圖係清宮舊藏，現藏臺北「故宮博物院」。1934年中國營造學社劉敦楨先生加以考訂命名）

圖 15　北上門建築彩色渲染圖（引自故宮博物院、中國文化遺產研究院編《北京城中軸線古建築實測圖集》，故宮出版社，2017 年）

　　宮城，萬曆《大明會典》也稱之為紫禁城。「起午門，歷東華、西華、玄武三門。南北各二百三十六丈二尺，東西各三百二丈九尺五寸。城高三丈，垛口四尺五寸五分，基厚二丈五尺，頂收二丈一尺二寸五分。」「午門，在皇極門金水橋南，中三門，翼以兩觀，門觀各有樓。左掖門，午門左。右掖門，午門右。東華門，文華殿東稍南。西華門，武英殿西稍南。玄武門，宮後門。自午門至玄武門，俱宮城門。」清代對宮城也未作任何改變，僅因避聖祖名諱改玄武門為神武門（圖 16）。現代實測數據，紫禁城牆南北長 963.13 米，東西寬 752.54 米，地面到頂部高 9.27 米。牆腳寬為 8.55 米，頂部寬 6.63 米。牆頂外側砌垛口牆，品字形垛口，通高 1.43 米，內側砌宇牆，高 0.9 米，兀脊牆頂，用黃琉璃瓦扣脊。[1]

　　四座城門，南北兩面位於城牆中央，東西兩面偏南。東西北三座城門規制相同，城臺長 50.18 米，寬 26.46 米，闢三個門洞。城樓面闊五間，外加周圍廊，黃琉璃瓦重簷廡殿屋頂。正門午門，建築雄壯；城四角各建角樓，規制俏麗。城牆外圍有宿衛值房，明代分散安排，叫紅舖。清代乾

1　曹曉麗等：《紫禁城城牆現狀調查與保護初探》，《故宮學刊》，2013 年第 1 輯。

圖 16　神武門

隆時期，在宮城東北西三面建起圍房。圍房再向外，環繞紫禁城的還有護城河，俗稱筒子河。河面寬 52 米，河岸用條石壘砌。護城河、圍房和城牆，營造了紫禁城封閉的防禦系統。

2. 壇廟

　　永樂十八年營造完成的壇廟建築，包括太廟、社稷壇、天地壇和山川壇。在明初的祀典中，這四種祭祀都屬於大祀。

　　太廟和社稷壇，位於宮城南「門前大道」的東西兩側，對稱於中軸線，佔據了皇城之內、宮城南方的全部面積。社稷壇移植了南京規制。南京社稷壇初建時使用的是元代制度，即社神與稷神各設一壇，分別祭祀。洪武十年改建南京時太祖主持進行了深入考證，確定應遵循唐宋的制度，改分祀為合祀。並決定按古制建於宮闕「中門之外、外門之內」，與太廟相對。社稷壇正門設在北面，依次向南建拜殿五間、祭殿五間和社稷壇臺。壇臺西建神廚、神庫和宰牲亭。北京社稷壇沿用這個佈局。1914 年社稷壇闢為北京的市民公園，後定名中山公園。現存大部分古建築還是明初傑作（圖 17）。

圖 17　社稷壇和拜殿

　　天地壇和山川壇建在京城南郊。嘉靖建外城以後圍在了城內，但是在制度上仍舊稱為「郊祀」。而且為了形成就正陽門大街與山川壇對稱的效果，在天壇西、南兩面加建壇牆，與永樂時期壇牆重新組合成內外兩重壇牆。

　　永樂時期所建天地壇移植了南京的大祀殿制度。明初天地各有壇，洪武十年更改為「合祀天地」的祭祀制度，於是就圜丘舊址，「以屋覆之」，改建為大祀殿，十一年建成。外壇牆「九里三十步」，相當於皇城尺度。大祀殿建築群，核心是大祀殿十一間，中央三間用金彩畫，奉安上帝和皇祇神座。殿前有東西配殿各十五間，大祀門五間。大祀殿後建天庫五間，儲藏神牌等物。正殿之東偏北，有長廊通到廚庫。再東北，通到宰牲亭、井。大祀殿建築群之西北，建有供皇帝親祭之前齋居的齋宮。北京天壇中，祈年殿建築群的佈局與南京完全一致。嘉靖九年（1530 年），

皇帝主持了祭祀制度的討論，認為天地祭禮應該分開，於是在大祀殿之南，另建圜丘壇祭天。同時在壇北建皇穹宇貯藏神牌，壇東建另一套廚庫、宰牲亭等。嘉靖十九年（1540 年），改建大祀殿，成有三層屋簷的圓殿，名大享殿，行祈穀之禮。大享殿之北，也改建了貯藏神牌的五間大殿，叫皇乾殿。清代乾隆十六年改大享殿名祈年殿，沿用至今。

天壇建築疏朗，用大面積的柏樹林烘托莊嚴肅穆的氣氛。從南向北，核心建築沿一條軸線推進。圜丘以廣闊的尺度和簡潔的造型表達對天的崇敬。皇穹宇精工細作的圓形圍牆與圓殿，充滿神祕的氣息。長達 400 米、寬 30 米的磚石砌築的丹陛橋氣度非凡，盡端最高處的祈年殿，用圓形攢尖屋頂和青色琉璃瓦，象徵着天的無比崇高。天壇建築群是中國古建築的瑰寶，也是近代北京較早開放的市民公園，1998 年被列入世界文化遺產名錄（圖 18）。

山川壇的壇牆「周迴六里」，也採用了北部圓角、南部方角的形式，與天壇協調一致。洪武九年，南京按照新的規制改建了山川諸神壇。有正殿、拜殿各七間，兩廡各十一間。西有神廚、神庫、宰牲池亭、井亭。西南先農壇，東南有具服殿，具服殿之南有「藉田」。山川諸神壇之東有旗纛廟，廟後建神倉，貯存藉田收穫的糧食。永樂時期就按照這套規制在北京建設山川壇。嘉靖十年（1531 年），在山川壇南部空地上，增建神祇壇。清代對山川壇格局沒有大改動，不過祭祀活動以祭先農和皇帝親耕為重，壇名也改為先農壇，增加了琉璃磚砌的觀耕臺。現在這裏是北京保存較完整的明代建築群之一，北京市政府把它開闢為古代建築博物館（圖 19）。

明嘉靖九年實行的「郊祀」改革，改永樂朝的「南郊」祭祀為天、地、日、月四郊祭祀，在原天地壇添建圜丘壇祭天，在京城北郊、安定門外興建方澤壇祭地，朝陽門外東郊建日壇，阜成門外西郊建月壇。另外，南京在洪武六年還創立了祭祀歷代帝王的制度，祭祀從傳說時代的三皇五帝，到漢唐宋的創業之君。用這個制度樹立中國「道統」，確立明代的合法性歷史地位。嘉靖十年（1531 年），在北京阜成門大街路北建歷代帝王廟，傳承了洪武時期制度。清代把這些壇廟全部繼承下來。現在地壇、歷代帝王廟得到完整保存，對外開放。

圖 18　從圜丘壇南望（引自蕭默《建築的意境》，中華書局，2014 年）

圖19　先農壇太歲殿拜殿

3. 街市與水系

　　明代把京城和外城的居民區分為三十六個坊，內城二十八坊，外城八坊。從東西長安街往北的二十四坊，街巷延續了元大都的格局。保持了大街、小街、火巷、胡同的級差，棋盤格式構圖。尤其在大小街交叉形成的矩形地塊內，用東西向成排的胡同安置住宅，以及住宅的四合院形式，形成了「北京特色」（圖 20）。如果從城市規劃的宏觀角度觀察，四合院的群體規模，單層的建築高度，灰瓦白牆的色彩，成排佈置的秩序，居民從胡同進入大街市場的便利交通，無不展示着古代「宜居」的設計智慧。同時方圓數十里的平房，又襯托出宮城的雄偉與威嚴，城池的壯闊與氣魄。內城的商業繁華街區也與元大都有繼承關係，比如萬歲山之北的鼓樓前，東安門外的燈市街，西安門外的大市街，都城隍廟廟會等。

　　東西長安街以南的內城四坊所在地，在永樂拓展南城以前是元大都城南牆三門的關廂，有一些商業活動。比如《析津志》記載，順承門城南街邊、文明門外市橋和麗正門西，都有窮漢市。按現代人理解，可能

圖 20　北京府學胡同 36 號四合院垂花門

是舊貨市場，或者是「夕市」。文明門外還有魚市、豬市。順承門外也有果市和柴炭市集。經過百餘年發展，這些區域也應該是有居民的，會自發地形成街巷的雛形。拓展之後，文明門街向南延長為崇文門裏街，順承門街南延為宣武門裏街。沿原麗正門東西城牆，在東長安門左建設東長安街，與崇文門裏街相交，建單牌樓。在西長安門右建設西長安街，與宣武門裏街相交，也建單牌樓。至今這兩處地名仍叫「東單（牌樓）」和「西單（牌樓）」。在正陽門北棋盤街的兩側，建設了一條長巷，向東叫東交民巷，向西叫西交民巷。作為標誌，建了兩座遙遙相對的牌坊，東名文德坊，西名武功坊。本區域其餘街巷，似乎缺乏系統的規劃。

外城八坊地段的情況與上述四坊十分相似，嘉靖增建外城時，正陽、崇文和宣武三個關廂地區也已經有百餘年的發展史，有一些自發的道路，也有從正陽門向西通往琉璃廠、黑窯廠，向東通往神木廠的比較寬的道路。經過規劃的大路，中央有正陽門大街，直達永定門。東有崇文門大街，西有宣武門大街，但兩條街的長度都只有 1000 米左右。廣寧門大街與正陽門大街相交，但是往東到廣渠門變得曲折而狹窄。外城南部的中間天壇、山川壇佔據了很大面積，東西兩部相當空曠，又多為濕地，街巷比較凌亂。

清代對北京街巷佈局和功能最大的改變有三點。第一，開放了皇城。「皇城之內，前明悉為禁地，民間不得出入。我朝建極宅中，四聰悉達，東安、西安、地安三門以內，紫禁城以外，牽車列闠，集止齊民。稽之古昔，前朝後市，規制允符。」[1] 大片原明代內官衙署作坊佔地，分解為小巷胡同。第二，在北京內城分區域安置八旗軍伍，漢族居民遷居外城。清代八旗貴族封王制度與明代藩封不同，王府都建在北京城內。所以在民居建築群內出現了一大批親王、郡王、貝勒等府邸，佔地往往跨數條胡同，在皇宮建築和民居建築的兩極之間，增加了一個中間等級（圖 21）。第三，永樂遷都以後，會試要在北京舉行，每三年一次。屆時天下趕考的舉人約有數千，他們的食宿大有問題。於是各省、州以及較發達的縣的官宦鄉紳，自發集資在北京購置地產，建設同鄉會館，專供本地舉子趕考時居

---

1 ［清］于敏中等編纂：《日下舊聞考》卷三九，北京古籍出版社排印本，1981 年。

圖 21　北京清恭王府建築

住。清代規定漢族人只能居住外城之後，同鄉會館也隨之集中於外城。據
調查，1949 年時，北京有會館三百九十一所，絕大部分在外城。這也促成
了外城地區文化和娛樂產業的繁榮。[1]

　　明北京利用的水源主要是西山玉泉山諸泉，匯集到西湖景，沿金元故
道，從德勝門北水關入城，匯為積水潭，從新開挖的水渠引向東南，注入
什刹海（元代積水潭）。分向東和南流去。向東一脈，即元通惠河故道，
向南注入內城南護城河。宣德七年皇城東擴，河道圈入禁區，其南段改
稱玉河。什刹海南流也分兩支，一支入太液池，從南海口知閘閘流向東，
經社稷壇西牆南流，再折向承天門前，為外金水河，東流入玉河。另一支
沿西苑東牆南流，經萬歲山西牆，流入宮城筒子河，成內金水河。從宮城
東南出城後注入外金水河。清代的城市和宮城用水系統與明代相同。在開
闢水源方面，乾隆十四年起，疏浚和擴展昆明湖（明西湖景），成為北京
的大型蓄水庫。為了擴充外城和京城護城河的水量，還引來了玉淵潭和蓮
花池的水，它們都是金代開發過的水源。另外，北京地區的市民飲用水，
金、元、明、清，都是依靠井水。

1　胡春煥等：《北京的會館》，中國經濟出版社，1994 年。

4. 衙署

　　明代直屬朝廷的衙署大部分佈置在大明門千步廊的東西兩側。據《大明會典》，「文職公廨：宗人府，在長安左門南。吏部，在宗人府南。戶部，在吏部南。禮部，在戶部南。兵部，在宗人府後……工部，在兵部南……翰林院，在長安左門外……太常寺，在後府南。通政使司，在太常寺南……詹事府，在玉河東岸……鴻臚寺，在工部南。欽天監，在鴻臚寺南。太醫院，在欽天監南。行人司，在長安右門外。」「武職公廨：中軍都督府，在長安右門南。左軍都督府，在中府南。右軍都督府，在左府南。前軍都督府，在右府南。後軍都督府，在中府後。錦衣衛，在通政司南。旗手衛，在通政司後。」

　　大明門衙署區北界東西長安街，南界東西江米巷，東界玉河，西以錦衣衛後街為界。衙署佈置基本以文東武西為原則。在千步廊以東的，朝西設門；千步廊以西的，朝東設門，都以朝向中軸線為正方向。衙署排成前後兩列，之間形成了小街，所以才有「兵部在宗人府後」的位置關係。街北端與皇城牆相對的位置上，開有東西「公生門」，來方便官員們出入。與《洪武京城圖志》相比，南京衙署靠近千步廊的文武兩列各有五個衙門，北京只有四個。其原因，或者南京千步廊長於北京，或者北京衙門佔地大於南京，未可遽下結論。三法司雖然屬於文職，但仍舊按南京的模式，在宣武門裏大街西另外建造。「刑部，在貫城坊。都察院，在刑部南。大理寺，在都察院南。」國家教育機構「國子監，在安定門內」，使用元代舊址。光祿寺掌管祭品的製作、宴會時酒饌膳餚的備辦等，所以放在皇城之內，東安門內街北。太僕寺管理馬政，放在小時雍坊。清代實行八旗軍制，沒有五府、錦衣衛等機構，所以調整了西區。東區大部分沿襲下來（圖22）。

　　明代宦官是能夠左右明代政治的重要力量，職掌龐雜，人數多至數萬。內官衙署有「二十四衙門」，包括十二監、四司、八局。掌管中樞機要的是司禮監。《明史》把司禮監掌印太監比作內閣的首輔，秉筆、隨堂太監比作內閣大學士。其下有文書房，是明代朝廷公文收發的樞紐。官員甚至藩王的本章、奏本，都要經過文書房收納，所有皇帝的聖諭、旨意、御批，也都要經由文書房登記後對外發出，所以太監弄權是非常容易的。

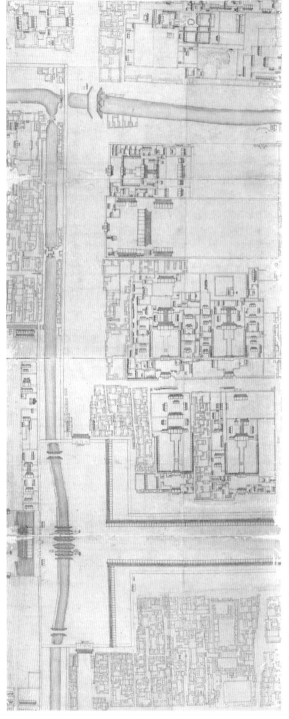

圖 22　清乾隆十五年大清門東的衙署區圖（引自《清乾隆內府繪製京城全圖》，紫禁城出版社，2009 年）

司禮監衙門設在北安門內街之東。內官監最初是機要機構，宣德以後逐漸改為管理國家營造，俗稱「內工部」，衙門設在北安門內街之西。二十四衙門還要管理皇帝家族的一切生活，因此設有御用監，生產家俱、文玩、書畫；御馬監，管理御用馬匹和象房；尚膳監，製作膳食，籌備宴會；尚衣監，製作管理皇帝的冠冕袍服靴襪；惜薪司，管理內廷所用柴炭；鐘鼓司，管理出朝鐘鼓和宮中娛樂；司、局中很多機構管理着作坊，比如兵仗局，掌管兵器製作；銀作局，掌打造金銀器皿；針工局、巾帽局，掌造宮中衣服鞋帽；內織染局，掌染造御用和宮中的衣料；酒醋麵局，釀造宮中所用酒醋糖醬；另外還專有御酒房。總之，衣食住行所有方面都專設衙門製作和管理；衙門之下還管理着許多庫、廠和房；這些衙門和下屬庫廠，絕大部分被安排在皇城之內。

二十四衙門之外，還有其他太監機構，如東廠，是刺探和處理官員違法行為的特務機構，只聽命於皇帝，提督太監由司禮監兼任，《明史》認為它的權力可比都察院。衙門有內外兩處，外東廠署在皇城東牆外、東安門北的胡同里。內署在東上北門街東。

清代以明為鑒，始終對太監干政保持高度戒備，內官品級降低，人數大為減少，衙署設在宮中。

二、初創時期北京宮城的格局

初創時期，指永樂 —— 正統時期。這一時期已經遠離我們六個世紀，宮城建築群發生了太多的故事。水火無情，對宮城的第一次襲擊是大火，以後還發生多次火災肆虐，僅奉天殿就失火四次，現存太和殿已經是原創的第五個版本。有幾任紫禁城主人，根據自己的需要和喜好，對祖宗遺留下來的房產，進行了添加或者改建。多種文獻記載，明清換代之際，大順皇帝李自成短暫佔據紫禁城，逃跑時放火焚燒，清代必須加以修復建設。這些情況都可能改變宮城格局。但是初創時的面貌才最清晰地表達設計者的思想，也構成宮城發展歷史軌跡的起點，所以應該加以研究。初創時的格局是否可能判斷呢？我覺得有可能，同時也具備一定的條件。首先是紫禁城完整地保存至今，其次是有文獻提供的線索，我用兩者相對照的

方法畫出宮城初創時期的平面示意圖。該圖以現代實測地圖為底圖，方便大家進行對照。午門至大明門的「門前大道」不屬於宮城地理範圍之內，但卻是宮城規劃重要的一部分，由於圖幅問題只能省略了。圖中把宮城分成三大功能區：外圍的防禦系統，圖中建築標為玫瑰色。南部的外朝區域，圖中標註為黃色。北部的內廷區域，圖中標為灰色。其中午門既具有防禦功能，也是重要的外朝建築。三大功能區以外，見縫插針式地安排了內官衙署、作坊及下層服務人員的住所，特別集中於西、北兩面城牆腳下。為了使圖紙簡明扼要，圖裏沒有表現這些內容（圖 23）。

1. 各區域的建築構成

　　初創時期北京宮城建成了哪些建築？《明太宗實錄》的工程總結說：「初，營建北京，凡廟社、郊祀壇場、宮殿門闕，規制悉如南京，而高敞壯麗過之。」那麼我們需要回顧一下南京的規制。

　　洪武十年十月改建完成的南京「大內宮殿」規制如下：「闕門曰午門，翼以兩觀。中三門，東西為左右掖門。午門內曰奉天門，門之左右為東西角門。內正殿曰奉天殿，上御之以受朝賀。殿之左右有門，左曰中左門、右曰中右門。兩廡之間，左曰文樓，右曰武樓。奉天殿之後為華蓋殿。華蓋殿之後曰謹身殿。殿後則後宮之正門也。奉天門外兩廡之間有門，左曰左順門，右曰右順門。左順門之外為東華門，內有殿曰文華殿，東宮視事之所也。右順門之外為西華門，內有殿曰武英殿，上齋戒時所居也。」[1]這裏提到的十七座建築額名，都在北京再現。可見外朝這些建築是初創時確定的。

　　《洪武京城圖志》在「宮闕」標題下也包括上述十七座建築，此外還有「文淵閣、東角門樓、西角門樓」。故宮現存文淵閣位於文華殿北，是乾隆四十一年專為庋藏四庫全書而建。明代北京皇宮是否建有文淵閣，一直有不同的說法。永樂十九年四月三殿大火，「火勢猛烈。而奉天門東廡切近祕閣，學士楊榮奮身直入，麾武士三百人，將御書圖籍並積歲制敕文

1　《明太祖實錄》卷一一五。

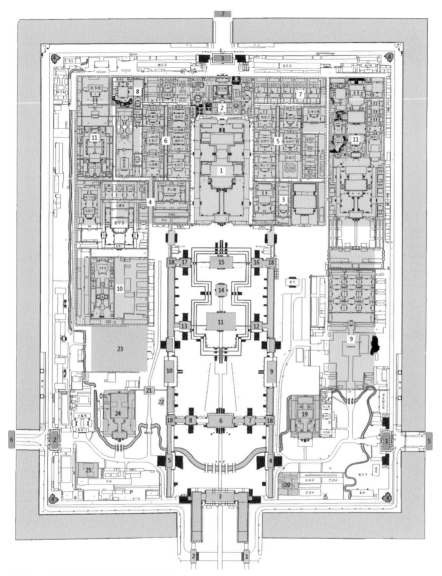

圖 23　初創時期北京宮城平面示意圖

圖片說明：一、防禦系統：1. 東華門 2. 西華門 3. 玄武門 4. 角樓 5. 東上門 6. 西上門 7. 北上門；二、外朝區域：1. 闕左門 2. 闕右門 3. 午門 4. 左順門 5. 右順門 6. 奉天門 7. 東角門 8. 西角門 9. 文樓 10. 武樓 11. 奉天殿 12. 中左門 13. 中右門 14. 華蓋殿 15. 謹身殿 16. 後左門 17. 後右門 18. 崇樓 19. 文華殿 20. 文淵閣 21. 思善門 22. 弘文閣 23. 仁智殿 24. 武英殿 25. 南薰殿；三、內廷區域：1. 後二宮 2. 後苑 3. 奉先殿 4. 仁壽宮 5. 東六宮 6. 西六宮 7. 東七所 8. 西七所 9. 清寧宮 10. 大善殿 11. 預留用地

書昇至東華門河次」，得到永樂皇帝褒獎。[1] 說明這時候在奉天門東廡附近建有「祕閣」，所謂祕閣，應是文淵閣的別稱。宣德四年十月初十日，皇帝駕臨文淵閣，巡視了大學士楊榮的辦公室，遂命增加文淵閣房屋。[2] 天順二年四月初十日，皇帝命工修整文淵閣門窗，[3] 都說明初創時期的確建有文淵閣。

明孝宗弘治五年，內閣大學士丘濬呈報了一份超長的奏疏，希望皇帝重視歷代書籍和明代歷史檔案，懇切建議安排抄錄備份、妥善收藏和擴大流傳。文中說到，我懇請朝廷，「於文淵閣近便去處別建重樓一所」，不用木結構，只用磚石來砌，就像民間的「土庫」，來收儲要緊的文書，以防意外之虞。皇帝看了奏疏，「納之」。雖然以後沒有「建造文淵閣」的其他記載，但是應該就在這以後，建起了磚結構的二層樓。當年，也稱這類建築為「磚城」。它們的位置，單士元先生排比多種史料，對照故宮建築，提出自己的論斷：「從鑾儀衛以西各庫，直到清內閣大堂，都應屬於明文淵閣範圍，古今通集庫是明文淵閣庫房的一區，在各庫之東。」[4] 這些建築在文華殿之南。既然弘治時期是「於文淵閣近便去處別建」，說明並未用磚城取代木結構的建築。既靠近奉天門東廡，又靠近磚城的，只有後來的內閣大堂，應是明文淵閣所在。

至於東角門樓和西角門樓，列於「殿」名之內，決不是角門上蓋有門樓。我懷疑是奉天門左右轉角廡房的角樓，後來稱為「崇樓」。但是為什麼只有兩座，而不是四座，只能存疑。

明末太監劉若愚記載，從隆宗門外向南，過寶寧門，「門外偏西大殿曰仁智殿，俗所謂白虎殿也，凡大行帝后梓宮靈位在此停供。」繼續向南，出思善門，到武英殿西南方，有「南薰殿，凡遇徽號冊封大典，閣臣率領中書，撰寫金寶金冊在此。例有司禮監印公奉欽遣臨視管待。該御用

1　《翰林記》卷一二，轉引自《明代宮廷建築大事史料長編永樂洪熙宣德朝卷》，第七九九條，中國紫禁城學會編纂，故宮出版社，2012 年。

2　《翰林記》。

3　《明英宗實錄》卷二九〇。

4　單士元：《文淵閣》，《故宮博物院院刊》，1979 年第 2 期。

監裏監把總官置辦盛席伺候，必殺鹿一隻蒸匋作羹，以明豐侈，此盛典也。」[1] 在記錄南京宮殿額名的文獻中，沒有這兩座建築。有可能是建築異名、文獻遺漏，也可能它們是北京所創造。仁智殿早已無存，但是文獻記載，永樂皇帝北征逝於榆木川，靈柩回北京後就停在仁智殿。所以它一定是初創時期建築。南薰殿現在保存完整，從建築形制考察，有比較明確的明初特徵。文獻中也還沒有找到建造時間的記錄，所以它很可能也是初創時期作品。在《明仁宗實錄》中，還記載仁宗曾經命在思善門建一座弘文閣，翰林學士楊溥主管，集合幾位老儒，以備皇帝諮詢。地點應在門外，路之東。仁宗去世不久，弘文閣的制度就終止了。

《洪武京城圖志》列舉了皇城的各重門名，如下：「午門、左掖門、右掖門、左闕門、右闕門、社街門、廟街門、端門、承天門、廟左門、社右門、長安左門、長安右門、洪武門、東華門、東上南門、東上北門、東安門、西華門、西北（晉按：誤，應為上）門、西上南門、西上北門、西安門、玄武門、北上東門、北上西門、北安門、親蠶之門。」在當時的概念下，包括了兩重皇城門，和「門前大道」各門。萬曆《大明會典》，把它們區別為皇城門、宮城門和「在皇城、宮城外」三類。兩種文獻中建築額名及其相互關係是完全相同的。所以，北京宮城的防禦系統格局也是初創時期確定的。僅在北京不見親蠶之門。

《京城圖志》的殿門名中，還列舉了乾清宮、坤寧宮、柔儀殿、春和殿和春和門等五座建築，它們屬於內廷。關於南京內廷建築的文獻極其匱乏。所幸在慶祝北京營建成功的辭賦中，還有一些直接描述內廷建築的詞句。「華蓋屹立乎中央，奉天端拱乎南面。其北則有坤寧之域，乾清之宮。」「若夫乾清之前，門列先後，日精月華之對峙，景運隆宗之並構。謹身翼乎其前，仁壽屹乎其右。又有奉先之祠，大善之殿。」「寶善在左以翼翼，思善居右而崇崇。若夫欽安之後，珠宮貝闕，藻繡交耀。雕欄巘嶼。六宮備陳，七所在列。」[2]「奉天凌霄以磊砢，謹身鎮極而峥嶸，華蓋穹

1　《酌中志》卷一七，《海山仙館叢書》本，臺北偉文圖書出版社有限公司，1976 年。

2　[明] 楊榮：《皇都大一統賦》，《楊文敏集》卷八，轉引自《明代宮廷建築大事史料長編永樂洪熙宣德朝卷》，第七八五條，中國紫禁城學會編纂，故宮出版社，2012 年。

崇以造天，儼特處乎中央。」「其後則奉先之殿，仁壽之宮，乾清坤寧，眇麗穹窿。掖庭椒房，閨闥閎通。」「奉天屹乎其前，謹身儼乎其後。惟華蓋之在中，竦摩空之偉構。文華翼其在左，武英峙其在右。乾清並耀於坤寧，大善齊輝於仁壽。」[2] 根據這些詞句，可以得出以下認識。

奉天、華蓋、謹身三座大殿處於宮城的中央。其後有乾清之宮、坤寧之域的內廷。乾清宮之前，有景運門和隆宗門相對，日精門和月華門相對。坤寧宮後有欽安殿，周圍是後苑。這些建築及相互位置，可以與現存內廷中路建築一一對應。三大殿之後，還有奉先殿、仁壽宮和大善殿三組建築群。奉先殿現在完整保存，位於乾清宮前之左。「仁壽屹乎其右」，當是與奉先殿對稱的位置。「乾清並耀於坤寧，大善齊輝於仁壽」，我理解所描述的是南北接踵的關係，乾清宮居南，坤寧宮居北，那麼大善殿也當位列於仁壽宮之南。

乾清宮和坤寧宮左右各有一條長街，稱為東一長街和西一長街，街左右是後宮地段，「掖庭椒房，閨闥閎通」，「六宮備陳，七所在列」，即左右地段各有六宮和七所。目前的故宮中東西六宮都還存在，雖然西六宮的佈局有些改變，但是總體格局還是非常清晰的。故宮博物院的前輩學者王璞子先生認為，東西六宮各佔內廷總面積的 35% 左右，略大於中路之比數。從建築佈局看，「很明顯當初設計是採取『九宮格』方式作為藍圖底本的。古井田制，明堂九宮，臨摹碑帖所用的九宮格，都是在正方形的格局上，縱橫各分三格，劃分成九個小方格，每一方格佈置一所宮殿，可以安排九所。但從六宮建置要求，實際應用六格，用六不用九，以符『後立六宮』之說。六宮靠外側空餘的三小格留為其他用途。」[3]

現在故宮的東六宮之北還有五所佈局相同的小院，統稱乾東五所。原來西六宮北也有五所，清代乾隆時期做了改建。但是初創時期這裏是七

1　[明]李時勉：《北京賦》，《古廉文集》卷一，轉引自《明代宮廷建築大事史料長編永樂洪熙宣德朝卷》，第七八六條，中國紫禁城學會編纂，故宮出版社，2012 年。

2　[明]金幼孜：《皇都大一統賦》，《金文靖集》卷六，轉引自《明代宮廷建築大事史料長編永樂洪熙宣德朝卷》，第七八七條，中國紫禁城學會編纂，故宮出版社，2012 年。

3　王璞子：《三宮六院》，《紫禁城》，1984 年第 00 期。

圖 24　東筒子寧壽宮牆上的磚券

所，即「七所在列」。明嘉靖八年十月二十一日，「乾清宮內西七所火災」，
皇帝因此要求大臣們加強自身反省，以回應上天的警告。但是後來的文獻
中，如《春明夢餘錄》附錄的《宮殿額名考》中，東西所就只有頭一所、
第二所、第三所至第五所的匾額了。説明後來七所減少為五所了。

　　最後，在示意圖內廷部分的東西兩側，雖然沒有建築，但是畫了兩個
灰色塊，表示有宮牆圍起來的地塊。于倬雲先生發現，「明永樂十八年的
第一期工程中，不包括東西六宮以外的基地（九宮格中邊緣的三格地段）
以及外東西路地段，但是宮牆與宮門均已作齊。為解決日後施工時進料的
困難，當時的工程主持人於建造宮牆時在牆上做出許多磚券（圖 24），其
中有的磚券還立有石券口，為竣工後的使用提供了方便。」[1] 這是很有説服
力的。

2. 五門三朝與前朝後寢

　　考古學家發現，中國古代宮城規劃存在一些共同規律。其中之一是

1　于倬雲：《紫禁城始建經略與明代建築考》，載《中國宮殿建築論文集》，紫禁城出
　　版社，2002 年。

「外朝居南、內廷位北,正殿居南、後宮位北」。具體實例包括漢長安城未央宮的前殿與椒房殿,唐長安的太極殿、兩儀殿與甘露殿,唐大明宮的含元殿、宣政殿與紫宸殿,北宋東京的大慶殿、文德殿、垂拱殿與紫宸殿等等。[1]北京宮城也是如此,說明它的規劃思想有着悠久的傳統。北京移植自南京,而南京規劃的主持者朱元璋主張,事關國家制度時一切依古禮。如吳元年,在規定皇后、皇太子冊寶的規格時,採用「周尺」度量。洪武三年命令禮部考證歷代服色等級。禮部回奏說,大明繼承了元代皇統,但是在治理國家時取法於周漢唐宋。這反映了當時的國策。

所謂五門三朝與前朝後寢制度,是對周禮的一種解釋。由於周禮原典年代過於久遠,很多文辭已經難於理解,於是從漢代起就有學者進行註解,越往後,對周禮的解釋也就越複雜。學者們對宮寢制度的討論,集中在對門、廷、朝、寢、宮的名稱、位置和功能的研究上,反映了他們心目中的宮城佈局(圖 25)。第一,門。宮城內外,中軸線上要建重重大門,「天子之門五,郭門謂之皋,皋內謂之庫,庫內謂之雉,雉內謂之應,應內謂之路」,這就是「天子五門」。相應諸侯之宮只有三門。還有學者說天子也只有三門,即皋、應、路三座,與諸侯只是名稱不同而已。第二,廷,也可以寫作庭,即廣場,或在門前,或在宮、廟之前,是舉行朝會的地方。第三,朝會,有三種不同的主題,也有三個規定的位置。(1)外朝:公示佈告;斷獄蔽訟;詢問非常之事,《周禮・秋官司寇・小司寇》謂之「三詢之朝」,即「國危、國遷、立君」。外朝在「大廷」舉辦。(2)治朝:君臣日見之朝,也名正朝、內朝、常朝。「治朝無堂,即門以為朝。」(3)燕朝:接見臣下處理政務,舉辦宴會、射禮、冊命等宗族嘉事,在路門內舉辦。第四,寢,是從功能出發的建築分類。考古學家在甘肅秦安大地灣發現了一座距今五千年左右的大房子遺址。大房子裏用木骨泥牆隔成多個房間,中間朝門的是大房間,左右和後壁隔成小間。考古學家分析,正中大房間是「堂」,後邊小房間是「室」。這座大房子是部落首領專屬的地方,處理政務在大房間,起居休息在小房間。建築結構上的前堂後

1　劉慶柱:《中國古代宮城考古學研究的幾個問題》,載《古代都城與帝陵考古學研究》,科學出版社,2000 年,第 41 頁。

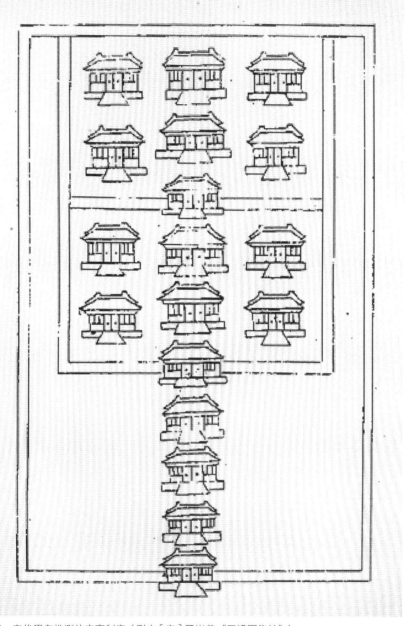

圖 25　宋代學者推測的宮寢制度（引自［宋］聶崇義《三禮圖集註》）

室，將來就演變成建築佈局上的「前朝後寢」。[1] 無論是廟，還是宮，都實行共同的前朝後寢制度。具有「寢」功能的建築又分前後兩組，「朝以內謂之路寢，路寢以內謂之燕寢」。路寢也名正寢，燕寢也稱小寢。天子之路寢一、小寢五。王后之適寢一、小寢五。第五，宮。「后、夫人之寢在王寢之北，曰北宮。天子六宮。」以上所說，就是「五門三朝」「前朝後寢」制度的梗概。需要說明，前朝後寢之前後，是指方位，寫成繁體字是「後寢」，要注意與古文獻中王后之寢的區別。[2]

明代宮城規劃設計是否依據了周禮，當年文獻並沒有記載。但是從建築的格局看是高度吻合的。宮城中軸線上建有重重門闕，是天子五門的再現。但是從大明門、承天門、端門、午門、奉天門到乾清門是六座，怎麼解釋呢？我認為不必過於拘泥，每個朝代在「門制」上都有自己的理解。

「郭門謂之皋」，任啟運解釋，這裏的「郭」，指的是宮城外的又一周城牆，那麼非大明門莫屬。除非有大典，大明門常局不開，百官上朝，全都從東西兩座長安門進城。清代也類似，「大清門除太后慈駕、皇帝乘輿外，皇后惟大婚日由此門入，文武狀元傳臚後由此門出，此外無得出入者。」[3]

承天門前有金水橋和一對華表，建築舒展雄壯，風景如畫。遇有國家大典，頒發皇帝詔書，就要用到城樓。官員把從午門內傳來的詔書，盛在木匣裏從城樓縋下。清代則銜在一個銅雕鍍金的鳳凰嘴裏，用雲盤托着，繫絨繩徐徐降下，稱為金鳳頒詔。每年秋天霜降節氣後，都要在承天門外廣場對重囚進行終審。這次審問規格特高，非常嚴肅，稱為「朝審」，參與者不僅有三法司，還有五軍都督府、六部、六科、通政司等衙門，直至公侯伯等勛臣，結論報皇帝。這些活動是外朝的基本內容，所以承天門廣場就是外朝之大廷。端門，是外朝與雉門的中間節點，清代稱大清門、天安門和端門為「外朝三門之制」。

雉門的最突出標誌是具有兩觀。「天子之雉，闕門、兩觀。諸侯之

1　楊鴻勳：《論宮殿的雛形》，《宮殿考古通論》第二章，紫禁城出版社，2001 年。
2　本段引文，均引自 [清] 任啟運：《宮室考》。
3　章乃煒、王藹人：《清宮述聞》正續編合編本，紫禁城出版社，2009 年，第 22 頁。

雉，臺門、一觀。」[1]明代午門即天子之雉，是毫無疑問的。奉天門是明代舉行常朝的地方，皇帝御奉天門，設寶座。文武百官按照規定的次序，列隊站在臺基之下。景泰二年九月初陰雨不斷，允許大臣們站到奉天門臺基之上奏事，結果班次沒有排好，內閣官員無地可站，弄得大學士陳循給皇帝提意見。依照儒家學者的研究，治朝在應門內，所以奉天門即應門。

乾清門在三大殿之後，前面有一個橫長的小廣場，與外朝拉開距離。任啟運認為，路門「謂內外之界於此分」，而且路門又名畢門，「五門至此而畢也」。正與乾清門相同。如果按照燕朝在路門以內的說法，乾清宮應當是燕朝舉辦之所。但是在明代，乾清宮是名副其實的皇帝正寢，找不到燕朝或類似制度規定。倒是清代，把「御門聽政」的常朝後移到乾清門，而「皇帝臨軒聽政，歲時於內廷受賀、賜宴及常日召對臣工，引見庶僚，接覲外藩屬國陪臣」，這些活動，都在乾清宮，恰恰是燕朝的內容。[2]

3. 三殿二宮與東西六宮

初創時期的宮城內，中軸線上的前三殿、後二宮和後二宮兩側的東西六宮形成一個 T 字形，構成了宮城建築的骨幹，其餘建築，則完善了大內的功能，豐富了宮城的構圖。前三殿、後二宮與東西六宮帶給人們完全不同的建築感受，前三殿寬闊而雄厚，後二宮嚴謹而收斂，東西六宮親切而深邃。三者當中的主要建築也代表了宮城建築的三個主要等級。現存太和殿面闊十一間（太和殿面闊還可以表述為九間，兩側各加側廊一間。詳後），通高近 27 米，是宮城內面闊最長、高度最高的建築物。最能突出它崇高地位的是三臺，三層須彌座石臺中部高達 8.13 米，在宮城中是唯一的。現存乾清宮面闊九間，通高 21 米左右，雖然也採用宮城中等級最高的建築形式，但是比太和殿下一等。它腳下的須彌座只有一層，高 2.86米，也僅次於三臺。東西六宮的中心建築最大面闊是五間，通高約八米至十一米，臺基一般在一米以下。

這些建築，千門萬戶又秩序井然，顯然經過統一而嚴密的總體規劃設

1　本段引文，均引自［清］任啟運：《宮室考》。

2　［清］慶桂等：《國朝宮室續編》卷五四，北京古籍出版社，1994 年，第 431 頁。

計。可惜明代沒有這類資料流傳下來，對明代專家們用什麼手法，達到這樣的效果，只能從現存的建築現象去推測溯源。梁思成先生、劉敦楨先生等中國古建築學的開創者們，從 20 世紀 30 年代就開始了溯源工作。他們從實測古建築的數據開始，與宋代的《營造法式》和清代的《工程做法》進行對照，發現了中國古建築在設計建造的時候，使用了「模數制」的方法。就是選擇「斗栱」構件尺寸的倍數，來決定整棟建築各部位木構件的尺寸。宋代叫作「材分制」，清代叫作「斗口制」。之後學者們繼續推進，發現簷柱的高度與建築的整體比例也存在固定關係。比如著名的山西應縣木塔整座塔高，不算頂上的塔剎，是底層簷柱高的六倍。於是發現了「擴大模數」的概念，解釋了古人在進行設計的時候，如何把握建築的整體效果。傅熹年先生繼續探索，用擴大模數來檢驗建築群。他發現北京宮城構圖的四大有趣現象：

其一，內廷後二宮周圍用廡房和多座門圍合成一個長方形的院落，南北約 218 米，東西寬約 118 米。這一對數字具有「擴大模數」的意義，我們叫它們作「標準長度和寬度」。前三殿周圍院落，它的長度約 437 米，寬度約 234 米，分別是標準長、寬的二倍。就是說，中軸線上的佔地面積，外朝是內廷的四倍。東六宮和西六宮的寬度，都約等於標準寬度，六宮加七所的總長度，也約等於標準長度。再放大範圍，從大明門到承天門前，相當於三個標準長度。從承天門到景山壽皇殿後，相當於十個標準長度。午門到承天門的御道加上兩側廡房，總寬度約等於標準寬度，宮城寬約等於六個標準寬度。所以，這一對標準尺度「即規劃紫禁城宮殿時使其各部分之間保持一定關係所採用的模數」。[1]

其二，主要院落中，重點建築建在院落的幾何中心。太和殿建在前三殿院落中心，乾清宮建在後二宮院落中心，武英殿、文華殿、六宮等等，均是如此。這就在正殿前留足了「廷」的空間，也突出了正殿的地位和藝術效果。

其三，前三殿院落若以四個崇樓為標誌測量，其南北長約 353 米，東

1　傅熹年：《中國古代城市規劃建築群佈局及建築設計方法研究》，中國建築工業出版社，2001 年。

西寬約 234 米，長寬之比約為 3：2。前三殿下的三臺，除月臺不計，其長約 195 米，寬約 129 米，長寬之比也約 3：2。而院落與三臺的寬度之比，約為 9：5。「在前三殿殿庭和工字形大臺基之間採用九與五的比值正是用數字比例關係來隱喻前三殿是『九五富貴之位』的帝王之宮的意思。」[1]

其四，以上方法溯源，使用的是公制的測量數據，還需要推算為「明尺」，才能復原古人如何計算、如何繪圖，並最終把圖鋪上大地。傅先生經過對全國多處建築群的驗算，認為古人所用是一種「方格網」的作圖方法，即在建築群佈局規劃時使用了「面積模數」，「以它為基準來控制院落內各座房屋間的相對位置和尺度關係」。[2] 在紫禁城，視建築組群規模的大小，使用了十丈、五丈和三丈這樣三種方格網。所謂方格網，相當於現在工程學上經常要用到的「坐標紙」，十丈，就是以十丈見方為一格。

三殿、二宮、東西六宮，涵蓋了朝、寢、宮的三大功能，也代表了宮城建築的三個等第。古人是如何把這些院落的相互位置安排妥當，怎樣設計院落內部建築群的照應，用建築物的造型、體量，以及相應藝術裝飾，表現主次、等級制約下的基本協調，傅熹年先生的研究揭開了問題的答案，揭示了中國古建築特有的豐富文化內涵，也充分展現了中國古代建築學和建築設計的水平。近年，天津大學王其亨教授的團隊通過對清代建築設計雷氏家族及其遺留圖檔的研究，發現清代也使用方格網的測量和設計方法，特別是解讀了大量方格網圖的實物，把這項研究推向深入。

4. 中軸線與對稱

初創時期的北京宮城有一條明確的中軸線，它也是宮城平面的幾何軸線。它向南到達永定門，向北到達鐘樓，顯示宮城與整座北京城是一個有機的生命體。這條中軸線全長 7800 米，從大明門到萬歲山主峰長約 2600 米，約佔全長三分之一。體現中軸線設計有兩種手法，一是把重點建築建

1　傅熹年：《中國古代城市規劃建築群佈局及建築設計方法研究》，中國建築工業出版社，2001 年。

2　傅熹年：《中國古代城市規劃建築群佈局及建築設計方法研究》，中國建築工業出版社，2001 年。

在中軸線上，二是把建築物和建築群建在中軸線兩側，形成對稱。初創時期，無論是建築樣式還是建築命名，都嚴格對稱，而且在功能上，東西的對稱還表現為文東武西的權衡。

北京城裏最高大的和最具有標誌性的建築建於中軸線上，「北京獨有的壯美秩序就由這條中軸的建立而產生。前後起伏左右對稱的形體或空間的分配都是以這中軸為依據的。氣魄之雄偉就在這個南北引申，一貫到底的規模。」[1] 中軸線宮城段的建築，第一座午門，體量超大，正樓連城臺通高近 38 米；太和門（清晚期重建）通高約 23.8 米；太和殿（清早期重建）通高約 35 米；保和殿（明晚期重建）通高約 29 米；乾清門通高約 14.7 米；乾清宮、坤寧宮（清中期重建）通高均約 20.5 米；欽安殿，通高連寶頂約 16.82 米；玄武門城樓通高約 31.46 米。僅看高度，也可謂跌宕起伏，蔚為壯觀。太和殿裏皇帝的寶座就坐落在中軸線上，從「擇中治國」的理念出發，這裏就是天下之中（圖 26）。

奉天門之前的東西兩側，在廊廡的中間位置建左順門和右順門。出左順門可到文華殿和東華門，出右順門可到武英殿和西華門。這種對稱式地佈置左右門，是只有皇帝才可以採用的制度。南京吳王宮時期，確立了前後排列三殿的制度，但只有一條中軸線。永樂西宮只為視朝而建，也沒有左右順門。大明正式建立以後，改建南京宮殿增加了左右順門，說明外朝建築增加了左右輔軸線。在內廷正門前也使用了景運門和隆宗門對稱的做法，此外就只有後來所建太后宮才有這樣的左右門對稱的格局。

內廷院落和東西六宮的對稱關係是非常嚴格的，我為了較清楚地表現這種關係，繪製了內廷建築的對稱關係示意圖（圖 27）。

如圖所示，對稱有四種情況。一是在後二宮的左右廡房中各設五座門，一一對稱：乾清宮前，設日精門與月華門；乾清宮兩側各將一間廡房闢為小門，名龍光門與鳳彩門。坤寧宮前，設景和門與隆福門；坤寧宮兩側，小門名永祥門與增瑞門；坤寧宮北兩側小門名基化門與端則門。二是開在東西兩條長街外側的六宮牆和整座內廷宮牆的各門一一對稱：與日

1　梁思成：《北京 —— 都市計劃的無比傑作》，載《梁思成全集》第五卷，中國建築工業出版社，2001 年，第 107 頁。

圖 26　紫禁城中軸線鳥瞰

精、月華相對的迎祥門與膳廚門；其北的百福門與廣安門；再北的千祥門與廣生門；再北長慶門與大成門。內廷宮牆的東宮門與宮西門。三是街門，東西長街從南往北，依次建有景和門與順德門，長寧門與麗景門，嘉福門與隆德門。東西二長街南北街口的壽春門與螽斯門；慶安門與百子門。還有東西宮門的中門嘉德門與景福門。四是後苑北門，正門承光門左右的集福門與延和門。後來到嘉靖時期，皇帝親自更定了各宮牆和街門的門名，大大簡化，每對門只用一個名字，再冠以左右。如將景和門與順德門一對，更為順德左門和順德右門，使這種相對於中軸線對稱的關係更為清晰。

　　從圖 27 我們還可以看到，偌大的內廷，只有前後兩座大門和東西兩座小門，周圍被高大的宮牆圍合得水泄不通。圈在裏面的人除皇帝外毫無自由可言。明代太監、宮女眾多，因飲食供應不周導致有人餓死。明末魏忠賢弄權，連皇妃都被「絕其水火，無所飲食」，最後伏在地上啖雨水而死。這是輝煌建築裏黑暗的一面。

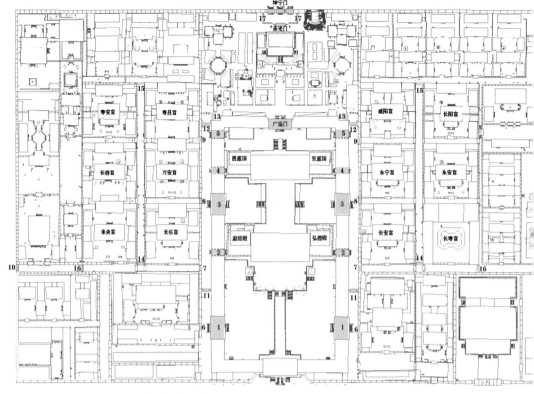

圖 27　內廷建築對稱關係示意圖

圖片說明：一、內廷周廡：1. 日精門與月華門 2. 龍光門與鳳彩門 3. 景和門與隆福門 4. 永祥門與增瑞門 5. 基化門與端則門；二、東西宮牆門：6. 迎祥門與膳廚門 7. 百福門與廣安門 8. 千祥門與廣生門 9. 長慶門與大成門 10. 東宮門與西宮門；三、街門：11. 景和門與順德門 12. 長寧門與麗景門 13. 嘉福門與隆德門 14. 壽春門與螽斯門 15. 慶安門與百子門 16. 嘉德門與景福門；四、後苑北門：17. 集福門與延和門

三、明代中後期和清代中期的改造

　　明代皇帝的平均壽命不長，活過六十歲的只有太祖（七十一歲）、太宗（六十五歲）、世宗（六十歲）三位。其餘的平均年齡只有三十八歲。先皇帝給後代的，除了皇位，還有眾多的女眷，是新皇的母親輩、甚至祖母輩的長親，其中有名分的位尊代遠。新皇帝即位以後，她們要把原來居住的宮室騰出來，給下一輩的第一家庭居住。而新皇帝也有責任妥善安排她們的新居。對逝世的前皇后，還有因為是皇帝生母而追封為前皇后的，要給予神主祔享的崇高禮遇。

1. 改建慈寧宮和慈慶宮

　　嘉靖皇帝從湖北進京後，和他見面的前輩，有祖母輩的憲宗辰妃邵氏，他是興獻王的生母，當年興王之國，她沒有得到隨行的機會，留在北京。這時她眼睛已經瞎了，知道自己的親孫兒當了皇帝，激動地從頭到腳撫摸他。另一位長輩是孝宗的皇后張氏，正德皇帝已經追封她為皇太后，這次選擇嘉靖進京，她是決策的批准人。嘉靖皇帝先稱她聖母，後改伯母，尊為慈壽皇太后。還有一位正德皇帝的皇后夏氏，是嘉靖皇帝的堂嫂。不久，皇帝把自己的母親蔣太后從安陸接到北京，尊為聖母章聖皇太后。這些老人家都需要有自己的宮殿。所以嘉靖元年五月，就開始維修仁壽宮和清寧宮。邵氏沒有熬到新居建成就逝世了，另兩位就居住在一東一西兩個宮中。寡嫂沒地方安排，只能住到仁智殿去了。

　　嘉靖十五年，皇帝開始張羅為自己預建壽陵。四月初九日，考察之後，就在行宮裏召集武定侯郭勛及大學士李時討論近期的工程計劃。他說，除恭建郊廟上事天地、祖宗以外，我還想到，我的皇祖當初沒有考慮設立太皇太后、皇太后兩宮。今天的清寧宮本來是太子青宮，現在雖然還沒有太子，但是不可以沒有這個宮，總之這裏不是母后應該居住的地方。仁壽宮本是從屬於乾清宮的，母后住在這裏也不合適。所以我考慮，將清寧宮存儲居之地後半作太皇太后的宮殿。將仁壽宮故址和拆去大善殿的地盤，建一區皇太后的宮殿，以此來使皇祖所建宮殿制度更為完善。具體的開工日期，就讓欽天監看看五月十五日以後好不好。至於大善殿的佛像器皿現在就可以撤除，日後討論一下怎麼處理。

　　一個月後，皇帝特命侯爺郭勛和一位大學士、一位尚書進入內廷查看佛像的處理。大善殿應是一座藏傳佛教寺院。永樂時有一位西域番僧板的達來北京，獻給皇帝金身諸佛之像，還有一座「金剛寶座之式」塔的模型。皇帝請他到大善殿坐論佛法，他很得皇帝信任。所以皇帝命在北京西關外建金剛寶座塔和真覺寺供他修行。嘉靖皇帝信奉道教，決定將大善殿收藏的像設一律焚毀，包括金銀像一百六十九座，頭、牙等骨一萬三千餘斤。嘉靖十七年（1538 年）七月，皇太后宮殿建成，命名為慈寧宮。與這次工程一起上馬的還有養心殿，它在十六年六月二十九日先竣工了。養心殿南的小院裏，還有供嘉靖皇帝燒煉丹藥的磚結構無梁殿。推測很可能就

在同時，還建造了玄極寶殿等道教場所，供嘉靖清修。這次工程，改變了內廷西南部的建築佈局。

嘉靖朝的故事說明，宮城內發生改動首先是功能的需要，增加的人口把原來的預留用地逐漸佔滿。嘉靖皇帝恰恰又是一位喜歡自我作古的人物，所以嘉靖時期是宮城發生較大變化的時期。我們借用《北京歷史地圖集》中的《明紫禁城圖》，來說明明代中後期北京宮城的格局，圖中部分地段稍有調整（圖 28）。

2. 提升潛龍邸

清代中期乾隆也是一位充滿活力的皇帝，佔盡天時地利人和，他在位時對紫禁城改動最大。但是他的改建基本是在明代格局內，最重要的有以下幾項：

清康熙五十年（1711 年）八月愛新覺羅・弘曆在雍親王府出生。他十一歲的時候，在雍親王賜園圓明園中的牡丹臺見到他的祖父。康熙皇帝很喜愛這位皇孫，命將他養育宮中，於是弘曆搬出雍王府，住進紫禁城毓慶宮東所。雍正四年（1726 年）皇父將圓明園桃花塢賜予他為書房。次年，皇帝為十七歲的弘曆賜了婚，賜居乾西二所。1736 年，二十六歲的弘曆繼承了皇位，住進養心殿。於是乾西二所成了「潛龍邸」，升格為重華宮。後來又將頭所改建為漱芳齋。幼年弘曆有園居的美好體驗，而在為父親守孝的二十七個月當中，一直沒有離開紫禁城，盛夏酷暑難熬。這使他萌生了將重華宮以西的四所、五所改建為一座花園的想法。乾隆七年（1742 年）改建工程初見眉目，整座建築群是「漸次」完成的。

建福宮花園的地盤成一個刀把形，實際佔地，南、西兩邊都超出了原乾西四、五所的範圍，因此把明代內廷宮牆向西推出去。其佈局，東側沿一條軸線，安排了宮殿和佛樓。從南往北，依次是建福門、撫辰殿、建福宮、惠風亭、存性門、靜怡軒、慧曜樓。東側是以樓閣為中心的花園組團：延春閣為主樓；北部吉雲樓、敬勝齋；西部碧琳館、妙蓮花室、凝暉堂；南部堆一座大假山，山頂正中立積翠亭，西南有玉壺冰，東南有值房。園內建設了大量遊廊，串連起各座建築。花園廣植花木，僅寫入乾隆御製詩的，就有紅梨花、地栽和盆栽的梅花、牡丹花、芍藥花等觀賞花，還有翠

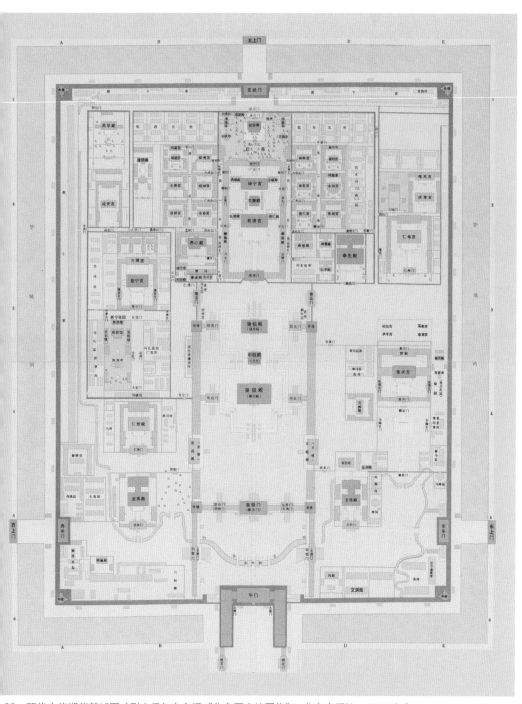

28　明代中後期紫禁城圖（引自侯仁之主編《北京歷史地圖集》，北京出版社，1988 年）

竹、檜樹等常綠品類。碧琳館的對聯「參得王蒙皴法，寫將杜甫詩情」恰當地描述了這座園林的文化深度。終清之世，建福宮花園一直保持了乾隆時期原狀，而且收藏了無數古籍珍玩（圖 29）。

3. 增加太后宮

清順治十年（1653 年），慈寧宮經歷了一次「落架大修」，以奉養皇帝的生母。老太太是清太宗的莊妃博爾濟吉特氏，清世祖尊為皇太后，清聖祖又尊為太皇太后。她對清初政治發揮了巨大影響，極具傳奇色彩。她在慈寧宮住到康熙二十六年去世，一共三十四年。她死後，皇帝命將她居住的慈寧宮東宮的五間殿遷建到清孝陵，作「暫安奉殿」。她在世時，慈寧宮大殿和月臺、庭院成為清代太后宮的朝會之所，門外要陳設皇太后的儀駕。平日皇帝及親王也來問安。太皇太后去世後，這裏長期沒有住人，但是皇太后朝會之所的性質始終沒有改變。

雍正十三年（1735 年）八月二十三日，清世宗在圓明園逝世。當天，弘曆宣佈承遺命，尊他的生母、先帝的熹貴妃鈕鈷祿氏為皇太后，後來上徽號為崇慶。九月初改建慈寧宮的方案畫樣呈報上來，皇帝命擇吉於十二月初四日開工。崇慶皇太后暫居景仁宮。這次工程，拆了一些舊房，在慈寧宮的西側徽音右門外稍北，新建了一座壽康宮，表示對慈寧宮的從屬地位。中間有前後兩進大殿，左右後三面是圍房。在慈寧宮後建了並列的三座宮，命名為東、中、西三宮殿。在慈寧宮東側，南北串聯了三座宮殿。乾隆元年（1736 年）十月二十四日，一切就緒，乾隆皇帝為崇慶皇太后舉辦了隆重的儀式，請她從景仁宮入住壽康宮（圖 30）。後三宮和東三宮供其他太妃、太嬪等居住。[1]

崇慶皇太后身體健康硬朗，乾隆六下江南，三次侍奉她同行。乾隆十六年（1751 年），是皇太后六十壽誕之年，皇帝又命將壽康宮北部的原明代舊宮咸安宮加以改建，命名為壽安宮，作為壽禮。同年，疏浚擴大西湖的工程也告成了，乾隆皇帝將甕山西湖命名為萬壽山昆明湖，並在萬壽山之陽，建大報恩延壽寺，為皇太后祈壽。乾隆二十六年（1761 年），在

1　關於壽康宮的歷史，請參閱林姝《奉養東朝之所的興建》，《紫禁城》，2015 年第 7 期。

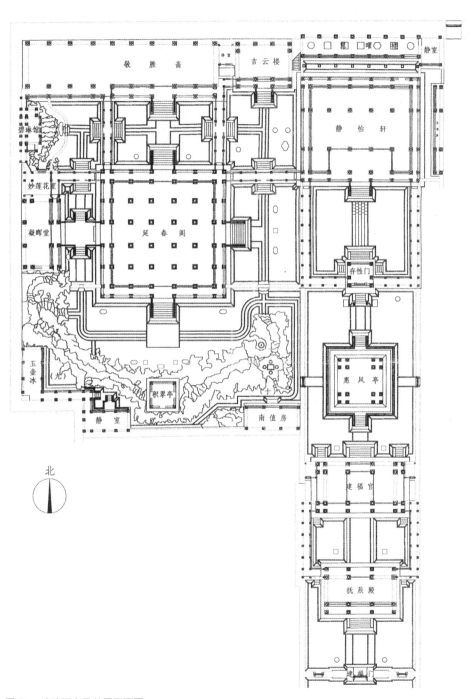

北

圖 29　清建福宮及花園平面圖

圖 30　壽康宮內部原狀陳列

壽安宮中建三層大戲樓，為皇太后祝七十大壽。從乾隆三十二年底開始，籌備對慈寧宮進行一次徹底的修理，計劃把大殿從單簷增為重簷，後殿以及大門、左右門、轉角圍房等都要挪蓋。施工在三十四年完成。乾隆三十五年（1770 年），在太液池北岸，建極樂世界和萬佛樓。這些大工程都是準備為崇慶皇太后祝賀八十大壽。乾隆時期這些工程雖然沒有改變宮城格局，但是外西路的建築都見新了。

4. 改建南三所

位於文華殿東北方向的清寧宮、慈慶宮，直到明晚期仍舊是皇太子、皇太后居住的地方。到乾隆初，這個地方被叫作擷芳殿。乾隆十一年（1746 年）三月開始進行改建工程，次年完成，供皇子們居住。[1] 三所東西並列，佈局完全相同，各有前、中、後三殿和左右廂房，擁有一個共同的

1　關於南三所的歷史，請參閱單士元《故宮南三所考》，載《單士元集》第四卷。

前廷。各所前殿,是禮儀空間,明間設「寶座地平」和四扇屏風。中殿是廳堂,東間設萬字炕,明間靠後簷設大灶,是滿族祭祀習俗的需要。後殿和廂房是起居和居住的地方。南三所建築還有一個突出的特點,就是屋頂和牆頂都覆蓋綠色琉璃瓦,表示皇子的地位,這也是有傳統的。本來文華殿是皇太子聽政的宮殿,也用綠色琉璃瓦。後來嘉靖皇帝佔用了文華殿,才改成黃瓦了。

5. 興建太上皇宮殿

乾隆非常崇拜他的祖父。即位之初暗暗祈禱上天,如果允許自己執政六十年,就當傳位嗣子,絕不敢超過祖父紀元六十一年的數字,當時也並未顧及自己的陽壽須達到八十有六。結果上天眷顧,六十歲以後,他身體依舊健康,於是決定建造一座宮殿,作為自己「歸政」後的去處。他選擇了宮城的最東邊。初創時期這裏是預留地塊,明中期逐漸成為太后太妃們的宮殿,叫一號殿,其中有仁壽等宮。康熙二十八年經過修理,命名為寧壽宮,請皇太后即順治皇帝的孝惠章皇后御新宮。太上皇宮殿就康熙寧壽宮加以改建添加,工程從乾隆三十七年(1772 年)開始,直到四十一年才完成。

寧壽宮外圍宮牆,長一百二十七丈餘,寬三十六丈餘,除南側一部分以外,還都是明代舊基,連西牆中部的兩座便門,履順門和蹈和門,也是明代位置。寧壽宮制度也是前朝後寢。前朝有一門二殿,四周廊廡圍成院落。朝、寢之間有一條橫街。後寢建築分三路,中路是殿堂,東路有大戲樓、四進合院和景福宮。中、東兩路最北端建佛樓。西路是一座花園,叫作寧壽宮花園,俗稱乾隆花園。寧壽宮「其制九重」,即中軸線上安排九座門殿:皇極門、寧壽門、皇極殿、寧壽宮、養性門、養性殿、樂壽堂、頤和軒和景祺閣。

清代,還改建了奉先殿,在奉先殿西添加了毓慶宮和齋宮兩組建築群。在文華殿後,建造了文淵閣,用來專門收藏四庫全書。清末,還將西六宮中的啟祥宮與長春宮、翊坤宮與儲秀宮分別兩宮連成一宮,西六宮成四宮。在今天的故宮,我們看到的總體上是明代的格局,與經過清代不斷修理、改建和添加的建築。

第四章　故宮的建築藝術

　　建築藝術是建築學中一個重大的研究課題，較早開拓中國建築美學的王世仁先生做了一個定義：「建築藝術是一個多義詞，它既指作為藝術門類之一的建築本身，也指它們的藝術形式、藝術語言和藝術手段。」[1] 蕭默先生對中國建築藝術現象進行了哲學高度上的深層闡釋，他主編的《中國建築藝術史》，用四章的大篇幅，找到主導藝術現象的傳統哲學思想，諸如凝聚了政治倫理觀與宗法倫理觀的「禮」的思想，熱愛自然、尊重自然、與自然高度協同的文化精神，以《周易》為代表的宇宙觀和陰陽運行哲理等。[2] 他們的研究對我們理解建築藝術有着指導意義。

　　林徽因先生認為，中國建築的美，「其輪廓的和諧，權衡的俊秀偉麗，大部分是有機的、有用的結構所直接產生的結果。並非因其有色彩，或因其形式特殊，我們才推崇中國建築；而是因產生這特殊式樣的內部是智慧的組織，誠實的努力。」[3] 這揭示了中國建築美的根源。本章首先結合古建築知識，介紹故宮建築的各個組成部分，直至主要的構件，目的是介紹故宮建築的結構美和構造美。同時解釋一點古建築的專業名詞，免得在進入主題的時候，被一些陌生的詞彙所打擾。然後介紹故宮建築藝術的主要形式和手段。

1　王世仁：《環境藝術與建築美學》，載《王世仁建築歷史理論文集》，中國建築工業出版社，2001 年，第 241 頁。

2　中國藝術研究院編：《中國建築藝術史》，文物出版社，1999 年。

3　林徽因：《清式營造則例・緒論》。

一、故宮古建築的一般常識

在中國，古建築是指 1911 年以前建造的傳統建築。中國國土廣袤，民族眾多，很多建築具有地方的和民族的特色，而最大量的，是漢族地區建築。漢族地區古建築從材料上分，有磚石結構和木結構兩大類型，這兩大類型分佈最為廣泛，留存至今的也最多。像河南嵩山北魏時期建造的嵩嶽寺塔，河北趙縣隋代建造的安濟橋，陝西西安唐代的大雁塔，都是磚石結構。山西五臺山南禪寺和佛光寺的唐代大殿都是木結構。

古代中國的建築行業，很早就實行「官營」的管理制度，相傳從商代開始設「大司空」，掌管營建和水利。國家管理就要頒佈國家的標準，今天還能讀到的只有兩套，一是北宋崇寧二年（1103 年）頒佈的《營造法式》（圖 1），

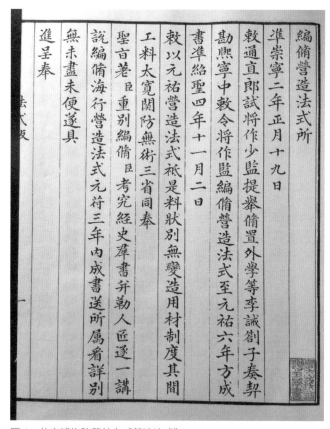

圖 1　故宮博物院藏鈔本《營造法式》

一是清代雍正十二年（1734年）頒佈的工部《工程做法》。所以中國古建築形成了「官式建築」與「民間建築」兩個體系。由官方管理，遵循官方標準，組織工匠，進行材料採辦、燒造、構件製作並且安裝的建築，就是官式建築。故宮古建築是明清兩代官式建築的代表，在外觀上有三個基本要素：臺基，柱梁等屋身和屋頂。直觀上一望而知的三個部分，建築的下、中、上三段，互相襯托，各呈其美。

1. 臺基

臺基在地基基礎之上建造，是古建築的下段。它的外部各面都用磚石包砌，內部用磚石砌成網格，叫攔土，用來穩定和安裝柱礎石。空當部分用灰土夯實（圖2）。臺基的外立面有兩種樣式，一種普通式樣，平齊如切，方方正正，常在各面的邊緣加上條石，來使它牢固（圖3）。另一種

圖2　北京香山寺八角亭臺基遺址，內部攔土多被挖去了

圖3　故宮體仁閣臺基

叫作須彌座，是從印度佛座演變成建築臺基的。

　　故宮須彌座臺基從下到上至少分成六層。第一、五層方正平直，叫上、下枋。第二、四層輪廓弧形，叫上、下梟。中間第三層凹進去，叫束腰。第六層是須彌座的底座，叫「圭角」，或「龜腳」。須彌座臺基的上下枋一般不雕刻，上下梟經常雕刻成並列的蓮花瓣，束腰兩端和中間，雕刻「椀花結帶」，相應圭角雕刻卷雲。石材須彌座也常用米當作臺座，安放花盆、賞石、魚缸等等器物，花紋就更為複雜（圖4）。

　　高大的臺基，需要設置臺階或者坡道供人上下。正對人殿中央的臺階都做成「兩階夾一路」的樣式，即左右是臺階石，稱為「踏跺」；中間斜鋪一整塊大石板，雕刻着華麗的花紋，稱為「御路」。臺階的外邊緣也斜鋪石條，稱為「垂帶」（圖5）。為了坡道防滑，將坡道用磚砌成或條石鑿成小「鋸齒」的形狀，這種坡道叫作「礓𥑢」（圖6）。

　　為了防止有人從臺基上跌落，臺基邊緣要安設欄杆。在中國古代文學作品中，欄杆往往是「登臨」的代名詞，欄杆拍遍，感慨萬千。臺基上安設了欄杆，形象就豐富了，形成了有節律的美感。元、明、清宮殿裏的石

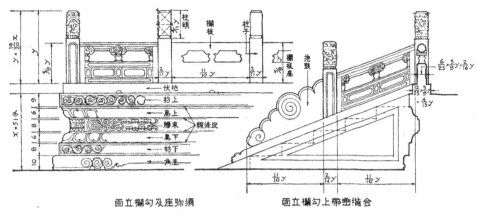

面立欄勾及座弥須   面立欄勾上帶垂搭合

圖 4　須彌座及勾欄立面（引自梁思成《清式營造則例》）

圖 5　箭亭的垂帶

圖 6　昭德門前的磚砌「礓䃠」坡道

圖 7　故宮欽安殿漢白玉石欄杆，這是故宮裏石質最純潔、雕刻最精美的欄杆

欄杆樣式非常接近，都是兩根望柱夾着一塊欄板，是從宋代「單勾欄」演化而來。而且每一根望柱的腳下，都向外遠遠地伸出一個龍頭，宋代叫它作「殿階螭首」，可見它只能用在尊貴的地方。龍嘴裏有一個鑿通的小孔，可以把臺基上的雨水排出去（圖7）。

帝王宮殿的臺基，古代稱「陛」，朝會等重要活動在「廷」中舉行，臺基上下都是會場。為了加大「陛」的面積，故宮的朝、寢大殿前的臺基都向前凸出，稱為月臺。也許是古代有用丹色裝飾地面的做法，月臺等臺基之上的面積，被稱為「丹陛」；月臺之下、中軸線兩側的面積被稱為「丹墀」。與會貴族、官員，應立於什麼位置是絲毫不可大意的。在丹陛者地位高於在丹墀者，距離皇帝近者貴於遠者。

臺基的上面，要安裝柱礎。明清宮殿的柱礎樣式一般非常樸素，稱為「古鏡式」。欽安殿的柱礎是覆盆式，還雕刻了龍紋，整個故宮僅此一例。還有奉先殿的柱礎也是覆盆式（圖8），雕刻了覆蓮花瓣和珠子，用華麗表達對祖先的尊崇。再有乾隆時代的兩座花園建築也使用了覆蓮花瓣的柱礎。柱礎的作用非常重要，木柱樹立在柱礎上，建築的全部重量都要經過

圖 8　故宮奉先殿的柱礎

木柱和柱礎傳遞到大地上。

古建築臺基平面圖表現了建築物的方位、分間等最基本的數據，為我們了解古建築所必需。以太和殿為例（圖9）：太和殿正面朝南，於是南面就定為建築的「前簷」，北面是「後簷」，東西兩面稱「兩山」，這些名稱表達建築的方位。太和殿臺基上共樹立七十二根木柱，前簷十二根，從南往北排成六列。最外圍的三十二根柱子都稱為「簷柱」，其中四角的也叫「角柱」。裏面的柱子稱為「金柱」。

古建築面積單位稱為「間」，凡四柱中的面積就是一「間」。前後簷各間的寬度都稱為「面闊」，兩山各間的寬度都稱為「進深」。太和殿「通面闊」十一間，當中一間稱為「明間」，兩旁稱「次間」，再旁稱「稍間」，最後的稱「盡間」。太和殿面闊明間最寬；次、稍各間相等，小於明間；盡間最窄。也有的建築使用明、次、稍、盡間面闊依次減小的做法。太和殿的「通進深」是五間。

太和殿的兩山和後簷兩側砌牆，兩山的叫「山牆」，後簷的就叫後簷牆。室內還砌有隔牆，太和殿這種進深方向的牆叫作隔斷牆。還常用一種平行於前後簷的叫扇面牆。窗子下部的矮牆稱為「檻牆」。太和殿前簷的門窗安裝在金柱之間，簷柱是敞開的，前簷柱與金柱間的空間稱為「前廊」。還有些建築四面廊都是開敞的，稱為「周圍廊」。

2. 屋身 · 大木構架與斗栱

建築物的使用空間在屋身裏面，大木結構是它的骨架。故宮古建築的大木結構都屬於「抬梁式」，用柱、梁、枋、桁（檁）、椽五類構件構成。立四根木柱排成矩形，柱頭上沿進深方向各架一根大梁，再沿面闊方向連上額枋，就組成了一間柱梁框架。然後在梁上加矮柱，支短梁，短梁中間支脊瓜柱。之後，在脊瓜柱頂、短梁兩端、大梁兩端各壓上一根檁。最後在檁上釘椽子，就完成了一座面闊、進深各一間的抬梁式大木構架——建築構架的一個基本單元。

如果要增加面積有三種方法：可以增加大梁長度，相應增加短梁的層數；還可以在進深方向增加木柱。這兩種方法都是用來增加檁數，也就加大了進深。還可以在面闊方向並列同樣構造的若干間，來加大面闊。故

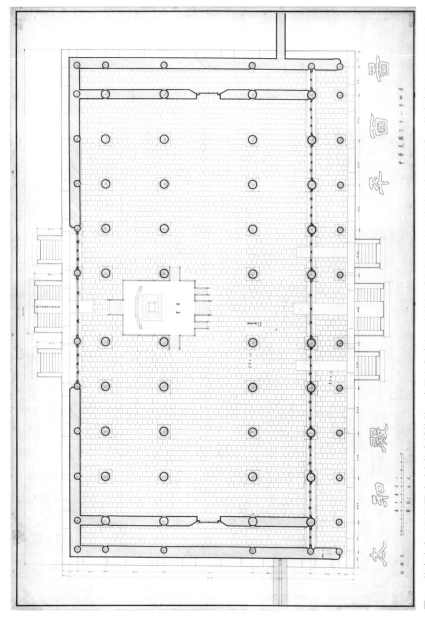

圖 9　故宮太和殿平面圖（引自故宮博物院、中國文化遺產研究院編《北京城中軸綫古建築實測圖集》，故宮出版社，2017 年）

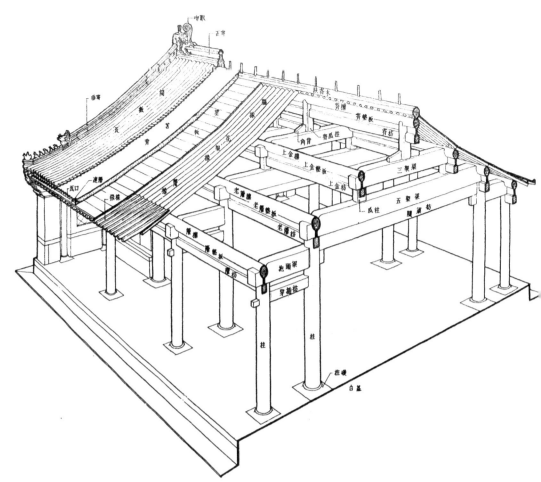

圖 10　中國建築木構架：清代七檁硬山大木小式（引自劉敦楨主編《中國古代建築史》，中國建築工業出版社，1981 年）

宮龐大的古建築群，就是由這樣四柱一間的基本單元組成的（圖 10）。

　　柱、枋、梁、桁（檁）構件的連接完全依靠榫卯[1]，浙江河姆渡新石器時代遺址中發現了榫卯遺物，這是中國木工引以為傲的技術，也是日本等尚保存有木結構古建築國家的國寶級技術。故宮古建築的柱、梁之間，經常還要增加「斗栱」這樣一個層次。梁思成、林徽因等前輩認為斗栱是中

1　榫卯是在兩個木構件上所採用的一種凹凸結合的連接方式。凸出部分叫榫（或榫頭）；凹進部分叫卯（或榫眼、榫槽），榫和卯咬合，起到連接作用。這是中國古代建築、傢具及其他木製器械的主要結構方式。榫卯結構是榫和卯的結合，是木件之間多與少、高與低、長與短之間的巧妙組合，可有效地限制木件向各個方向的扭動。最基本的榫卯結構由兩個構件組成，其中一個的榫頭插入另一個的卯眼中，使兩個構件連接並固定。榫頭伸入卯眼的部分被稱為榫舌，其余部分則稱作榫肩。

國古建築最顯著且獨有的特徵。斗栱在中國經歷了兩千數百年的發展，最初應是為了增強立柱與額枋的聯繫，以後是為了使屋簷出挑得離開簷柱更高更遠。明清是斗栱發展的最後階段，外觀和作用都與早期有很大改變，《營造法式》和《工程做法》中記載斗栱的專用詞彙也有區別。由於這部分內容過於複雜，我只能簡要地介紹清式規則。

斗栱的零件主要有四大類：斗，就是斗形的木塊。翹，是一塊兩端刻成弓形的木枋，安裝的時候與屋簷垂直。如果把翹的外端做成大象鼻子一樣下垂的形狀，就叫昂。拱，和翹的形狀一樣，但是安裝的方向與翹垂直。木枋，與一間建築的面闊或進深等長。這四大類零件，都開有複雜的榫卯，因為安裝的位置和作用的區別，每一個都還有自己的名字（圖 11）。

安裝好的斗栱稱為一攢。根據安放的位置，命名為「柱頭科」「角科」和「平身科」，分別用在柱頂上、角柱頂上和兩柱之間的木枋上。一攢斗栱最下面的構件是一個大斗，叫作「坐斗」。坐斗朝上的一面要開十字形的卯口，來安裝翹與拱。平身科坐斗翹的卯口寬度，就是「斗口」，即前面提到的，是清代整座建築尺寸權衡的標準數值。

由於斗栱的翹或昂向屋頂的簷口方向支出去，每支出一層的距離叫一拽架。加一拽架，就意味着屋簷可以延長一拽架，同時斗栱的零件也要增加，稱為出跴。出跴越多，翹的長度就越大，出簷也越長，斗栱也越複雜。但是不能過長，會影響結構穩定。所以規定，斗栱依出跴多少命名，最簡單的不出跴；斗口單昂叫三跴斗栱；斗口重昂和單翹單昂叫五跴斗栱；單翹重昂叫七跴斗栱，重翹重昂叫九跴斗栱，也就是出跴到四個拽架為止。

清式斗栱平身科的攢數遠比宋式多，所用材料斷面的尺寸（材）也遠比宋式小，它的結構作用遠不及宋式重要，它更多地發揮着表示建築等級和性質的作用。還有一種「溜金斗栱」，翹昂後尾經過特別處理，外觀更加華麗，明顯把着眼點放在美化建築上。清式斗栱在雄壯的建築屋頂和屋身之間構成了柔美的過渡（圖 12，圖 13，圖 14，圖 15，圖 16，圖 17）。

3. 屋身・外簷裝修

中國古建築梁架的設計原則是「框架結構」，建築的重量通過大木結構傳遞到大地，所以不需要砌厚牆來承重，門窗可以做得很大，也不會影

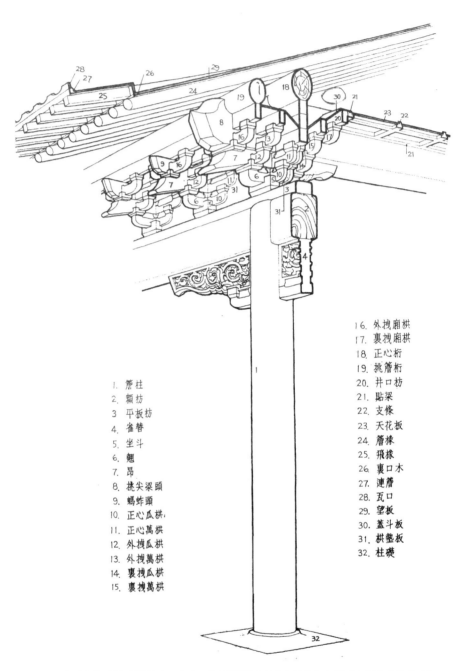

1. 簷柱
2. 額枋
3. 平板枋
4. 雀替
5. 坐斗
6. 翹
7. 昂
8. 桃尖梁頭
9. 螞蚱頭
10. 正心瓜栱
11. 正心萬栱
12. 外拽瓜栱
13. 外拽萬栱
14. 裏拽瓜栱
15. 裏拽萬栱
16. 外拽廂栱
17. 裏拽廂栱
18. 正心桁
19. 挑簷桁
20. 井口枋
21. 貼梁
22. 支條
23. 天花板
24. 簷椽
25. 飛椽
26. 裏口木
27. 連簷
28. 瓦口
29. 望板
30. 蓋斗板
31. 栱墊板
32. 柱礎

圖 11　中國古代建築斗栱組合：清式五踩單翹單昂（引自劉敦楨主編《中國古代建築史》，中國建築工業出版社，1981 年）

142

2 慈寧花園臨溪亭一斗兩升交麻葉不出踩斗栱

圖 13　慈寧花園慈蔭樓單昂三踩斗栱

4 北京社稷壇戟門單翹單昂五踩斗栱

圖 15　北京社稷壇拜殿單翹重昂七踩斗栱

6 太和殿單翹三昂九踩斗栱

圖 17　慈寧門五踩溜金斗栱

響建築安全，這樣造就了屋身的輕巧外觀。這方面中國建築在世界上獨樹一幟。清代把在大木結構中安裝的門窗天花板等一概稱為裝修，用在建築室外的叫外簷裝修，其餘的叫內簷裝修。外簷裝修包括門、窗和簷柱額枋之間的一些構件。

中國古建築中的「門」有兩個意思，一是在總體佈局中，承擔門之功能的建築物，如城門、太和門、乾清門等等。第二個意思是「門扇」，指的是裝修部件。凡是安裝門窗，先要在立柱和額枋形成的空檔裏安裝木框，這些零件也各有名稱，總的說，凡是水平使用的都叫檻，豎直使用的都叫框，做成門口或者窗口，使門窗結實嚴密。

用厚木板拼接的門扇都很厚重，用來限隔兩個室外空間，有幾種做法和名稱。門扇和檻框一般漆成朱紅的顏色，朝外一面排佈着黃銅鍍金的門釘、鋪首以及包葉。門釘的數量有嚴格的等級規定。還有小型的門，如垂花門和遊廊中使用的板門、屏門等（圖 18）。

限隔室內、外空間的門和窗，有時安裝在簷柱一線，有時安裝在金柱一線。製作檻框的時候，要在柱額中間劃分好門窗的位置。在金柱安裝的，額枋下往往做一排橫向的橫披窗，它們是不能開合的。橫披窗之下，建築的明間，或居中三間、五間，安裝隔扇門。兩側，下半砌檻牆，上部安裝窗戶（圖 19）。

隔扇門，是鑲嵌了花格子的門，應用非常廣泛。隔扇門用木枋做邊框，同時把隔扇分成上下幾個部位：上段是隔扇心，中段是條環板，下段是裙板。複雜的隔扇還可以在上下再增加條環板。《營造法式》規定了隔扇心有「四斜球紋格子」和「四直方格眼」兩種基本式樣，由於檻條起線的區別變幻成多種形象。

故宮外朝、內廷和六宮的殿堂外簷，隔扇心大多使用菱花圖案。每個菱花單元，用六根檻條組成的叫「三交六椀菱花」，用四根檻條的叫「雙交四椀菱花」；又因為檻條的花瓣形狀不同，組合成不同花式，《工程做法》中寫到了六種。條環板和裙板都要加以雕刻，太和殿、乾清宮、交泰殿和皇極殿浮雕龍、鳳和流雲，並且貼金，是最華麗的做法。一般則只浮雕突起的如意雲紋等線腳，貼上金（圖 20，圖 21，圖 22）。與隔扇門配套的是檻窗，它的樣式和菱花圖案與隔扇門完全一致，只不過去掉了裙板，安裝在檻牆之上罷了。

圖 18　太和門的大門

圖 19　太和門東廡房外簷裝修的佈置

圖 20　太和殿三交六椀菱花隔扇門

圖 21　欽安殿三交燈球嵌六椀菱
花隔扇窗

圖 22　毓慶宮惇本殿古老錢菱花紋隔扇門

隔扇門、窗的邊框，都是榫卯連接的，為了保證這些部位牢固不變形，在邊框上安裝了黃銅構件，用泡釘釘牢。這些銅構件通稱面葉。它們在邊框上佔很大的面積，也成為隔扇門、窗的重要的裝飾物。要做出與邊框一致的線腳，高高突起的雲龍花紋，再做鎏金（圖 23）。

　　殿堂周圍的廡房，兩旁的門堂，甚至體仁閣與弘義閣，都採取方格眼、直櫺窗等非常簡樸的格子，與殿堂富麗堂皇的門窗形成強烈的對比。清代初期，關外時興的「吊搭窗」的樣式，被移植到北京故宮，首先改建了坤寧宮。後來乾隆建設太上皇宮殿，又把它用在了寧壽宮。吊搭窗的檻牆十分低矮，所以窗扇特別長，直櫺外面糊紙。需要開啟時從外面用鐵吊鈎掛起來。裏面還另有一層支摘窗（圖 24）。

圖 23　太和殿隔扇門雙人字面葉

圖 24　寧壽宮直欞吊搭窗

　　東西六宮、花園等生活區域的外簷裝修流行支摘窗，也安裝在檻牆之上，居中用間框分為左右兩半，面積同樣大小，每半再做成內外兩層，上下兩截。外層做欞條糊紙，需要時上截可以用鐵挺鈎向上斜支起來，下截可以摘下去。內層上截有紗替（屜），下截可以安裝玻璃。清代中晚期，玻璃在皇宮裏普及，欞條格子的樣式也發生了變化。隔扇心和支摘窗使用步步錦、燈籠框、冰裂紋等紋樣，裙板上淺浮雕萬字圖案、寫生的竹枝等，散發着生活氣息（圖 25）。

　　如果門窗安裝在金柱上，簷柱與額枋榫接的地方，要安裝「雀替」[1]。從結構上，它給額枋插進柱子的榫起到了補強的作用，同時極大地改善了「簷柱」這個空間層次的視覺效果。亭、廊一類的建築的兩柱之間，上邊安「倒掛楣子」，下邊安「座凳楣子」，是園林建築常用的外簷裝修（圖 26）。

　　內簷裝修也是屋身的構件的一類，為了強調它的裝飾藝術作用，安排在下節介紹。

1　其形好似雙翼附於柱頭兩側，而輪廓曲線及其上油漆雕刻極富裝飾趣味，為結構與美學相結合的產物。明清以來，雀替的雕刻裝飾效果日漸突出，有龍、鳳、仙鶴、花鳥、花籃、金蟾等各種形式，雕法則有圓雕、浮雕、透雕。

圖 25　咸福宮步步錦支摘窗

圖 26　建福宮花園步步錦支摘窗、楣子和貼金雀替

4. 屋頂

屋頂是中國古建築的冠冕。直觀上，屋頂在整座建築中佔有相當大的比重，但是它並不給人笨重壓抑之感。相反，給人留下向上升騰、大鵬展翅的聯想。《詩經·小雅·斯干》一連用了四個比喻 ——「如跂斯翼，如矢斯棘，如鳥斯革，如翬斯飛」—— 表達這種感受。這種效果也是由古建築的結構與材料、技術自然形成的。

古建築屋頂的構造，在介紹大木結構時已經講了一大半了，我們只需要在從上到下的層層檁上，釘上木椽，椽上釘望板，就完成了屋頂的木結構製作。椽上也有用望磚或石板做望板的，不過在故宮很少見。然後在望板上鋪抹特製的灰泥，叫作「苫背」，起到防水和保溫的功效。灰泥晾乾後鋪上瓦，屋頂就完成了。

屋頂要保持合適的坡度。早在《考工記》中就規定，前後簷之間的距離，到屋頂最高處高度的比值，瓦屋是四比一，草屋是三比一。《營造法式》稱確定比值的方法為「舉屋之法」，同時還規定從最高處的脊桁到最低處的簷桁的連線必須是曲線，要先在牆上用「折屋之法」畫出屋頂的側樣（剖面圖），定其「舉之峻慢，折之圓和」，才能決定柱梁的高低和榫卯的位置。《工程做法》是直接計算從下一層檁到上一層檁抬高的數值，越往上比率越高，屋頂越陡峻，這個方法稱為舉架。總之，屋面必須是曲面。而且，大多數建築屋簷的簷椽尾端，還要再釘一層短椽，稱為「簷飛椽」，加強了曲面反向上揚的印象（圖 27）。

故宮屋頂主要使用琉璃瓦，有板瓦和筒瓦兩大類。板瓦接近長方形，稍向上彎曲成一定弧度，鋪的時候，從下往上，總是上面一塊壓住下面的一部分，於是一列板瓦就形成一個排水溝。筒瓦從上往下，一塊接一塊地蓋住兩列板瓦形成的邊緣。到了屋簷，筒瓦要加一個圓形的瓦當，清代叫「勾頭」，板瓦要加一塊三角形的水嘴，叫「滴子」。還要釘上瓦釘防止屋瓦下滑。故宮最重要建築的釘帽都是黃銅鎏金的。屋脊上使用的瓦件，有幾十種之多，非常複雜。隨着建築物的大小，可以選擇相應瓦號的琉璃瓦，「二樣」最大，「九樣」最小，共八套。故宮也有少量「黑活」屋頂，即用陶土燒造的「布瓦」，基本用在內官衙署、作坊、低品級太妃嬪住宅等建築（圖 28）。

圖 27　中和殿屋頂的曲面

圖 28　故宮建築的屋頂。單士元先生稱之為琉璃的海洋

古建築屋頂根據坡面的組合樣式分類，每類屋頂的屋脊也各有專用名稱。屋脊的作用，是把兩面屋頂搭接的部分遮蓋起來，或者壓住屋頂的邊緣，形成固定的做法。古建築最簡單的屋頂是前後兩面坡的「人」字形屋頂，兩坡相交的頂部一線壓上屋脊，稱為「正脊」。有的用圓弧形的「羅鍋瓦」連接兩坡，叫「卷棚頂」，一般不再做正脊。覆蓋到山牆為止的坡屋頂，稱「硬山頂」。屋頂覆蓋超出山牆兩端，懸挑出一小片，稱「懸山頂」。這兩類屋頂各有五條屋脊：一條正脊；從正脊兩端、沿屋頂外邊垂下四條垂脊（圖29，圖30，圖31）。

　　有些古建築使用四面坡的屋頂。在前後兩坡屋頂的兩山，再各加一坡，就形成了「廡殿頂」。廡殿頂有五條屋脊：即一條正脊，和沿屋頂四邊，從上斜垂下來的垂脊。如果把廡殿屋頂兩山再改變一下，即將其上部改成硬山或者懸山，下半部還是四坡，就形成較複雜的「歇山頂」。歇山頂有九條屋脊：上部同硬山或懸山頂的五脊，但是垂脊到與簷柱對應的位置，安一個垂獸就終止了；最下面四坡邊緣也有屋脊，叫「戧脊（岔脊）」。歇山頂兩山下邊各有一條博脊，沒有統計到「九脊」中來（圖32，圖33）。

圖 29　建福宮花園建築和遊廊大多採用卷棚頂

圖 30 內閣大堂硬山屋頂

圖 31 建福宮花園垂花門懸山屋頂

圖 32　英華殿的廡殿屋頂

圖 33　太和門的重簷歇山屋頂

四面坡屋頂中還有一種「盝頂」。《宮闕制度》解釋説它的外形像一個小竹箱，我理解就是一個四邊抹斜的平頂。這種樣式故宮裏只有欽安殿一座建築，它的「平頂」部分實際上略帶弧形，平頂中央放了一座寶瓶形的寶頂，四周做了一周圍脊。還有一種建築，屋頂像一把撐開的傘，平面有正方形，正六邊形，正八邊形，圓形等。屋頂中央收束到一點，壓上一個精工細作的寶頂，材質有銅鎏金，也有琉璃或灰磚砌成的。這種屋頂叫攢尖頂，幾邊形的圖案，就做幾條垂脊（圖34，圖35）。

　　一般説，屋頂形制在一定程度上是表達建築等級的手法。廡殿等級高於歇山，歇山又高於懸山和硬山。而廡殿、歇山和攢尖屋頂又有「重簷」的形制，重簷不是樓閣，只有一層室內空間。雖只增加了一層屋簷，卻讓整座建築馬上高大、氣派起來。所以乾隆皇帝為給崇慶皇太后祝壽，把慈寧宮大殿改成了重簷。重簷屋頂的下簷也有兩種屋脊，上邊是一周「圍脊」，屋角各一條「角脊」。

　　四面坡和多面坡的屋頂，在坡面搭接的屋角，由於結構的需要，安裝了一條角梁。角梁厚度遠遠超過椽子，為了使屋簷不發生生硬的折線，所以屋角要進行藝術化的處理。通過調整簷椽和簷飛椽的位置和角度，使屋簷形成一條圓和柔美的曲線，到屋角時既向上抬起，也向外凸出。這樣，屋面的曲面，屋角的起翹和沖出，構成了古建築屋頂外觀的最突出特徵（圖36）。

　　古建築屋脊上神采飛揚的祥禽瑞獸非常引人注目，它們的大小和「瓦樣」配套，種類與數量按照規定來安裝。一般建築正脊兩端安裝「正吻」，明清時代的正吻是一個龍頭，張開大口吞着正脊，頭上方有卷尾、劍把，後背突出一個背獸（圖37）。漢代的正脊安裝「鴟尾」，即摩羯魚，據説它可以噴水厭火，所以放在屋頂上。宋元以來演變成龍吻形狀（圖38）。北京的城樓、鐘鼓樓和少量建築正脊兩端安裝「正脊獸」，像一頭異獸蹲踞，昂首瞪目，額生雙角，頭頸鬃毛飛揚。安裝的時候頭朝外望，所以也稱「望獸」。

　　硬山、懸山、攢尖和廡殿屋頂的垂脊中間偏下的位置要裝一個「垂獸」，模樣很像正脊獸。垂脊在獸以上的部分叫獸後，以下叫獸前。獸前要安裝成列的「小獸」或叫「走獸」，最前方是一位「仙人騎鳳」，後面

圖 34 欽安殿的盝頂

圖 35 中和殿的四角攢尖頂和銅鎏金寶頂

圖 36　神武門屋頂的簷口曲線

圖 37　太和殿的正吻

圖 38　寧夏西夏王 3 號陵出土的鴟尾

按照龍、鳳、獅子、天馬、海馬、狻猊、押魚、獬豸、斗牛、行什的順序排列。建築體量越大，屋脊越長，小獸數越多。一般採用單數，仙人不算在數內，最多到斗牛為止。但是太和殿安裝了十個，全國現存官式古建築中唯此一例。

歇山屋頂垂脊沒有「獸前」的段落，但是它的戧脊和重簷屋頂的角脊，做法與上述硬山等建築的垂脊相同，也要安裝戧獸與仙人、小獸。重簷屋頂的圍脊把角的部位要用「合角吻」，就是兩個正吻肩靠肩成 90° 安裝。角梁伸出屋頂的部分，也要安裝一個獸頭，叫作「套獸」，以防角梁頭腐朽（圖 39）。

故宮角樓使用的是「組合式」屋頂。在構造上，角樓中間是一個正方形亭閣，四面又各加一個「抱廈」。亭閣屋頂用四面歇山組合成十字正脊，中央壓一個鎏金銅寶頂，四個紅漆貼金彩畫的「山花」朝向四方，稱為十字顯山。抱廈都是重簷歇山屋頂，但是朝城牆外的兩個抱廈進深短，山花朝外，形成角樓形體和屋頂四面對稱中的變化。而且亭閣的下兩層屋簷與抱廈勾連在一起，每層都有十二個起翹的翼角和八個窩角。構圖極其複雜而華麗。三層屋簷下密佈斗栱，柱間全部安裝三交六椀菱花隔扇門與窗，玲瓏剔透（圖 40）。

圖 39　太和殿的垂脊和角脊、合角吻、套獸

圖 40　故宮東南角樓

二、故宮建築的裝飾藝術

　　故宮建築群整體統一和諧，以灰、白為主調的磚石臺基、紅色為主的屋身和宮牆、黃琉璃瓦覆蓋的大屋頂，以及屋簷陰影裏的青綠彩畫，構成了故宮建築群的色彩基調。同時各個院落因為功能的區別和時代的演進表現出各自的特色，形成個體豐富多彩的藝術效果。這種和諧與特色並存，依賴於空間的精心安排和傳統工藝技術的鬼斧神工。故宮建築的裝飾藝術，主要有石雕、琉璃和建築彩畫，它們在四季的天空和大面積穩重的灰色地面的襯托下，熠熠生輝。內簷裝修是營造室內空間特色的最重要手段，本身也是一種裝飾藝術作品。故宮裏很多建築室內面積很小，但是憑藉內簷裝修，營造了優雅的文化品位。

1. 石雕

　　故宮的石雕一般只施加在建築構件的重點部位，如須彌座的束腰、臺階的御路、欄杆的柱頭、龍頭，也有個別的踏跺、欄板等。另外還有一些石雕的建築陳設，如日晷、嘉量、器物石座。

　　故宮的須彌座樣式源於南京。鳳陽中都午門遺址的須彌座臺基高度，與城臺相比，整體比例低矮。束腰部分基本都加以雕刻，方勝、椀花結帶、龍、鳳、雲紋等，很多花紋生硬笨拙。北京石雕的風格明顯與之不同（圖41，圖42）。而南京的明初午門、孝陵等處建築臺基所用須彌座，比例雄壯，勻稱，大部分素面，只在束腰的兩端和中部雕刻椀花結帶，相應在圭角刻卷雲（圖43）。北京故宮的須彌座雕刻，無論佈局還是紋飾，均與南京極度相似（圖44）。

　　《明太祖實錄》對中都皇城御道雕刻的記錄是明代史料中關於石刻最早的記載：「御道踏級文用九龍四鳳雲朵，丹陛前御道文用龍鳳海馬海水雲朵。」紋飾的題材與北京故宮是一致的，可惜實物還沒有發現。故宮中

圖41　明中都午門須彌座石刻

圖42　明中都午門須彌座石刻

圖43　南京孝陵神功聖德碑亭須彌座石刻

圖44　故宮太和殿三臺須彌座石雕

無論朝、寢還是六宮，凡中心建築皆有御路石雕。有的佈置在大門外，有的在宮殿臺基前後。御路石選料精良，石料巨大，花紋繁複，多用流雲、海水江牙襯龍、鳳等。故宮最負盛名的保和殿後三臺下層御路，選用一塊巨大的艾葉青石，長 16.57 米，寬 3.07 米，厚約 1.7 米，約重 200 餘噸。周邊雕刻「香草金邊」，畫幅中滿佈流雲為襯，其上分三組陽雕九龍，下邊海水江牙。氣魄壯大（圖 45）。還有一些用錦文做襯底的石雕，特別精美而有層次感。如欽安殿前的御路雕六龍六鳳，用類似「簇六球紋」為襯，構圖豐滿，刻劃精細，生動感人（圖 46）。

中軸線上的三臺、各宮殿以及箭亭，御路兩旁的踏跺每一級的踏面都加以雕刻。因為石料面積較小，畫面內容簡單，常用的主題是瑞獸。如太和門的獅子滾繡球，太和殿的獅子、海馬相間（圖 47，圖 48）。清代乾隆時期，還喜歡在踏跺的「踢面」施加雕刻（圖 49）。

故宮石欄杆普遍比較簡樸。望柱雕刻柱子頂（柱頭），柱身只是起線。欄板通常模仿木欄杆，上邊是扶手，下邊是花板，中間用「雲子寶瓶」聯繫。所謂花板，一般也只是起幾條框線而已。故宮望柱頭雕刻樣式，最大量的是兩種：即「雲龍雲鳳」柱頭與「二十四氣」柱頭。在文獻中並沒有記載這兩類柱頭是否有等級差別，但是雲龍、雲鳳只用在中軸線各殿座和三臺上，另外用在寧壽宮、慈寧宮等正門和大殿臺基周圍。而中軸線各院落的門廊，甚至皇帝便殿武英殿，都一律使用二十四氣柱頭。尤其有趣的是太和門前內金水河橋，當中一座橋欄杆用雲龍雲鳳柱頭，兩旁其餘四座，均使用二十四氣柱頭。這也形成一種秩序（圖 50，圖 51）。

斷虹橋是故宮著名的石橋，在武英殿外東部的要道上，它的北面在明代有一座思善門，外臣是絕不可以進入的。有研究者認為這座橋是元代作品。在沒有更多的證據之前，我不敢這麼肯定，但我認為它的確是故宮最古老的石橋。它的構件組合形式與明清一樣，在橋面上設「地栿」，在其上安裝望柱和欄板。望柱頭的高度大約佔柱高的 35%，與明清規定也一樣。柱頭下部雕覆盆狀的荷葉，一周連珠，上面雕仰蓮花座；座上蹲踞生動的獅子。橋兩邊二十根望柱的獅子絕無雷同。欄板還保留了一點「仿木」的影子，扶手直徑較細，花板的上下兩層「枋子」還比花板略寬。花板石雕極為精彩。中間兩條龍在花叢中追逐，上邊（盆脣）卷草豐滿圓潤，下

圖 45　保和殿後三臺下層御路石雕

圖 46　欽安殿御路石雕局部

圖 47　太和門踏跺石刻

圖 48　太和殿踏跺石刻

圖 49　建福宮花園敬勝齋踏跺的纏枝蓮花紋

圖 50　太和門的雲龍雲鳳柱頭，清式石欄杆的標準樣式

圖 51　熙和門臺基與西內金水河岸的二十四氣柱頭

邊（地霞）在球紋襯底上雕夔龍（圖 52，圖 53，圖 54）。

清乾隆三十九年（1774 年）為了庋藏編纂中的《四庫全書》，預先在文華殿北建造了文淵閣。模仿寧波著名藏書樓天一閣制度，以厭火防災。為此把內金水河道向北轉了個彎，引進文淵閣前新開挖的水池。橋梁欄杆出於體制需要使用雲龍柱頭，池塘欄杆式樣則表現防火的願望，柱頭刻仰俯蓮花，欄板用「束蓮欄板」的樣式，刻翻花仰俯蓮和海水江洋（圖 55）。

此外，故宮還有其他的望柱柱頭和欄板樣式。如宮城四座城門與天安門、端門的門樓、御花園千秋亭水池欄杆等使用的海石榴柱頭，御花園浮碧亭水池欄杆使用的蕉葉柱頭等等（圖 56，圖 57）。

石雕陳設中最重要的是日晷和陳列嘉量的石亭。觀天授時是上古時代帝王的首要職能，也是治理國家的首要事務。統一全國度量衡是秦始皇的偉大成就。作為農業國家，觀測天時和統一度量衡始終被認為是國家大

圖 52　斷虹橋一組望柱和欄板

圖 53　斷虹橋

圖 54　斷虹橋望柱

圖 55　文淵閣水池

圖 56　千秋亭海石榴柱頭　　　　　　　　　　　　　　　　　圖 57　浮碧亭蕉葉柱頭

事，日晷和嘉量就是這兩件國家大事的象徵。乾隆九年（1744 年），皇家新收藏一件東漢的圓形嘉量，又考證唐代的一個方形嘉量，仿製了一圓一方兩件，銅鑄塗金。器形是主體帶兩耳，上下兩面使用，量度有斛、斗、升、合、龠五級。乾隆皇帝親為作銘：「協時月正日，同律度量衡，制茲法器，列於大廷。」[1]

　　午門前、太和殿前、乾清宮前和皇極殿前的顯要位置，都成對陳設了這兩種物件，但是午門前嘉量亭在東，其餘宮殿嘉量亭在西，為什麼有差異，沒有查到解釋。太和門前也陳設兩件石刻，東曰石亭，也叫石闕，有記載說也是嘉量亭。西曰石匱，正方形。是什麼呢？嘉慶朝重臣英和在他的《恩福堂筆記》裏說，嘉慶皇帝問南書房的翰林，沒有人能夠回答。紀昀曾經記載，主管三殿工程的人見過裏面有朽粟，因此定為嘉量。但是石匱的蓋用人力不可能打開，所以紀大學士的話也不一定可信（圖 58，圖 59，圖 60）。

1　《乾隆朝大清會典則例》卷三八。

圖 58　太和門前東側石亭

圖 59　太和門前西側石匱

圖 60　太和殿月臺西側嘉量亭

2. 琉璃

　　《魏書‧西域傳》裏記了一個故事。距離首都代城（今山西省大同市）一萬四千五百里有個大月氏國，世祖皇帝的時候，從那裏來了個商人，自稱會把石頭鑄造成五色琉璃。於是去山裏開採礦石，在代城鑄造，大獲成功，光澤比從西方來的還美。世祖命人將其用來建一座行殿，能容百餘人，「光色映徹，觀者見之，莫不驚駭，以為神明所作」。據此，琉璃技術大約在 5 世紀前半葉傳入中國，而且原料易得，造價並不昂貴，逐漸發展起來。到明清時代是早已純熟的技術。用琉璃燒造磚瓦和建築裝飾構件，色彩豐富，色澤飽滿，不易褪色。由於禮制等級制度的限制，民間建築的琉璃構件只能用在寺觀中。故宮建築富有色彩，大面積的屋頂琉璃瓦居功甚偉。其他琉璃裝飾主要用在影壁和各類門的立面，增加建築趣味和色彩。

　　影壁是特殊位置的牆。中國建築，不希望外人從大門口就窺視庭院，如果是園林，也不希望遊人對園內景致一覽無餘，所以正對門口設一堵牆，因其功能命名為影壁。影壁來源古老，考古工作者 20 世紀 70 年代在陝西岐山發現的西周時期四合院遺址，其門口之外樹立一夯土「屏」，即影壁。其作用也是防止從大街上看見門內情景。明清時期，影壁除設在門內、外，也有設在大門兩側的，工匠根據影壁的平面形狀和位置，加以命名。平面是一堵直牆的叫「一字影壁」，位於門兩側的一字影壁也叫「看面牆」。一字折向前，組成一個「八字」的，叫「八字影壁」。把「八字」的兩斜牆放到大門兩側，叫「撇山影壁」。如果是在大門兩側先做一字，再接撇山的，叫「一封書撇山影壁」。

　　故宮影壁作品眾多。最著名的當然是寧壽宮門前的九龍壁。它是一字影壁，通高約 3.5 米，長約 29.4 米，下邊用漢白玉石的須彌座，座上全部用琉璃磚瓦砌就。作為琉璃雕塑，它的構圖充滿想像，九龍姿態各異，顧盼生情；色彩瑰麗豐富，用了黃、白、紫、綠、藍、青等顏色。而作為琉璃磚的砌體，畫面用二百七十塊琉璃磚拼成，僅就保持龍的形象完整，在工藝技術上就要克服眾多的難題（圖 61）。

　　明代嘉靖十四年（1535 年）在欽安殿前添加了一座天一之門，門左右各立一道看面牆，採用了影壁的樣式。下部用雕花琉璃磚砌須彌座，花

紋豐滿流暢。其上用琉璃磚砌出木結構的樣子，立柱、額枋、斗栱、檁、椽，全都忠實地按模數加以製作。上邊覆蓋歇山黃琉璃瓦屋頂。牌坊心裝飾着中心花和四個岔角花，其餘部位抹紅灰，色彩效果強烈。中心和岔角的雲鶴圖案，顯示了欽安殿的道教殿堂性質（圖62，圖63）。明代作品的類似構圖還出現在英華殿門。

　　乾隆初期改建的重華宮門兩側的看面牆也很精彩，是清代中期琉璃裝飾的典型作品（圖64，圖65，圖66）。

圖61　寧壽宮皇極門前九龍壁

圖62　御花園天一之門影壁牆　　　　　　圖63　天一之門影壁中心花的雲鶴圖案

故宮裏最高大的「一封書撇山影壁」是乾清門影壁。乾清門前廣場進深較小而面闊很寬，整個廣場北邊主要是一面高大的宮牆，景觀貧乏而枯燥。設置影壁把乾清門從紅牆當中突出起來，也徹底改善了建築環境。影壁的撇山部分高過宮牆，長度約 9.6 米，超過大門明間面闊 2.8 米之多，形成先聲奪人的氣勢。須彌座也用琉璃磚砌做，由於高度大，立面的分層

圖 64　重華宮門

圖 65　中心花的坐龍雕塑

圖 66　琉璃磚砌須彌座

就比石質座要多，花紋也更細密。影壁最精彩的是中心的花盒子和四個岔角花。中心花構圖豐滿，纏枝寶相花鋪滿整幅畫面。從花罐裏伸出花枝主幹，脈絡清晰，花葉婉轉。九朵盛開的花朵和眾多含苞待放的骨朵，毫不紊亂，形態逼真（圖 67，圖 68，圖 69）。

圖 67　乾清門廣場

　　故宮裏作為大門的建築物，從結構形式和外觀上分類，有城門、殿宇式門、宮門、牌樓門、花門、隨牆門、垂花門等樣式。如我們所熟悉的宮城的午門、東華門、西華門、神武門等，都屬城門。太和門、乾清門、文華門、武英門等，都屬殿宇式門。大明門、東三座門、西三座門等，屬宮門。

　　牌樓門是結構最簡單的一類大門，只用一對木柱，加上屋頂。為了保持穩定堅固，木柱兩邊砌牆。故宮裏年代最久遠的牌樓門是御花園出口三門：承光門、集福門和延光門。它們位於宮城後門之內，正對高大森嚴的宮牆和順貞門，背後同樣是高大的欽安殿，還要採用一正兩順的三門形式，恐怕任何人對這樣的建造條件都會感到為難。但是古人用高超的建築手法解決了這個難題。牌樓門本身就具有輕靈的性格，每座門兩側的影壁牆營造了瑰麗的氣氛，而影壁牆之間的卡牆只有一人高，絲毫也不影響園內假山古樹、亭閣殿堂成為這個小小空間的借景（圖 70）。

　　花門是指用琉璃磚瓦砌的門樓。在東西六宮的區域裏，每一座宮門，

圖 68　乾清門撇山影壁

圖 69　乾清門影壁纏枝寶相花琉璃牆

圖 70　承光門小院

長街的各門，都採用了花門的建築形式。東一長街的近光左門和長康左門，加強了小街的縱深感。東西六宮南端的兩個東西小巷，分別有四重花門，構成繁華的景象，成為這個區域獨特的景觀（圖71，圖72）。養心殿院門是典型的花門，左右兩堵厚牆承重，下邊是漢白玉的須彌座，黃琉璃瓦歇山屋頂，左右兩個一字影壁。花門的正、背兩個立面，全都用琉璃磚砌成木構的形式，額枋、斗栱也要預燒出琉璃彩畫。兩個牆腿（厚牆的前後面）和影壁牆，組成兩組畫面，每組都有中心花和岔角花。浮雕的光影和紅黃綠原色的搭配，裝飾效果非常強烈（圖73）。

皇家建築還有隨牆門，就是在高大的牆下面開闢門洞，簡單的隨牆門可以沒有任何裝飾。但是故宮的牌樓門和花門，有很多建在高牆之下，就是在門的屋頂之上，還有一道牆頂，而且牆之內外兩側，門的立面是一樣的，就仿佛是牆兩面都建了一個門臉。至於如何命名，我們姑且稱之為「隨牆牌樓門」和「隨牆花門」吧。它們也需要琉璃進行裝飾（圖74，圖75）。

圖71　東一長街花門

圖72　從嘉祉門東望一片繁華

圖73　養心殿琉璃花門

圖 74　順貞門隨牆牌樓門

圖 75　東筒子啟祥門，隨牆花門

3. 建築彩畫

　　在建築的木構件上塗刷油漆，繪製彩畫，是出於對木構件的保護，使它免受風雨的直接侵蝕。這兩種工藝都在古建築木構件上增加了色彩，相互關聯、卻並不相同，起源也都非常之早。宋代《營造法式》明確彩畫是一種藝術手段，對「彩畫作制度」做了詳細規定，並附有豐富的圖案説明。

但是它的頒佈距今已經九百餘年，很多細節如今已經不甚了了。明代建築彩畫雖有遺存，但是缺乏文獻，很多研究只能以清代的情況推測。

清代《工程做法》各色彩畫名目約七十餘種，但是由於技術只能由工匠傳承，口傳心授，所以二百八十多年來難免產生歧義。中國營造學社創建之初，即邀請前清工部老吏、樣式房、算房專家和北京大木廠著名匠師，講習工程做法。梁思成先生以此為基礎，整理出版了《清式營造則例》，其第六章歸納彩畫規則，把清式彩畫分為「殿式」和「蘇式」兩大類，而殿式有「和璽彩畫」和「旋子彩畫」兩種格式，這是從畫面的輪廓佈局角度進行的分類。故宮專家採用的基本是這個分類法。

建築彩畫分為內簷和外簷，分施於室內和室外。建築全部彩畫的設色敷彩以外簷為準則。外簷彩畫保存條件要比內簷差得多，風吹雨淋和強烈的紫外線照射，使得外簷彩畫的更新周期遠短於內簷。因此我們在介紹實例時用內簷彩畫會多些。

彩畫的構圖表現在梁、枋、檁等長構件上最為完整，其他椽子、斗栱和雜項都要與梁枋彩畫配合。梁枋彩畫的佈局方法，是將構件通長分成三等份，中間一份為「枋心」。兩端再分，最外端一小段為「箍頭」，用梁高的尺寸折算長度。剩下的大塊為「藻頭」，俗稱找頭。這三大段的分界線統稱「錦枋線」，不同的彩畫類別，分界線的畫法完全不同。

和璽彩畫是高等級的彩畫樣式。枋心和藻頭的邊界線都是立起來的「Ｗ」形。枋心、藻頭和箍頭的盒子裏，全都畫龍，畫鳳，或畫龍與鳳，還有一種在龍鳳之間畫「寶珠吉祥草」。前三殿全部採用龍和璽。坤寧宮、慈寧宮、壽康宮等採用龍鳳和璽。坤寧宮東西暖殿採用鳳和璽。體仁、弘義二閣和太和殿院落的四座崇樓採用龍草和璽。所以繪畫的主題反映了建築的功能和等級（圖76，圖77，圖78，圖79）。

旋子彩畫的錦枋線是簡單的「寶劍頭」形，畫面最明顯的特點，是藻頭畫稱為「旋子」的團花圖案。一朵團花，中間有一個旋花心，周圍都是花瓣，可畫一圈至三圈，最外圍畫「旋花」。為了鋪滿藻頭面積，要調整旋花的朵數，旋花安排格式也各有專業名稱。枋心裏通常畫龍，還有「宋錦」，是模仿紡織品的圖案。最簡單的枋心是空着的，只有大面積的青或綠顏色。旋子彩畫根據使用金箔的位置和多少命名，也表現了等級的差

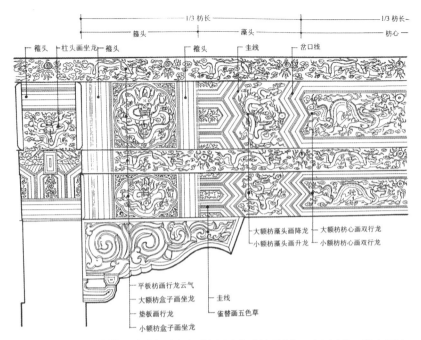

圖 76　清代和璽彩畫構圖（引自孫大章《中國古代建築彩畫》，中國建築工業出版社，
2006 年）

圖 77　太和殿金龍和璽內簷彩畫　　　　　　　　　圖 78　東六宮承乾宮龍鳳和璽內簷彩畫

圖 79　壽康宮和璽彩畫的吉祥草藻頭

別。旋子彩畫用在宮城東、西、北三座城樓，朝、寢建築周圍的門廊、配殿等建築，還有奉先殿。奉先殿內簷用瀝粉的方法，畫出凸線花紋，然後在全部畫面上貼金，是最高等級的旋子彩畫。東華門城樓內簷雅伍墨一字枋心旋子彩畫，完全不貼金，是最低等級的旋子彩畫（圖 80，圖 81，圖 82，圖 83，圖 84）。

蘇式彩畫有兩種構圖方式，一種類似上述兩種構圖，稱為「枋心蘇畫」。清晚期更流行將外簷的檁、墊板和枋子三個構件連在一起，畫一個共同的包袱，如頤和園長廊的眾多實例。蘇式彩畫的特點是題材貼近自然和生活，舉凡歷史故事、人物、仙人、花卉、動物、禽鳥、游魚、博古，即文玩古籍，都可以進入畫面。蘇畫使用寫實的筆法，畫面生動，具有生活氣息，多使用在幾座花園和六宮（圖 85，圖 86，圖 87）。

按照故宮博物院的彩畫分類法，午門內簷的「寶珠吉祥草」彩畫也自成一品。它來自關外，推測是清順治初重建午門城樓時繪製的。它的構圖原則與上述三類彩畫毫無共同之處，尤其大面積使用紅色，更是明清官式建築彩畫中唯一的做法（圖 88）。

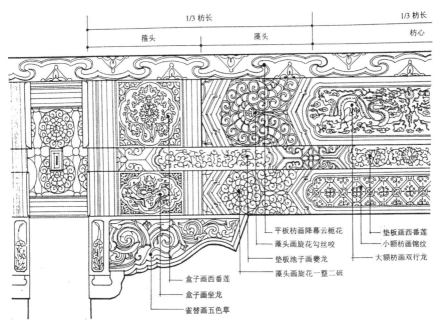

圖 80　清代旋子彩畫構圖，（引自孫大章《中國古代建築彩畫》，中國建築工業出版社，2006 年）

圖 81　奉先殿渾金旋子彩畫

圖 82　毓慶宮惇本殿煙琢墨石碾玉旋子彩畫的箍頭和藻

圖 83　景運門墨線大點金龍錦枋心旋子彩畫

圖 84　東華門城樓內簷雅伍墨旋子彩

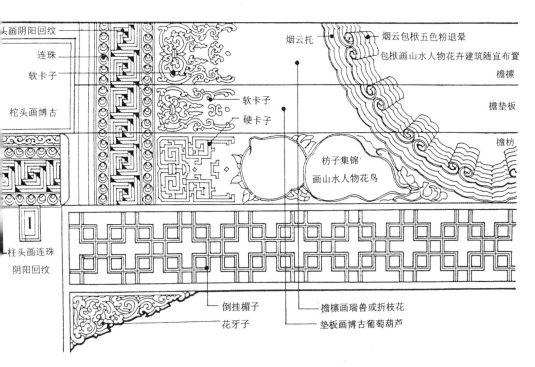

頭画阴阳回纹
连珠
软卡子
枋头画博古

柱头画连珠
阴阳回纹

软卡子
硬卡子

枋子集锦
画山水人物花鸟

烟云托
烟云包栿五色粉退晕
包栿画山水人物花卉建筑随宜布置
檐檩
檐垫板
檐枋

倒挂楣子
花牙子
檐檩画瑞兽或折枝花
垫板画博古葡萄葫芦

圖 85　清代蘇畫構圖（引自孫大章《中國古代建築彩畫》，中國建築工業出版社，2006 年）

圖 86　長春宮遊廊枋心蘇畫

圖 87　內廷靜憩齋前簷枋心蘇畫的箍頭和藻頭

乾隆初期改建的重華宮崇敬殿的內簷彩畫非常獨特。它也採用三段式構圖，枋心線輪廓像寶劍頭，內畫龍和鳳。但是藻頭不畫旋花，而是畫纏枝寶相花，花和葉都用「平金」畫法，是描金而不是貼金。大色也不使用青綠兩色，而是極其罕見的香色、鐵灰色等中間色調。花瓣、卷雲、花葉，全部使用鮮豔寫實的顏色。枋心大線以外，還用「瀝小粉」的方式，增加了雲紋、漢紋等貼金邊框。整個畫面的風格，像極了琺瑯彩的效果（圖89，圖90，圖91）。

　　故宮建築外簷彩畫，都使用在屋簷之下，如椽、桁、斗栱、額枋和柱頭上，平時處於陰影之中，其他部位都保持着素面。梁思成先生盛讚明清建築彩畫得法，準確地概括了故宮彩畫藝術的特徵：「其裝飾之原則有嚴

圖 88　午門正樓內簷寶珠吉祥草彩畫

圖 89　重華宮崇敬殿內簷彩畫藻

圖 90　崇敬殿內簷彩畫枋心

圖 91　崇敬殿內簷彩畫的描金畫

格之規定，分割結構，保留素面，以冷色青綠與純丹作反襯之用，其結果為異常成功之藝術，非濫用彩色，徒作無度之塗飾者可比也。」[1]「故中國建築物雖名為多色，其大體重在有節制之點綴，氣象莊嚴，雍容華貴，故雖有較繁縟者，亦可免涓雜俚俗之弊焉。」[2]

4. 內簷裝修

故宮內簷裝修有三大類，第一類用在梁枋之間，即建築物的頂棚。第二類用在立柱之間，用來劃分室內空間，統稱為隔斷。第三類是仙樓（閣樓）。

頂棚類的裝修有天花和藻井兩種。天花的作用是防止落塵和保持室內恆溫。內廷、後宮一些居住建築和等級不高的房屋採用「軟天花」的形式，即在梁、枋或者檁上做木頂隔，稱為「箅子」，然後在箅子下面進行裱糊。用於裱糊的材料，有錦緞、綾紗、苧布、素紙等，最後裱糊花紙或素紙作面層。裱糊完成後的天花成一個平面，可以貼「鏃花」，也可以在上面畫彩畫，稱為「海墁天花」。另一種做法是井口天花。先用木枋做成大方格網，固定在頂棚的位置上，稱為「支條」，然後在支條的每一個「井口」內，配做方形的天花板，逐塊擱置在支條上方。井口天花都要做彩畫，一般格式，是在支條的「十字」部位畫「轱轆燕尾」，在天花板中間圈出「方光」和「圓光」，裏面畫龍、鳳、仙鶴、花卉等等（圖 92）。

藻井用在殿堂亭閣的明間中央，從頂棚向上層層深入，狀若穹窿。東漢的時候已經有了藻井的記載，這是來源非常古老的裝飾。藻井結構複雜，比如故宮南薰殿的明代藻井。最外層是方井，其內向上，用斗栱托着八角井。八角井裏彩雕卷雲，井外的四個三角形稱「角蟬」，裏面也雕刻了龍紋。八角井上再用斗栱托起圓井，頂心雕刻向下伸頭的蟠龍（圖93）。御花園萬春亭是一座重簷建築，下方上圓。室內圓形的頂棚上，一周扇形的井口天花中間做一個圓形藻井，與天花板渾然一體，構圖飽滿，設色鮮豔（圖 94）。乾隆中期建成的符望閣是一座樓閣，它的藻井在上層建築井口天花的中央，也是深三層，第二層在「斗八」的邊框裏，又拼成

1　梁思成：《中國建築史·緒論》。
2　梁思成：《中國建築史·緒論》。

圖 92　清代井口天花彩畫構圖（引自孫大章《中國古代建築彩畫》，中國建築工業出版社，2006 年）

圖 93　南薰殿明代藻井

一個八角星形，構成了八個菱形和十二個三角形，每個小圖形裏都用斗栱托起一個龍鳳木雕。中間圓井更是做出層層高起的效果，極盡華麗之能事（圖95）。

隔斷類別很多，從它們對空間分隔所起作用角度，可以分為板壁、屏門、窗門隔斷、隔扇、罩、博古架等六種。隔斷在安裝的時候，也都需要先在柱梁之間做檻框，結構原則與外簷是一致的。

板壁，即木板的隔斷牆，徹底切斷兩個房間之間的聯繫。屏門，經常用在宮或殿明間的後金柱之間，四扇或六扇。如壽康宮明間的屏門，屏門之前安設崇慶皇太后的屏風和主座陳設，這是主殿常用的格式（圖96）。窗門隔斷，也是不能走人的隔斷，但是視線可以穿透，實現空間的交流。

御花園萬春亭藻井

圖95　符望閣藻井

壽康宮屏門

圖97　頤和軒窗門隔斷

如寧壽宮頤和軒明間後金柱，下部做木板檻牆，上部安夾紗隔扇窗，它的作用，也相當於後簷出入口的屏風（圖97）。

隔扇，與外簷裝修的隔扇構造相同，隔心的欞條花式以及裙板、條環板雕刻更加靈活。而且花格子都是內外雙層，中間夾刺繡或書畫。清代末期，大塊玻璃普及以後，花格子心就簡化成花牙子或者花邊了。內簷隔扇的佈局也很靈活，根據兩柱間的距離決定隔扇數目，一般是雙數。這種裝修方式也被稱為「碧紗櫥」，應用非常廣泛。養心殿後耳殿體順堂的碧紗櫥用八扇，中間開啟，另安裝簾架，方便掛門簾，也是門口的標誌。隔心的花式叫燈籠框，卡子花、條環板和裙板都雕刻梅花蝴蝶（圖98）。

罩是更為靈活的內簷裝修，它只起標識室內空間界限的作用，而並不限制人的通行，視覺更為通透。几腿罩構造最簡單，只需要在橫披與抱框的夾角部分加一個三角形的花牙子。複雜的，可以把花牙子做成通長的雕花板（圖99）。如果橫披之下，又在兩側抱框上安裝一對隔扇，隔扇下邊座在一個木製「須彌墩」上，就是落地罩了。落地罩在清宮中應用也非常普遍，其風格簡樸抑或奢華，全由隔扇的工藝決定（圖100）。

圖98　體順堂碧紗櫥

圖99　養心殿東暖閣裏間後金柱的几腿罩

圖100　符望閣落地罩

在橫披和抱框上安裝雕花板，而且兩側落地，叫作落地花罩。有些落地花罩的花板很大，幾乎成了花牆，只留下門口，於是就按照門口的形狀，命名為圓光罩、八方罩、花瓶式罩等等。清代晚期的檔案中，還稱一些落地花罩為「天然罩」（圖101，圖102）。

如果落地罩或者落地花罩是用在炕或座榻之前，就稱炕罩。（圖103）有些花罩在橫披下立柱，把隔斷的面積分成中間寬、兩側窄的三部分，上邊都安花板，如同几腿罩式樣，兩側的下部則做成欄杆。這種樣式稱為欄杆罩（圖104）。

博古架本是家俱，但是如果用來做隔斷，也就成了內簷裝修的一種了。清宮裏用書架充當隔斷也比較常見。養心殿明間寶座屏風背後，排滿了書架。寧壽宮的養性殿本是模仿養心殿，但寶座之後用了博古架，可見兩者性質是相同的（圖105）。

仙樓，或稱閣樓，就是用木裝修的方法，在一層建築的室內，搭造二層閣樓。有的可以上人，有的高度不足，只徒具閣樓的樣子。乾清宮、坤寧宮、寧壽宮都有實例（圖106）。

圖101　西六宮體和殿雕刻玉蘭花的落地花罩

圖 102　寧壽宮樂壽堂的落地花罩

圖 103　體順堂炕罩

圖 104　體順堂欄杆罩

圖 105　養性殿博古架

圖 106　寧壽宮花園倦勤齋仙樓

中國古建築原有的內簷裝修保存下來的比較稀少，如果説，古建築作為一種物質文化遺產具有珍稀性，那麼內簷裝修實物就更為珍貴。在故宮中，明代的內簷裝修已經難於認定，清代工部《工程做法》中對裝修的記載也很簡略。所幸從清中期開始，故宮檔案中記載了不少添加和修理內簷裝修的內容，可以與殿堂中的實例相對照，讓我們加深了對它們的認識。

清代內簷裝修使用的木材主要是楠木和柏木，後來更多使用珍貴紫檀木、花梨木、雞翅木、烏木等。裝修所涉及的工藝技術，首先是小木作木工，其中做菱花的還專有菱花匠，估計拼斗和雕刻各種花飾都應該有專門人才。乾隆中期建造寧壽宮的時候，將裝修委託給主持兩淮鹽政的官員，使用了南方的竹、瓷、刺繡、漆器等技術，還有用奇珍異寶鑲嵌的技術，稱為「周制」，實現了民間與皇家的交流。當時還引進了西方的通景畫技法，用在圓明園和宮中，現在只有倦勤齋的通景畫保存了下來。內簷裝修中使用的紋飾極其豐富，而且從清代較早時期到清晚期，表現了明顯的演變過程。所以對故宮內簷裝修進行研究，不僅具有藝術學的意義，也具有宮廷歷史的意義。

內簷裝修實現了殿堂的多功能化，也是塑造室內空間形象的決定性手段。如養心殿，建造於明嘉靖時代，空間寬大，分為明間和東、西暖閣。自雍正時開始成為皇帝處理庶務的殿堂，實際的寢宮。養心殿明間用寶座屏風，佈置成皇帝聽政之所。東暖閣用碧紗櫥、几腿罩等分隔成前簷明窗和後簷後室。明窗朝西設寶座，清晚期兩次垂簾聽政就發生於此。後室又分三小間，最東小室即寢宮。西暖閣明窗中間為「勤政親賢」殿，在這裏召對群臣。最西的小室在乾隆時收藏了中國最古老的三幅法帖，故題名為「三希堂」。它的面積不足 10 平方米，但其中的收藏和匾聯卻形成高不可攀的文化品位。西暖閣後室，還佈置了仙樓，安排書屋和個人修行的佛堂。

三、故宮建築的空間藝術

建築空間存在於建築物之中和建築群構成的環境之中。世界上最古老的空間理論出自老子的《道德經》：「三十輻共一轂，當其無，有車之用。

埏埴以為器，當其無，有器之用。鑿戶牖以為室，當其無，有室之用。故有之以為利，無之以為用。」車輪的輪輻，看起來虛空的地方，卻可以轉動；和泥造一個陶器，它的虛空部分，可以用來盛物；築牆開門窗來造宮室，它的虛空部分，才可以用作房間。我們製造了「有」，而為我們所用的卻是「無」。這裏「有」與「無」精確地表達了建築物與建築空間的關係——「有無相生」。建築藝術與其他的造型藝術品的最大區別，就是我們可以身處建築環境之中來感受和欣賞創作者的意匠。中外建築學家一致認為，中國古代建築在外部空間的創造上，佔據了世界高峰。故宮是古代宮殿建築群空間藝術的典範。

第三章介紹了故宮的格局，我們對於故宮的五門三朝、前朝後寢、中軸對稱等已經不陌生，現在從一個參觀者的角度，從大清門開始，動態地參觀和回味故宮的空間序列，體會氣勢磅礴中，設計者的精微安排。為了敘述便利，本節使用清代後期的建築名稱。

故宮中軸線是宮城建築的骨幹，也是故宮空間序列的集中表現。完整的序列從大清門開始，到景山中峰結束，總長約 2600 米。這個序列的核心建築是太和殿，所有設計都是為了營造太和殿至高無上的地位。這個序列設置了三個段落，第一段是前導，約佔全長的二分之一；第二段是中心部分，即宮城，約 960 米；第三段是收尾，約 400 米。每個段落又有各自的節奏（圖 107）。

前導用「兩廡夾一路」為主要空間形式，建造了四座城門，突出兩個廣場。大清門，磚石結構，「宮門」式建築，單簷廡殿黃琉璃瓦屋頂，開三個門洞，是一座中型建築，惟有色彩標識了皇城正門的性質。門內兩側建廡房，長達一百一十間，折向東西又各三十四間，名千步廊。連簷通脊、低矮平實的兩廊之中，筆直的御街引導人走向天安門。隨着千步廊向兩旁折開去，形成橫長的廣場，給天安門城樓留下恰到好處的視覺距離。莊重的城臺，下開五個拱形門洞，上建有面闊九間的城樓，重簷歇山黃琉璃瓦屋頂，前、後廊開敞，金柱裏安裝隔扇，從城下仰望，只能看到「形扉三十六」，是門還是窗，在視覺上無關緊要。城樓前的御河上架七道石橋，中第二、三橋的南北各立一對石雕蹲獅。石橋之南和城樓之北的兩側各樹立一對漢白玉石華表，高大華麗，遍體雕龍，標示着外朝的功能。

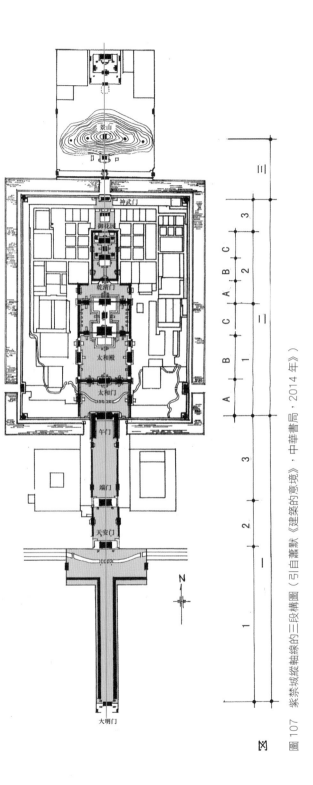

图107　紫禁城縱軸綫的三段構圖（引自蕭默《建築的意境》，中華書局，2014年）

進入天安門有一段短暫的寧靜，兩廡正中的太廟街門和社稷壇門均是黃琉璃瓦單簷歇山屋頂的五間殿宇的樣式，改善了二十六間灰瓦朝房的單調景觀。端門被夾在頗顯狹小的空間裏，雖然它的形制和尺度等同於天安門，但遠不及天安門的光彩（圖 108）。

進入端門，再次重複「朝房」的空間元素，直到北端的午門，掀起一個高潮。午門城臺左右兩翼向南方伸出去，形成「凹」字形，圍成一個大致正方形的廣場。城臺下，正面開三個長方形門洞，文武百官由東門出入，王公貴族由西門出入。城臺左右翼的北端也各闢有一座門，很形象地命名為左右掖門，只有大朝時才開啟。城臺上是九座建築的組合。正樓形制相當於天安門城樓的再次重複，但是通面闊要超過天安門一丈左右。兩翼的兩端各建一座樓閣，正方形，重簷攢尖屋頂。正樓東有三間鼓亭，西有三間鐘亭。兩翼的樓閣中仍舊是長連房樣式的建築物，稱為閣道。從唐代開始將帶有兩闕的宮城正門稱為「五鳳樓」，應該是因為城臺上高聳着五座樓閣（圖 109）。

圖 108　端門南立面

午門給人的感受，不僅僅是雄偉與壯觀，而且透露着威嚴和壓迫，走得越近，特別是進入三面高臺的方形院落中，環境壓迫感越強烈。古裝戲裏常有「推出午門斬首」的臺詞，是無稽之談，但是午門外的確是明代對大臣實施「廷杖」的刑場。午門也是戰爭凱旋之後，皇帝舉行受俘典禮的地方。據說，明代皇帝坐在城樓上，下令將俘虜「拿去」。左右的勛臣二人立刻重複，馬上就有四人，跟着是八人複述。傳到城樓下便是大漢將軍三百六十人「齊聲如轟雷」。這種震懾效果，也與凹字形的環境有關。午門給前導段落作了收尾（圖110）。

一進午門，豁然開朗。這是進入宮城空間的第一印象。宮城空間的中軸線部分，可以劃分為外朝、內廷、後苑三個段落。外朝段落也分兩大部分，即太和門廣場和太和殿院落。而太和殿院落被隔牆分為太和殿前後兩半。前半可稱為太和殿廣場，後半可稱內院。

太和門廣場的寬度超過 200 米，較前導段落寬出一倍以上。進深約155 米，橫寬大於進深。構成廣場的主體建築都是門：北面三座，中間太

圖 109　午門全景

195

圖 110　午門腳下

圖 111　太和門廣場全景

和門、北東昭德門、北西貞度門；東面協和門；西面熙和門。這五座大門及其廡房全部建在高臺之上，太和門臺基高 3.44 米，另外四門低下去約 30 厘米，普通廡房臺基也高達 2.62 米。高臺基加強了建築物的「空間界面」意義，使得寬闊的廣場看起來並不空曠（圖 111）。

內金水河從熙和門之北流到廣場，彎曲向南再向東，最後從協和門北流出。河流把廣場分為南北兩部分，也就劃了一條重要的界線，橋南是通往文華殿、武英殿的交通樞紐，橋北是御門聽政的朝廷所在。內金水河中間架五座單拱石橋，河岸與石橋的石欄杆把廣場裝點得十分優美華麗（圖 112）。

五座門都使用歇山黃琉璃瓦屋頂，但只有太和門是重簷，而且面闊九間，突出了它的重要性。但是它的通面闊丈尺，比同是九間的午門正樓小三丈七尺，明顯是有意安排。目的是在體量上給予壓縮，與廣場的尺度相適應，也為開啟下一個視覺高潮作好鋪墊。站在太和門回望午門，發現它已經把前導空間徹底隔斷，而作為太和門廣場的南界面，它豐富的形象為舉辦常朝的場所樹立了一座絕美的天幕（圖 113）。

圖 112　太和門廣場與內金水河

圖 113　回望午門

　　太和殿院落是故宮裏最大的院落，當然也是北京老城最大的院落。院落的核心建築是三大殿，坐落在共同的「三臺」上。院落四周仍舊是用門廡圍繞，四角各有一座崇樓。太和殿坐落在院落偏北的位置，它的兩旁用中左門、中右門和「挡牆」，隔出一個內院，前方形成一個正方形的廣場（圖 114）。

　　太和殿廣場是故宮最大的廣場，正方形。廣場四周都用建築物的前簷構成空間界面，太和殿也不例外，殿身退在廣場之外，這樣來保持廣場形狀的端方整齊。只有三臺的前部和寬闊的月臺深入到廣場之中，自然成為視覺的焦點（圖 115）。

　　三臺體量超大，下層須彌座的寬度約 127.7 米，佔據廣場寬度的三分之二。月臺下層寬 86.5 米，凸出於廣場北界 60 餘米。從廣場地面到三臺頂，高 8.13 米，而廣場周圍廡房連臺基在內，高也只有 10.8 米。臺基規模如此可觀，目的是烘托其上所建大殿。有研究者認為太和殿比明初奉天殿體量小了很多，其實即便如此，太和殿仍舊是中國古建築中面積最大的建

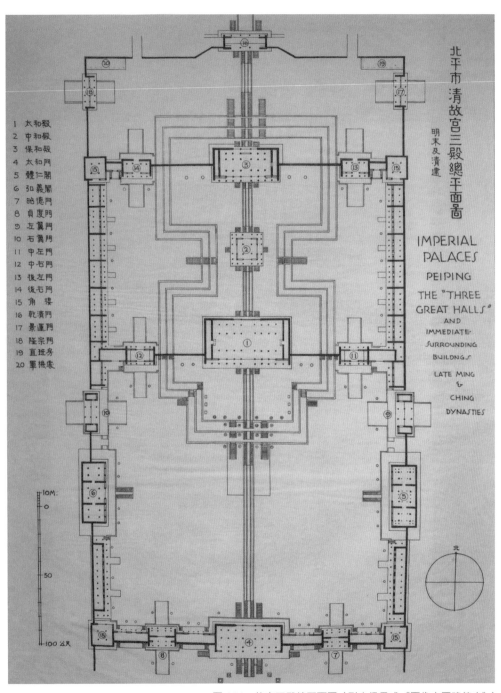

1　太和殿
2　中和殿
3　保和殿
4　太和門
5　體仁閣
6　弘義閣
7　昭德門
8　貞度門
9　左翼門
10　右翼門
11　中左門
12　中右門
13　後左門
14　後右門
15　角樓
16　乾清門
17　景運門
18　隆宗門
19　直班房
20　軍機處

北平市清故宮三殿總平面圖

明末及清建

IMPERIAL
PALACES
PEIPING

THE "THREE
GREAT HALLS"
AND
IMMEDIATE
SURROUNDING
BUILDINGS

LATE MING
&
CHING
DYNASTIES

北

圖114　故宮三殿總平面圖（引自梁思成《圖像中國建築史》）

199

圖 115 　從太和門看太和殿廣場

築，與它規模相近的只有太廟前殿和長陵祾恩殿。而且它的高度，只遜於午門正樓，在整座宮城內部是最高的。工匠們還使用很多手法表達太和殿的崇高地位：重簷廡殿黃琉璃瓦屋頂，垂脊獸前蹲十個小獸，上簷單翹三昂斗栱，下簷單翹重昂溜金斗栱，面闊十一間，金龍和璽彩畫，三交六椀菱花隔扇，黃綠琉璃圭文磚檻牆。再加以御路與踏跺華麗的石雕，三層臺基每一層的周圍都圍護着石欄杆，一千一百餘根雲龍望柱、伸出的龍頭和欄板，以及它們形成的瑰麗的光影效果，其激發的感觀震撼，非用「壯麗」無可形容，充分顯示了大朝之所的氣度（圖 116）。

廣場東西兩側廡房的正中位置各建一座二層樓閣：東體仁閣、西弘義閣。這種建築佈局明顯學習自元大內，經鳳陽、南京延續下來。二閣採用了九間面闊和廡殿屋頂，在東西兩面與太和殿取得呼應，形成佈局的均衡。廣場四面，還有七座門，以及廡房和崇樓，面闊、體量、高度與屋頂樣式變化跳躍，在莊嚴之中展現和諧（圖 117，圖 118）。

在大朝會的時候，要陳設「大駕鹵簿」，即天子的儀仗隊和樂隊。從清早就要準備妥，從太和殿一直排佈到天安門外。太和殿前廊的東西兩

圖 116　太和殿

側，安放皇帝的「金八件」（實際是八種）：金提爐一對、金瓶一對、金香盒一對、金唾壺、金盆、金杌、金交椅、金腳踏。親軍、護軍佩帶着儀刀、弓矢、豹尾槍、方天戟等儀仗兵器，分十班，相間站立在丹陛東西。儀仗數量最多的是各類傘蓋旌旗幡幢，織繡着龍鳳、天文、飛禽、走獸、植物、山川等形象。太和殿明間簷下中間，立九龍曲柄黃傘蓋九柄，曲柄龍傘四柄，直柄九龍傘十六柄，等等，使用黃、白、黑、青、紅五種顏色，逐次從三臺向兩階相間排佈。廣場上，至今可見在灰色的地面中，鑲嵌着一尺餘見方的白石，稱為儀仗墩，從月臺前成「八字」形一直排到太和門丹陛之下。

　　大朝會要佈置三個樂隊，太和殿東西屋簷下設中和韶樂，面朝北演奏。太和門左右設丹陛大樂，午門外設鐃歌大樂。鑾儀衞還要在三臺之下的甬道兩側，擺放七十二座青銅鑄造的「品級山」，從離三臺最近開始，為正一品，次從一品，再次正二品，從二品，最後到從九品為止，共十八階。用來確定三臺下品官們的行禮位置。丹陛之上的滿洲王公貴族們也分左右班，按禮部官員的指揮行禮。

圖 117　太和殿與弘義閣

圖 118　從左翼門回望

圖 119　三臺中部

　　儀仗還包括在太和門外，陳設皇帝的步輦。午門外，陳設皇帝的「五輅」，即皇帝出行時的五種專車。五輅之前，有兩頭駕輦象，還有五頭「馱寶象」。最後，在天安門前還有四頭儀象，頭朝東西，相向而立。清代皇帝的鹵簿儀仗制度基本移植自明代，所以沒有必要再介紹明代的朝儀了。從大朝會儀仗的部署，我們更加清楚，故宮建築空間的安排實在是功能的需要。它的審美價值之高，在於「把人們的審美趣味和情感，通過高超的藝術手法融化到維繫社會的政治倫理的紐帶中去了」。[1]

　　從中左門、中右門可以進入太和殿內院。由於三臺的限隔，內院東西兩塊是完全獨立的。歷史上太和殿和保和殿兩側的掐牆並沒有通道，真正的通道只能從中左門到後左門、從中右門到後右門，因此內院是兩個過渡型空間，建築的高潮迅速退卻。不過從這裏觀賞三臺，雖顯逼仄，卻也便於觀察三大殿的關係（圖 119，圖 120）。

　　內廷面積只相當於外朝的四分之一，它的建築佈局雖然好像是對外朝的重複，但是通過建築體量的巨大落差，還有建築佈局與陳設的精心塑造，內

1　王世仁：《中國建築的審美價值與功能要素》，載《王世仁建築歷史理論文集》，第 340 頁。

圖 120　三大殿

廷空間嚴謹而收斂的性格表現得十分充分。第一，是內廷主要建築乾清宮、
坤寧宮和交泰殿（明中期添建）也坐落在一座共同的臺基上，但它是一層
須彌座，高度只有 2.86 米，約當三臺三分之一。而且從乾清門到乾清宮，
兩座臺基之間連接着一條高臺甬路，有意避免了臺基高聳的景象。如果説
太和殿營造了「天上宮闕」的意象，那麼乾清宮則回到了人間（圖 121）。

　　第二，前三殿都是一座建築獨自佔據一個中心位置，而乾清宮兩側建
有昭仁殿和弘德殿，坤寧宮兩側建東、西暖殿，還圍成小院，安排起居、
休憩、藏書，這四座宮殿密切了兩宮與周圍建築的關係。乾清宮月臺上
下，陳設日晷、嘉量，鎏金鼎爐、鎏金銅缸，特別是月臺下偏北，設文石
臺，安置一對鎏金銅殿，稱為「江山社稷金殿」，用這些獨特的陳設表明
乾清宮的地位（圖 122）。

　　第三，後二宮周圍廡房規制整齊劃一，除了日精、月華、景和、隆福
四座大門以外，連簷通脊，圍合嚴密，也與外朝建築形成鮮明對照。御
花園是內廷的收尾，園內建築體量普遍很小，而且盡力追求平面的變化。

圖 121　乾清宮

雖然受到中軸線的制約，但仍舊用密集的山、池、亭、臺、樓閣與古樹名花，創造了靜謐鬆弛的園林氣氛。

最後，是空間系列的收束。經過順貞門、神武門、北上門的通道，景山成為宮城後的一座翠綠屏風。值得稱道的是景山高度與神武門之間距離的把握。一方面，我們在宮城裏除了午門之上，三臺後邊，很少能看到它的存在，絕不會感到壓迫。另一方面，北上門外，它卻可以佔滿整個視野。乾隆十五年在景山五峰上各建一亭，極大地豐富了景觀，也與御花園呼應起來（圖 123，圖 124）。

故宮的建築藝術是綜合的藝術。每一座建築個體，它的臺基、屋身和屋頂所展示的美，都是由結構的需要而產生和發展，體現了真善美的本質。而由屋頂形態、琉璃、彩畫等藝術手段所構成的建築個體美，也並非張揚地展示自己，而是服從建築群體意境的需要，表現出含蓄的性格。太和殿作為整座建築群的核心，也只以前立面示人。像宮城角樓那樣可以從四面欣賞的建築在故宮裏只是少數。

圖 122　乾清宮與昭仁殿

　　在用建築空間塑造建築性格的時候,「門」起到非常重要的作用。有建築學家認為,「『門』和『堂』的分立是中國建築很重要的特色,歷來所有的平面佈局方式都是隨着這個原則而展開。」[1]當門作為一個空間階段的結束和後一個階段的開始的時候,前後兩個立面對兩個空間的塑造都至關重要。而每個「廷」的邊界,基本都有「廊」為界面,廊是有屋頂的廷,是廷與建築物之間的最佳過渡。

　　《史記》裏講了一個漢高祖的故事。漢八年,丞相蕭何在長安營建未央宮,劉邦從戰場歸來,見「宮闕壯甚」,發起怒來,責怪蕭何,天下未定,苦戰數載,成敗還沒有定算,你有什麼理由如此過度營造?蕭何從容回答說,正因為天下待定,才可藉機成就宮室。而且我認為天子以四海為家,「非壯麗無以重威,且無令後世有以加也」。從此,對「壯麗」的追求為兩千多年宮殿建築一脈相承。考古證實,未央宮平面矩形,東西約 2250米,南北約 2150 米,佔地面積相當於明清故宮的五倍。

　　元末,朱元璋佔領集慶,以元御史臺為公府。以後改建吳王府時,要

1　李允鉌:《華夏意匠 —— 中國古典建築設計原理分析》第二章,香港廣角鏡出版社,
　　1984 年。

圖 123　經順貞門到神武門

圖 124　宮城的屏風景山

求典營繕者，凡有「雕琢奇麗者即去之」。主張「宮室但取其完固而已，何必過為雕斫」。洪武十年南京新宮建成後，他見到「制度不侈甚喜」，再次發表意見，說自己的營建非常慎重，而且「未嘗過度」。他提出了一個非常重要的概念：「度」，即對壯麗的追求需要適度。

鳳陽中都午門是明代建設的第一座午門。城臺面闊 132 米，兩翼前伸長 89.45 米。中都大殿的柱礎石邊長 2.7 米見方，圍繞柱子雕一周突起的雲龍紋，柱徑達 1.25 米。而兩年後所建南京明故宮午朝門，遺址面闊只有 87.29 米，兩翼被拆除無從比較。城臺上的柱礎石都是古鏡式，非常簡樸。很明顯洪武皇帝認定南京才適度。

永樂營建北京，「規制悉如南京而高敞壯麗過之」。北京午門，城臺面闊 127.13 米，兩翼長度達 115.43 米，不僅超過南京，也略超過鳳陽。但是大殿的柱礎，基本採用樸素的古鏡式，說明風格還是追隨南京。與漢、唐相比，明清宮殿建築的規模縮小了很多，對於「壯麗」品格的追求，不是一味地從體量着眼，而是通過建築空間的塑造，利用建築物的佈局、組合、樣式、色彩、陳設等等元素，和虛與實、封閉與連通、體量與形狀的對比等手法來實現。這是一種時代的進步。

第五章　故宮建築的保護和延續

　　以木結構為骨架是中國古建築的特點，同時也是它的弱點，因為木材是有機物，容易遭受到水、火、病蟲害等不良因素傷害。中國木結構古建築雖然擁有悠久的歷史，但是實物例證並不豐富。今天還存在的最古老建築是山西五臺山南禪寺大殿，建於唐代建中三年（782年），距今不過一千二百三十八年，遠比中國木結構建築成熟的年代晚得多，千年以上的木結構建築全國也只有十三座，木結構建築的保存實屬不易。

　　北京故宮的營建歷盡千辛萬苦，遺留到今天的還有將近17萬平方米木結構建築，如何讓我們的子孫後代繼續享有，是我們的歷史責任。現代文化遺產保護事業要求我們的並不僅僅是讓建築物存在，而是要把它作為一個歷史文化和傳統工藝技術的載體，對於它的價值要給予全面的延續。這是一個需要不斷研究推進的重大課題，也需要重大實踐來驗證。

一、紫禁城建築維修的回顧

　　維修是對古建築進行維護、保養和修繕、修理的工程措施，歷史上紫禁城裏的維修工程大致有三大類別：突發災害造成建築物損失時進行的重建工程；歲修保養工程和階段性的修繕工程。

1. 重建、歲修保養與階段性修繕

　　對紫禁城傷害最大的是火災。前面講過，如今的太和殿已經是第五次災後重建，不過它最後一次重建完成距今也已經三百二十二年。外朝火災

最嚴重的，發生在明嘉靖三十六年四月十三日，下午申刻雷雨大作，晚間戌刻火光驟起，從奉天殿開始，延燒華蓋、謹身二殿，文武二樓，奉天二門，左順、右順二門，午門，直至午門外左右廊「盡毀」，第二天清晨辰刻火始熄滅。這場火災把整個外朝燒光，嘉靖皇帝只好在端門設了朝儀。明清兩朝遭遇火災後都按照原有格局進行了重建。

歲修是一種管理制度，保養是對古建築最輕微的修繕。建築物自建成以後，無時無刻不受到自然環境的影響，難以察覺，我們發現的時候問題往往已經積累到一定程度。比如臺基，用磚石材料砌成，是建築中最堅固的部位。但是磚石砌體的內部還是飽含着相當的水汽。每到冬季，北京的嚴寒使磚石縫隙凝結冰霜，春暖花開以後，磚縫會鬆動，會有更多的水份滲透到臺基外層的縫隙中，年復一年，循環往復，足以使沉重的階條石發生位移，最嚴重的可以導致局部的坍塌。屋頂的情況也很類似，如果瓦片鬆動甚至開裂，碰巧下面的苫背質量不高，雨水就可能一直滲透到望板以下，導致檁甚至梁的糟朽，直接危及建築安全。所以防微杜漸，及時修復建築上微小的變化，也是重要的修繕。

《大清會典》記載了大內歲修的主要項目：第一項，紫禁城牆除草，每年夏季三伏之內，由欽天監擇日，芟除草棘；十月內再芟一次。由工部和內務府營造司的搭材匠與鑾儀衛校尉共同進行。除草幾乎沒有技術難度，但是對於城牆的保護作用非常明顯，它阻止雜草荊棘在牆身各部紮根，避免了面層鬆動，牆頂滲漏，從而保護了城牆的安全。

第二項，紫禁城內淘溝。每年二月進行，由內務府值年大臣主管，各宮殿都要安排，可見也是重要工程。近年網絡不斷有讚揚紫禁城地下排水工程的聲音，無論多大的雨，紫禁城從不積水。其實創建時工程設計完善、施工質量精良固然非常重要，而長年累月的維護，也是保持排水效果的推動力。通暢的排水保證了紫禁城地基基礎的牢固與安全，從根本上保護了紫禁城。

第三項，「粘補活計」。就是每年要安排對紫禁城和各地行宮建築的屋頂、彩畫、外簷裝修、臺基等等進行踏勘，發現問題及時「對症」處理。問題較大，如「地腳沉下，牆垣閃裂」則需要拆蓋，「大木歪閃」則允許撥正。問題較小，如屋頂「滲漏，椽望糟朽」，需要揭瓦挑換。問題輕微，

如椽望、屋頂稍有滲漏，只允許「捉節夾壠」，芟除屋頂長草也是歲修的內容，這些瑣碎的工作是使紫禁城建築得以長期保存的原因之一。

第四項，掃雪，凡冬天三殿前有積雪，由內務府營造司召集三旗人員掃除。類似的保持紫禁城整潔的工作還有很多，乾隆皇帝不止一次下達過整理要求。這類工作維持了皇家宮殿應有的莊嚴肅穆面貌。還有一些屬於時令性的工作，比如每年三月開始在內左門、內右門等處搭蓋涼棚，立夏以後把支摘窗內扉換成紗窗，冬季十一月初一開始燒暖炕等等。這些簡單的設施使得紫禁城的生活更為舒適。

歲修不可能發現和解決所有問題，古建築很多部位是隱蔽的，有些毛病不能及時發現就會積累下來，一旦發現，只能進行較徹底的修繕。這些工程表現出一定的階段性。

比如排水溝。內金水河從紫禁城西部入城南流，經武英殿前，東折經太和門，再經文淵閣前至三座門，從鑾駕庫南出城，全長六百五十丈五尺。它不僅是紫禁城的輸水主渠，也是城內雨水的集水渠道。各宮殿都在所在院落設置了排水暗溝，先集中到幾條幹溝中，最後都流入內金水河。暗溝的主、支各線和金水河，在光緒十一年時，發生河道節節淤塞，溝水不通，於是進行逐段踏勘，反覆核查，用了一年多的時間，對河牆、溝幫做了全面的檢修，工料費高達七萬多兩白銀。

再如建築的外簷彩畫，新完成時光鮮靚麗，不過在強烈的紫外線照射下退色比較快。而且一年四季、每天早晚，氣溫、濕度都在變化中，導致彩畫「地仗」層逐漸老化，甚至與木構件脫離。清雍正八年紫禁城做了一次系統的彩畫工程，到乾隆三十二年，僅從外觀上已經是「宮殿丹艧以歲久色舊」，不足以表現帝國威儀，於是乾隆決定「發內帑飾新之」。從外朝到內廷，用了三年時間才完成，這兩次彩畫之間的周期是四十年。

在大家心目中，琉璃瓦是很結實的。其實故宮所用的琉璃瓦是兩次燒成的，簡單說第一次燒造瓦坯，爐火需要較高溫度；之後上釉料再燒，把玻璃釉掛在瓦坯上。琉璃釉像瓷器一樣，也會產生「開片」現象，即釉面開裂，尤其在夏日高溫下，突遇暴雨，溫度驟降，開裂就不可避免，再進一步，就是釉面脫落。於是發生污染，色澤改變。更嚴重的，如果坯料不夠結實，瓦也會開裂破碎。

乾隆初期建造的建福宮及花園，乾隆時使用率很高，是他喜愛和看重的地方。他留下諭旨：「重華宮等處實為興祥之所……世世子孫，惟當永遠奉守。所有宮內陳設規制，亦應仍循其舊，勿事更張。」[1] 所以建福宮花園只能維修，不能拆改。嘉慶七年春天，皇帝要求內務府修埋屋頂，見新油飾彩畫，務必在雨季之前完成。原計劃要保留一部分屋頂只「捉節夾壟」，即只用灰漿加固。不料進一步勘查發現瓦片破碎過多，靠近大牆、天溝等的部位也酥散裂縫，只好增加了換新琉璃瓦和脊料的數量。結果這次一共修理了一百七十九間殿堂廊廡，全換新瓦的一百二十七間；前坡換新瓦、後坡選用舊瓦的四十九間，捉節夾壟的只有三間。這一次修理距離創建不過六十年。當然這並非普遍規律，但也是屋頂琉璃瓦生命周期的實例。[2]

由於清代檔案對於宮廷建築的維修有比較豐富的記載，我們對清代維修工程的了解遠遠超過明代。研究清宮建築維修的歷史，發現古建築演變的客觀規律和維修工作經驗，可以為當代的保護工作提供借鑒。

2. 從故宮到故宮博物院

1911 年 10 月 10 日，武昌起義爆發；1912 年 2 月 12 日，隆裕皇太后頒發懿旨，宣佈清代末帝溥儀退位。根據南京臨時政府與遜清皇室達成的「清室優待條件」，臨時政府每年提供四百萬兩白銀維持溥儀生計，而溥儀應搬至頤和園居住。但溥儀卻「暫居宮禁」，並沒有搬遷。這座昔日皇宮，今日故宮，對它的未來，民國政要們還沒有做出設計。

1912 年 3 月 29 日，隆裕皇太后逝世，由於她有「讓國之德」，國民政府為她舉辦了國葬，在太和殿公祭三天。1913 年 10 月 10 日，袁世凱在太和殿舉行了就職大總統的儀式，故宮的外朝三大殿等實際已經由國民政府管轄。而乾清門以內，還恍若一個小朝廷。

1914 年 2 月 4 日，在內務總長朱啟鈴主導下，由國民政府內務部主管的「古物陳列所」成立，用武英殿西配殿作辦公地點。古物陳列所首批

1　［清］慶桂等：《國朝宮室續編》卷四，北京古籍出版社，1994 年。
2　清內務府檔案，全宗 5，499 卷 2 號。中國第一歷史檔案館收藏。

收藏的文物來自熱河行宮和瀋陽故宮，兩地文物二十餘萬件「暫作皇室出借民國之用」。古物陳列所委託德國羅克格公司把武英殿改造為文物陳列室，當年 10 月，正式對社會開放，成為我國最早開放的國立博物館。古物陳列所委託國內大木廠，在武英殿西的咸安宮舊址，建造西洋式建築寶蘊樓，來作文物庫房。又繼續改建文華殿為文物陳列室。1925 年 8 月，三大殿也在古物陳列所領導下開放。[1]

1912 年 7 月，在教育總長蔡元培倡導下，成立了「歷史博物館籌備處」，在北京國子監辦公，收藏的文物，主要有石鼓、書版和孔廟禮器。1917 年 7 月遷到午門、端門以及朝房，1920 年國立歷史博物館成立，1926 年 10 月 10 日正式開放陳列室。這是在故宮外朝範圍內開放的第二座國立博物館。

民國初年北京在北洋政府統治下，政局動盪。「溥儀久居宮禁，頗不安分，與張勳、康有為等清室舊臣陰謀串聯，常思復辟，造出很多事端，且將宮內寶物不斷移出宮外。」[2] 1924 年 10 月，馮玉祥發動北京政變，臨時執政府攝政內閣決定請溥儀出宮，組建「辦理清室善後委員會」。11 月 5 日，溥儀一家出宮，搬遷至後海醇親王府。11 月 7 日午夜，攝政內閣發佈命令：「修正清室優待條件，業經公佈施行，着國務院組織善後委員會，會同清室近支人員，協同清理公產、私產，昭示大眾。所有接收各公產，暫責成該委員會妥善保管，俟全部結束，即將宮禁一律開放，備充國立圖書、博物館等項之用，藉彰文化而垂久遠。」[3]

1924 年 11 月 20 日，清室善後委員會成立，國民黨元老、北京大學教授李煜瀛任委員長。委員中有警衛總司令、警察總監，也有遜清皇室代表，委員蔣夢麟、陳垣、沈兼士、俞同奎都是北大教授。據攝政內閣公佈的「組織條例」，清室所管財產先由委員會接收；由委員會審查其屬於公私之性質，以定收回國有或交還清室；委員會辦理事項及清理表冊清單，

1　參閱段勇：《古物陳列所的興衰及其歷史地位述評》，《故宮博物院院刊》，2004 年第 5 期。

2　吳瀛：《故宮塵夢錄》一，紫禁城出版社，2005 年。

3　故宮博物院官網院史編年。https://www.dpm.org.cn/classify_detail/156789.html。

隨時報告政府公佈之。清室善後委員會成立，標誌清室永遠喪失了對故宮的所有權與支配權，故宮的未來將是國立的圖書館、博物館，一律開放。

清室善後委員會的第一次會議通過了一個《點查清宮物件規則》，在工作程序上相當嚴密，以保證點查工作順利和物件真實。其中有兩個條款值得注意：「第八條　點查物品時，以不離物品原擺設之地位為原則；如必不得已須移動地位者，點查畢後，即須歸還原處，無論如何，不得移至所在室之門外。」「第十七條　本會應將點查情形，編出報告公佈之。」[1] 它們已經具有對皇家遺址類博物館進行藏品管理的性質。故宮博物院元老莊嚴先生也回憶說：「開始點查之際，會中即抱二大目的，一是要知道宮中收藏到底有一些什麼；二是點查清楚以後，就可以將物品集中分類，佈置陳列，然後公開展覽。」所以在點查進行了將近一年的時候，善後委員會自然而然地開始了博物館的籌備工作。[2]

1925 年 7 月 31 日，在點查養心殿物品的時候，發現上年春夏間清朝遺老與溥儀密謀復辟的文件，他們妄圖以文化、古物、慈善、教育四事網羅人才，清室自設博物館，聯繫西方爭取退還的庚子賠款，既保文物古蹟，且用於清室自養。清室善後委員會覺得事情緊急，必須儘快制止清室對國家文物的覬覦，於是一方面把情況報告京師高等檢察廳，一方面加緊了博物館的籌備。9 月 19 日，清室善後委員會主持通過了《故宮博物院臨時組織大綱》《故宮博物院臨時董事會章程》和《故宮博物院臨時理事會章程》等三個文件，明確了故宮博物院的「公立」性質，來避免北洋政府的干擾；確定故宮博物院下設古物、圖書二專館處理館務，設總務處管理庶務。

1925 年 10 月 10 日下午 2 點，故宮博物院在乾清門舉行了開幕典禮，萬人空巷，盛況空前。故宮博物院成立，不僅是我國文化史上的重大歷史事件，也是中國人民民主革命的一個偉大成果。但是北京政局在北洋軍閥控制下，不時上演「城頭變幻大王旗」的戲碼，故宮博物院經常處於危殆之中。

1928 年 6 月，國民政府「二次北伐」成功，奉系軍閥退出北京。國民黨中央政治會議決定，改原直隸省為河北省，北京改名北平，為河北

1　吳瀛：《故宮塵夢錄》一三，紫禁城出版社，2005 年。
2　莊嚴：《前生造定故宮緣》，紫禁城出版社，2006 年，第 86 頁。

省特別市。10 月 5 日,國民政府公佈新的《故宮博物院組織法》,規定中華民國故宮博物院直隸於國民政府,掌理故宮及所屬各處建築物、古物、圖書、檔案之保管開放及傳佈事宜。但是,當時的故宮博物院實際只管理故宮的內廷部分。於是,1930 年,國立北平故宮博物院理事會向行政院呈報了一份《完整故宮保管計劃》提案,希望「將故宮外廷保管之權轉移故宮博物院,使故宮博物院之牌額得懸張於中華門外,則觀聽正。而處置為博物院之形式,亦可整個計劃完全實現」。10 月 25 日,行政院指令,批准《完整故宮保管計劃》提案,同意將設在紫禁城外朝的古物陳列所與故宮博物院合併,將中華門以至保和殿直至景山,以及大高玄殿、太廟、皇史宬、堂子等處一併歸入故宮博物院,一同保管。

由於抗日戰爭等原因,直到 1948 年 11 月,才最終完成了古物陳列所歸併故宮博物院的目標,實現了故宮院區的完整。「故宮的空間是完整的,它不能只有後廷而沒有前朝,也不能只有孤立的一個故宮而沒有與其關係極為重要的其他一些皇家建築物;故宮的文物也是一體的,需要完整地保護。這種完整性是其價值的整體性所決定的。因此,爭取故宮的完整並不是出於擴大自身地盤的狹隘意識,而是故宮價值自身的要求。『完整故宮』體現了故宮人守護民族文化遺產的責任感,也成了故宮保護工作的一個理念。」[1]

從故宮到故宮博物院,這是新的社會賦予故宮的新功能,故宮的歷史翻開了嶄新的一頁,給故宮帶來了深刻的變化,故宮博物院的管理者面對這座昔日皇宮,今日國立博物院,需要樹立一系列新認識、新理念。「完整保護」是一個,「古建築保護」也是一個。

3. 中國古建築保護的探索

19 世紀後半葉,洋務運動開啟了中國近代教育的開端,開辦新式學堂,官費派遣留學生,為中國現代科學的勃興準備了人才。到 20 世紀初期,一批學習建築學的留學生學成歸國,成為後來構建中國建築學和文物建築保護學科的主要力量。

1　鄭欣淼:《「完整故宮」保護的理念與實踐》,《故宮博物院院刊》,2012 年第 5 期。

在中國傳統文化裏，建築並不成為一門學術。但是曾在晚清任北京警察總監的朱啟鈐先生熱愛並熟悉京城的宮殿苑囿城闕衙署，注意蒐集古建築文獻，記錄原由老工匠們口傳心授的營造方法，有所得即「寶若拱璧」。民國初年朱先生任北洋政府內務總長兼京都市政督辦，主持了對北京城池的部分改造。他非常深刻地認識到中國建築是中國文化和藝術的結晶，認為「研求營造學，非通全部文化史不可，而欲通文化史，非研求實質之營造不可」。1919 年，朱先生在南京江南圖書館發現《營造法式》的清晚期丁氏鈔本，馬上委託商務印書館影印出版。不久，在清內閣大庫的流散書頁中又發現了宋本殘頁，朱先生遂委託著名藏書家陶湘將丁氏鈔本進行校勘，按照宋代版式進行刻印，稱為陶本《營造法式》。朱先生曾經把一套書贈給梁啟超先生，而梁先生把它轉贈給了正在美國學習建築學的兒子梁思成。

　　1930 年 2 月，朱先生在北平創辦研究機構「中國營造學社」，研究經費由「中華教育文化基金會」提供。學社最初的五年計劃是「溝通儒匠」，認識中國古建築，蒐集營造文獻，最後完成有系統的學說。不久朱先生聘請東北大學建築系教授梁思成、國立中央大學建築系教授劉敦楨加入營造學社，分別擔任法式部主任和文獻部主任。梁、劉二位先生都是「海歸」的建築學人才，他們的加入，使得學社的研究工作重點轉向古建築實物的調查。從 1932 年起，學社每年春秋兩季外出考察，攝影測繪，冬季查閱文獻，整理寫作調查報告，在《中國營造學社匯刊》發表。學社的效率驚人。到 1945 年學社結束為止，十五年間，研究者的足跡到達了河北、河南、山西、山東、陝西、浙江、江蘇、遼寧、雲南和四川等省的一百九十個縣市。到抗日戰爭爆發以前，共調查二百零六組建築群，建築物二千七百三十八處，完成測繪圖稿一千八百九十八張。[1]他們的測繪和調查報告構建了中國建築學和中國古代建築史的基本框架，積累了大量的和詳實的資料，結束了很長一個時期只有外國人研究中國建築的局面。

　　與調查研究工作同時，營造學社也開始了古建築保護工作的探索。當時，「古蹟文物保護」的新概念逐漸形成，1928 年 3 月成立了「中央古物保管委員會」，為國家的文物保護機構，1930 年頒佈了《古物保存法》。

1　　林洙：《中國營造學社史略》第五輯，百花文藝出版社，2008 年。

1931 年，故宮博物院、歷史博物館和古物陳列所協商，由古物陳列所委託廠商，維修了紫禁城南面的兩座角樓，完工後，委託營造學社進行評估勘驗。1932 年到 1934 年，故宮博物院、古物陳列所和北平市委託營造學社擬定文淵閣修理計劃、南薰殿修復工程計劃、北平內城東南角樓的恢復原狀工程計劃、查勘並修理鼓樓設計。浙江省建設廳邀請林徽因、梁思成為杭州六和塔制定重修計劃。

1935 年 1 月，經國民政府行政院批准，組建了「舊都文物整理委員會」，隸屬於行政院駐北平機構，領導系統維護修繕北平文物古蹟的工作。其下設「北平市文物整理實施事務處」，聘請營造學社為技術顧問。從 1935 年到 1937 年，共修繕天壇祈年殿、圜丘、皇穹宇，北京內城東南角樓，西直門箭樓，國子監，中南海紫光閣等重要古建築二十餘處。同期，梁思成應內政、教育兩部之聘，擬定曲阜孔廟的修葺計劃。營造學社還為故宮博物院修葺景山五亭進行了設計。

梁思成等營造學會的諸位先生及時地總結這些維修工程，指出它們已經與舊時代的維修完全不同。首先，文物古蹟具有不可替代的歷史價值和藝術價值。梁思成先生評價山東曲阜孔廟說：「我覺得這一處偉大的廟庭，除去其為偉大人格的聖地，值得我們景仰紀念外，單由歷史演變的立場上看，以一座私人的住宅，二千餘年間，從未間斷的在政府的崇拜及保護之下；無論朝代如何替易，這廟庭的尊嚴神聖卻永遠未受過損害；即使偶有破壞，不久亦即修復。在建築的方面看，由三間的居堂，至宋代已長到三百餘間，世代修葺，從未懈弛；其規模制度，與帝王相埒。在這兩點上，這曲阜孔廟恐怕是人類文化史中唯一的一處建築物，所以我認為它有特別值得我們研究的價值。」[1]

而且古建築的藝術價值可以激發人們的審美感受，形成超越物質的存在：「北平四郊近二三百年間建築遺物極多，偶爾郊遊，觸目都是饒有趣味的古建……這些美的所在，在建築審美者的眼裏，都能引起特異的感覺，在『詩情』和『畫意』之外，還使他感覺到一種『建築意』的

1　梁思成：《曲阜孔廟之建築及其修葺計劃》，《中國營造學社匯刊》第六卷第一期，第3頁。

愉快。⋯⋯經過大匠之手澤，年代之磋磨，有一些石頭的確會蘊含生氣的。天然的材料經人的聰明建造，再受時間洗禮，成美術與歷史地理之和，使他不能不引起賞鑒者一種特殊的性靈的融會，神志的感觸，這話或者可以算是說得通。」[1]

古建築的保護修繕工程與傳統的修繕工程已經產生了本質上的區別。「在設計人的立腳點上看，我們今日所處的地位，與二千年以來每次重修時匠師所處地位，有一個根本不同之點。以往的重修，其唯一的目標，在將已破敝的廟庭，恢復為富麗堂皇，工堅料實的殿宇，若能拆去舊屋，另建新殿，在當時更是頌為無上的功業或美德。但是今天我們的工作卻不同了，我們須對於各個時代之古建築，負保存或恢復原狀的責任。」[2]

因此古建築的保護修繕，應該遵循特殊的原則。1929 年日本關野貞博士在「萬國工業會議」上發表了題為《日本古代建築之保存》的論文，簡述了日本修葺古建築時的五個做法。中國營造學社認為論文內容與中國需要非常吻合，遂請人翻譯刊載在《中國營造學社匯刊》上。劉敦楨先生為這篇論文加了跋語，其中說「延聘專家，詳定修理方針，以不失原狀為第一要義」[3]「不失原狀」後來發展成中國「不可移動文物」保護的一條根本原則，這裏，1932 年，是它第一次出現。它既是對日本專家實踐的歸納，也是對營造學社早期探索的思考與感悟。

當時由營造學社設計的古建築修繕工程，都貫徹了這個原則。「惟按修理舊建築物之原則，在美術方面，應以保存原有外觀為第一要義。在結構方面，當求不損傷修理範圍外之部分，以免引起意外危險，尤以木造建築物最須注意此點。」[4]「修理古物之原則，在美術上，以保存原有外觀為第一要義。」[5]

營造學社的實踐，還形成了中國古建築保護修繕的工作程序。即首先

1　梁思成、林徽因：《平郊建築雜錄》，《中國營造學社匯刊》第三卷第四期，第 98 頁。
2　梁思成：《曲阜孔廟之建築及其修葺計劃》，《中國營造學社匯刊》第六卷第一期，第 2 頁。
3　《中國營造學社匯刊》第三卷第二期，第 119 頁。
4　梁思成：《故宮文淵閣樓面修理計劃》，《中國營造學社匯刊》第三卷第四期，第 84 頁。
5　梁思成、劉敦楨：《修理故宮景山萬春亭計劃》，《中國營造學社匯刊》第五卷第一期，第 88 頁。

要進行調查和研究，包括對建築歷史、建築結構特徵、適用的工程技術的研究，之後才可以進行以延長古建築壽命為目標的設計。梁思成先生在調查河北省薊縣（今天津市薊州區）獨樂寺之後，就是先作它的歷史研究，然後通過繪製建築的原狀圖，把它與唐、宋、明、清建築的構造進行對比分析，來研究它的時代特徵。梁先生體會：「在設計以前須知道這座建築物的年代，須知這年代間建築物的特徵；對於這建築物，如見其有損毀處，須知其原因及其補救方法；須盡我們的理智，應用到這座建築物本身上去，以求現存構物壽命最大限度的延長。」[1]

當時歐洲在文物古蹟保護方面遠遠地走在世界前列，梁思成先生關注他們的經驗。當古建築損壞時，有「修理」和「復原」兩種方案可供選擇。修理，即修補那些壞掉的部分。復原，則是推測建築曾經有過的樣子，把現存建築恢復到原來的樣子。在歐洲，復原是否合法，是長期爭論而未作結論的問題。對此，梁先生主張：「以保存現狀為保存古建築之最良方法，復原部分，非有絕對把握，不宜輕易施行。」[2]

營造學社的成果，後來得到全面的繼承。文物保護事業，發展成國家主導的宏大事業。1961 年 3 月，中華人民共和國國務院公佈《文物保護管理暫行條例》，規定了文物具有歷史、藝術、科學價值；確立了國家分級公佈文物保護單位的制度，規定紀念建築物、古建築、石窟寺等在進行修繕、保養的時候，必須嚴格遵守恢復原狀或者保存現狀的原則；文物保護單位的使用單位要嚴格遵守不改變原狀的原則。1982 年 11 月全國人民代表大會常務委員會通過了《中華人民共和國文物保護法》，其中規定「對不可移動文物進行修繕、保養、遷移，必須遵守不改變文物原狀的原則」，時至今日，這仍舊是中國文物建築保護維修工作遵循的第一原則。

故宮是營造學社研究古建築的起點，故宮博物院也始終把古建築維修工作作為重點工作，它的歷程一直與我國對古建築保護的探索同步。故宮博物院應該為我國古建築保護、特別是明清官式建築的保護，做出自己的貢獻。

1　梁思成：《曲阜孔廟之建築及其修葺計劃》，《中國營造學社匯刊》第六卷第一期，第2 頁。

2　梁思成：《薊縣獨樂寺觀音閣山門考》，《中國營造學社匯刊》第三卷第二期，第89 頁。

4. 中國加入《保護世界文化和自然遺產公約》

《保護世界文化和自然遺產公約》（以下簡稱《世界遺產公約》）是1972年11月由聯合國教科文組織大會通過的。發起公約的原因，是認識到分佈在各個國家的文化和自然遺產，一旦遭受破壞甚至消失，都將造成全世界遺產枯竭的惡果。而這些遺產的保存情況正在因為社會和經濟條件的急劇改變而惡化，亟需加以特殊的保護。公約的理論和政治基礎是保護人類文化的多樣性，它是促進現代人類社會和平相處的基石。保護世界遺產是聯合國教科文組織最成功的政策，《世界遺產公約》的締約國2019年已經達到一百九十三個。1985年11月全國人民代表大會常務委員會批准了這一公約，我國成為締約國。

為了落實《世界遺產公約》，聯合國教科文組織組建了世界遺產中心，並規定國際古蹟遺址理事會（英文簡稱ICOMOS）、國際文物保護與修復研究中心（ICCROM）和世界自然保護聯盟（IUCN）等三個國際專業組織為它的專家諮詢機構。這三個諮詢機構都有定期召開國際科學研討會的制度，不斷就文物古蹟保護從理論和技術標準方面推出新的成果。世界遺產中心通過及時調整《實施世界遺產公約的操作指南》（以下簡稱《實施公約操作指南》）來反映和推廣最新成果。這套制度使世界遺產事業保持了先進性、開放性和世界普適性。

《世界遺產公約》設立了「世界遺產名錄」制度。締約國需要預先報告本國的「預備名單」，對其中每一項遺產在世界範圍內所具有的「突出的普遍價值」做出說明，並且要聲明這些價值「具有真實性和完整性」。世界遺產中心每年要派遣諮詢機構的專家評估各國申報的項目，最後在大會上表決。1987年，明清北京故宮、秦始皇陵及兵馬俑坑、莫高窟等六個項目列入《世界遺產名錄》。中國加入《世界遺產公約》的三十五年以來，世界遺產中心和三個諮詢機構對「價值」「真實性」「完整性」的標準和內涵始終不斷地進行研究、修訂和完善，成為文物古蹟保護的「核心價值觀」，深刻地影響着中國的古建築保護維修，故宮古建築的保護維修也逐漸進入一個新的階段。

中國作為締約國，要保護好自己境內的世界遺產，學習和把握聯合國教科文組織世界遺產中心和它的諮詢機構發佈的專業文件；也要及時總結

本國經驗，作為文化遺產保護和多樣文化保護的實例，發佈到國際上，與國際社會共享。1993 年，中國組建了「中國古蹟遺址保護協會」（英文名稱是 ICOMOS CHINA，以下簡稱「保護協會」）。它是一個全國性的社團組織，也具有國際古蹟遺址理事會的國家委員會性質。2000 年，「保護協會」發佈了《中國文物古蹟保護準則》（以下簡稱《保護準則》）。《保護準則》總結了中國近代以來保護文物古蹟的經驗，同時吸收了《關於古蹟遺址保護與修復的國際憲章（威尼斯憲章）》等成熟理念，對中國《文物保護法》中不可移動文物的價值觀和保護原則做了具體的定義和闡釋，成為指導中國文物建築保護修繕的第一部「行規」。

二、故宮整體維修啟動

從清代末期直到 20 世紀末，由於受到社會動盪的影響和經濟條件的制約，紫禁城沒有機會得到足夠的維護，很多問題積累下來。開闢為博物館以來，又產生了一些需要解決的新問題。故宮博物院認真歸納了這些問題，積極向上級領導機關反映。

2001 年 11 月 19 日，時任中共中央政治局常委、國務院副總理李嵐清同志視察故宮博物院，在故宮主持會議，作了長篇講話，要求做好故宮古建築維修保護、做好故宮古建築和文物的合理利用、加強故宮古建築和文物的科學管理、抓緊解決佔用故宮場地等問題。他指出這次維修是一次「整體維修」，要講保護為主，要講不改變文物原狀，要講儘量按傳統工藝的要求。把古建築改頭換面是不對的，弄得面目全非更是錯誤的，但是蓬頭垢面也是不行的，要努力使維修後的故宮重現康乾盛世的風貌。會後國務院辦公廳下發了《關於研究故宮古建築維修和文物保護有關問題的會議紀要》，故宮維修工程就此確定下來。這次維修持續時間長，投資規模大，涉及範圍廣，消息公佈，舉世矚目。當時有一個說法，說它是1911 年以來最大的一次維修，所以有媒體稱之為「百年大修」。

任務確定之後，文化部、財政部、國家發展和改革委員會、國家文物局做了大量協調工作，落實了工程必需的保障條件。文化部和故宮博物院成立了部、院兩級領導小組，文化部由時任部長孫家正任組長，負責溝

通協調、監督、檢查，故宮博物院由時任院長鄭欣淼任組長，負責全面實施。故宮博物院聘請德高望重的專家學者共三十六位，涉及專業有文物、博物、考古、建築、規劃等，組成「修繕工程專家諮詢委員會」，對維修中重人問題的決策提供諮詢幫助。2002—2003 年的兩年時間是這次大修的籌備階段，故宮博物院主要作了故宮現狀調查研究、制訂故宮保護總體規劃和試點工程等三方面的事情。

1. 對故宮建築現狀進行全面的調查研究

《保護準則》把「保護必須按程序進行」和「研究應當貫穿在保護工作全過程」作為現代保護工作的兩個總則。《保護準則》認為，文物調查應是所有保護工作的第一步。「文物古蹟的不可再生性，決定了對它干預的任何一個錯誤，都是不可挽回的。前一步工作失誤，必然給後一步造成損害，直至危害全部工作，因此必須分步驟按程序進行工作，使前一步正確的工作結果成為後一步工作的基礎。」[1]

故宮博物院為全面調查研究制訂了計劃，列出一個長長的清單。有些項目不僅為當時的維修提供了成果，也為後續的研究工作打下基礎：

第一方面，對文獻和檔案進行整理匯集。其一，故宮博物院與中國第一歷史檔案館合作整理清代內務府的「奏案」和「奏銷檔」，這兩種檔案總數約十一萬五千餘件，其中包含大量宮廷建築修建沿革的第一手史料。匯集、初步整理和數字化工作於 2004 年 6 月完成。其二，由中國紫禁城學會主持查閱整理古代文獻，即古代出版或傳抄的官、私文書，如明清各朝《實錄》、明清七種《會典》等，也包括明清檔案，摘錄、數字化其中有關建築的史料。史料浩如煙海，工作繁複，蒐集工作持續了七年。從 2013 年開始，編輯為《明代宮廷建築大事史料長編》和《清代宮廷建築大事史料長編》兩部書，陸續出版。其三，故宮博物院自成立以來積累的建築維修、保護檔案、圖紙的整理。這個工作，形成了故宮博物院古建築數據庫的開端。

第二方面，建築的現狀勘查與測繪。其一，故宮總平面圖的修測。故

1　《保護准則·關於若干重要問題的闡述》5-1。

宮博物院以前測繪過千分之一和五百分之一兩種總平面圖，但是時間已經近三十年，一些情況有變化，特別是地面標高，必須核對準確。其二，對故宮各座建築進行現狀勘查和測繪，形成現狀圖。在古建築保護工程之前進行現狀圖的測繪是中國幾十年來形成的成熟做法，同時秉承「整體維修」的理念，這一次勘查與測繪特別注意了對遺產構成要素的全面勘查記錄。故宮博物院委託了清華大學建築學院、中國文物研究所（今中國文化遺產研究院）、北京市古代建築研究所、北京中興公司等機構，與故宮博物院古建部，分別進行了午門、三大殿院落周圍門廡、後三宮院落周圍門廡、欽安殿、慈寧宮、壽康宮、景仁宮、永和宮等建築的勘查。故宮博物院古建部、信息資料中心和北京建工學院（今北京建築大學）合作進行利用三維激光掃描技術測繪太和殿的研究。其三，與意大利文化遺產部合作，對太和殿三臺、寶座、殿內牆壁進行勘查，研究實施現代科技保護。其四，委託中國林業科學院木材研究所對故宮建築木構件的樹種、物理力學性能和保存現狀進行鑒定。現在已經建成了我國第一個專為古建築群設立的數據庫。其五，故宮博物院信息資料中心用現代攝影技術記錄古建築內、外簷彩畫以及木柱、紅牆塗料的色標。其六，對文物庫房中收藏的古建築內簷裝修、匾聯、「貼落」等進行調研。其七，對故宮四座花園和其他庭園的花木品種和意境設計進行調研。

第三方面，對故宮和故宮博物院的基礎設施情況進行調研。其一，故宮水系和排水系統的設置和現狀勘查。其二，故宮古代採暖、遮陽、消防等設施的位置、保存狀況。其三，故宮博物院歷年添設的近代基礎設施的配置狀況。

第四方面，對故宮建築的材料和工藝技術進行調研。專門成立了古建築科技保護小組，由故宮博物院文保科技部、古建部專業人員組成，基本是以「科研課題」的形式，聯合有關科研機構共同進行。其一，琉璃瓦「脫釉」機理及重新「掛釉」工藝的研究。其二，普查古建築石質構件的物理化學性能及保存狀況，對保護途徑、材料、工藝進行研究，篩選國內外適用的保護材料。其三，研究古建築彩畫老化和殘損的機理，提出現代彩畫保護的途徑、材料和工藝。其四，大氣與故宮小環境下的文物保存條件監測與研究。其五，組織遊客調查，為合理安排容量和流向提供數據。

籌備階段大規模的調研還有很多內容，今天看來有些內容只是「細節」，但是現代保護要求我們必須儘可能詳盡地了解和記錄所有的細節，它們是構成文物價值和真實性的重要因素。

2. 制訂《故宮保護總體規劃（大綱，2002 — 2020 年）》

在當時，為全國重點文物保護單位制訂保護規劃還是新事物，為故宮這樣的世界文化遺產制訂保護規劃更帶有開創性。早在國務院現場辦公會召開之前，故宮博物院就開展了一些調研工作，重點在於說明故宮維修工程的必要性。會議之後，又組織院內有關部門，按照展覽展陳和古建築保護維修兩個重點，分為 2005 年、2008 年、2020 年三個時間段，制訂規劃。但是這些規劃更接近傳統的工作計劃，不能滿足故宮整體維修保護的需要。

2003 年 9 月，故宮博物院決定邀請中國建築設計研究院建築歷史研究所共同制訂總體規劃，他們已經完成了好幾項中國大遺址保護規劃，為制訂文物保護單位的保護規劃積累了經驗。由於制訂一部完整的規劃需要較長的時間，而整體維修工程又需要儘早開始，所以決定暫時編制到大綱階段，等上級領導部門批准以後再繼續完成。規劃的年限，確定為到 2020 年完成本輪規劃規定的各項任務。

《故宮保護總體規劃（大綱）》貫徹了《保護準則》所倡導的，以調查研究為基礎，以文物價值評估為導向，以真實、完整保護文物價值為目標的規劃思想。2004 年 3 月，文化部主持了故宮修繕工程專家諮詢委員會，對大綱初稿進行了論證，修改後進一步徵求國務院有關部委的意見，最後國務院辦公廳要求由國家文物局履行審查批覆程序。規劃的篇幅較大，這裏只能介紹它的邏輯和幾個要點。

這一次故宮維修的特點是貫徹完整保護的思想，進行整體維修，是一個極其複雜、綜合性非常強的任務，必須要有全局性的掌控，通盤考慮複雜事物中的因果。所以總體規劃是綱領性文件，是制訂工作計劃、安排具體任務的依據。編制故宮保護總體規劃的邏輯思路：第一步，儘可能全面地調查。第二步，對故宮的世界文化遺產價值、文物價值進行準確評估。第三步，對現狀調查結果分類進行專業評估，做出評估結論。第四步，針對評估結論中歸納的問題，提出解決的基本對策。第五步，提出保護目標

與方針，規劃具體的保護措施。

要點之一，通過對故宮和故宮博物院的價值評估，為故宮與故宮博物院準確「定位」。

故宮是我國古代宮城發展史上現存的唯一實例和最高典範，也是世界上現存規模最大、保存最完整的古代宮殿建築群。

故宮是民族文化的重要載體和歷史縮影，是中國封建社會後期明清兩代的政治中心、封建權力的中樞所在地。

故宮是我國具有世界影響的、歷史信息含量最豐富的重大文化遺產之一。遺存內容以建築群為主，歷史文化內涵涉及：建築、園林、歷史、地理、文獻、文物、考古、美學、宗教、民族、禮俗等諸多學科與門類。故宮收藏文物絕大多數是清宮舊藏，包括了古代藝術品的所有門類，具有級別、品類、數量的優勢，是中國皇家收藏傳統的延續和僅存碩果。不可移動文物和館藏文物共同構成故宮突出的歷史、藝術、科學與文獻價值。今天的故宮是我國重要的愛國主義教育基地，具有世界影響的中國歷史文化的重要傳播場所，也是歷史文化名城北京的核心所在。

故宮博物院是我國最大的、就封建王朝的皇宮建立的博物院，是中國人民民主革命和新文化建設的重大成果，到今年已有九十五年歷史。故宮博物院是優質的國有資產。為保護展示故宮及其館藏文物，幾代人付出了不懈的努力和心血。

保護規劃需要妥善解決的最根本問題，是如何在保護故宮的前提下，使故宮博物院事業在新的歷史時期得到進一步發展。不能把保護故宮和故宮博物院事業發展對立起來，而是需要找到對文化遺產長久保存和科學展示的結合點。

要點之二，以「是否有利於遺產價值的真實、完整保存延續為標準」，對構成故宮現狀的所有因素進行評估，做出結論。

對故宮的現狀分了六個類別進行評估。一是總體現狀，評估故宮歷史格局和空間分區。二是不可移動文物現狀，細分建造物、露天陳設、宮廷園林、古樹名木四小類。三是環境現狀，包括景觀與大氣環境。四是管理現狀，包括現行保護區劃、管理規章、安防、資料檔案、科技保護、學術研究與宣傳等。五是利用現狀，即故宮博物院的功能分區和開放狀況。六

是基礎設施，包括安防、市政與交通等等。

　　為了儘可能全面、完整地掌握這六大類現狀，規劃組採取了現場踏查、檔案查詢等方式收集信息，特別是多次召集故宮博物院的專家和老職工們座談，他們的意見和建議，飽含了自己的長期經驗和思考，對規劃工作幫助很大。評估時首先對每一類的現狀都作了描述，對佔地空間、建築物、露天陳設等進行了數量統計，然後分析它們的現狀，作出評估結論，最後歸納成故宮現存的主要問題。

　　在遺產保護方面：其一，文物建築利用功能不當是遺產保護面臨的最突出問題。其二，現有保護區劃過小，不符合遺產保護的完整性要求。其三，外單位在故宮內佔用大量文物建築並新建建築，明顯破壞了故宮整體佈局。其四，部分展室改造工程「改變文物現狀」的現象突出，不符合遺產保護真實性要求。其五，自然力造成的損傷普遍存在，不開放地段尤為嚴重。其六，中國傳統的建造與修繕技術工藝及材料製作亟待搶救繼承。其七，局部綠化景觀存在明顯現代城市園林傾向。其八，不可移動文化遺產的科技保護工作亟待加強。其九，安全防範與基礎設施系統需更新、改造、完善。其十，遺產建檔與實現資源全民共享工作尚需全面規範與完善。

　　遺產利用方面：其一，對文化遺產認識不足，對遺產管理機構定位不適當，導致了遺產利用功能不盡合理，對遺產保護和管理均造成明顯阻礙。其二，遺產展示未能充分揭示故宮歷史文化遺產的內涵與價值。包括文物建築展陳規模不足，展陳題材有待擴展，展示手段亟需豐富，展示環境尚需提升至先進水平。

　　遺產管理方面：其一，管理機構尚需進一步突出和加強對文物建築的管理職能和研究職能。其二，有關不可移動文化遺產科技保護、宮廷史研究、中國傳統建造工藝等方面的人才緊缺，亟待培養、傳承，需要制定課題計劃或培養計劃和實施保障。其三，遊客容量缺乏控制與調整，遊客量起伏波動過大，對遺產保護與展陳效果造成明顯破壞。其四，有關遺產管理的各類規章制度尚需進一步修訂、完善。其五，有關遺產的學術研究和宣傳傳播工作力度不足。

　　要點之三，根據真實、完整地保護和延續文化遺產價值的原則，統籌故宮博物院保護、開放與管理三大職能，提出九項對策，解決評估結論提

出的十七個問題。

　　第一，注重遺產歷史格局的完整性，謀求遺產保護的總體策略和前瞻性、可操作性。第二，強調故宮的整體佈局，遷出與故宮無關的機構、單位。第三，以相對集中、合理佈局的對策，全面調整文物建築的利用功能，形成新功能片區，實現合理利用、加強管理的工作目標。第四，限定故宮保護管理機構規模，清理、騰遷不合理使用的文物建築，妥善安排騰遷部門。第五，以拓展開放、促進保護的對策，擴大開放總體規模、實施分片輪展等方式，促進文物建築日常維護工作，有效改善文物建築的延續性。第六，以展存結合的對策，強調採用原狀陳列和原狀式陳列方式，突出宮廷文化展示主題，尋求故宮不可移動與可移動文化遺產的有效保護與優質展示，全面擴大遺產的文化傳播影響，提升社會效益。第七，以劃定文物等級來規定文物建築開放強度和利用功能，以細化工程類別來區分保護措施性質，強調保護工程「不改變文物原狀」的原則，採取有利於保護和合理利用的技術措施，實現保存的真實性和保護的有效性。第八，加強安全防範、應急預警與監測管理措施，提升遺產安全保障能力。第九，加強遺產建檔、學術研究和人才培養，全面發掘和保存遺產的歷史信息資料與價值。

　　要點之四，把對策具體化為保護與管理措施，確定本輪規劃的目標是「實現故宮完整保護，再現莊嚴、肅穆、輝煌的盛世風貌，充分展示歷史文化價值與內涵」。

　　對於盛世風貌，社會上有些疑慮。其實我們是從保存和延續故宮價值出發，來提出目標的，有這樣幾層考慮：從歷史真實性層面，故宮建成六百年來，始終沒有停止面貌的更動，一直在修復天災人禍造成的大破壞和自然力造成的損傷。紫禁城最後基本定型是在乾隆改建寧壽宮以後，那時正值清代國力強盛時期，形成的紫禁城基本審美特徵，是莊嚴、肅穆、輝煌。而清王朝末期和被推翻以後，甚至溥儀被驅逐的時候，紫禁城是淒涼破敗的。這兩種狀態都是曾經的歷史真實。既然我們認為故宮是中華民族文化的載體和象徵，那麼經過我們維修後的故宮就應該反映那種盛世風貌，絕不能是陳舊淒涼。從工程技術的層面，清代康雍乾時期中國官式建築發展形成新的高潮，達到新的高度。我們對維修所使用的建築材料和工藝技術，也必須提出最高的要求，做到「工精料實」，決不允許敷衍了事。

從工程管理的層面，雍正末期頒佈工部《工程做法》，強調標準化，工程質量和造價管理非常嚴格。檔案記載，在工程中使用了多少金磚，皇帝都是親自過數的。我們維修世界遺產，既是對中華民族文化遺產的保護，也是履行對國際社會的承諾，所以我們的管理也必須更為嚴密與科學。

那麼「盛世風貌」是否意味着「金碧輝煌」呢？這是兩種概念的混淆。莊嚴、肅穆、輝煌是一種性格，金碧輝煌是一種觀感，我們追求的是前者。維修後的建築會不會太「新」，的確是比較普遍的疑問，在很多人的印象裏，文物保護的原則是「整舊如舊」。我們在上節已經說明，「不改變文物原狀」才是文物保護的原則，整舊如舊只是一種比較通俗的說法，而這裏的「舊」並不等同於「陳舊」。文物保護界的元老羅哲文先生曾經用另一種通俗的語言解釋「不改變原狀」的原則，就是保存原來的建築形制，保存原來的建築結構，保存原來的建築材料和保存原來的建築技術。這「四原」就是「舊」的真實含義。但是即便做到了，建築物還是有發生「外觀變新」的可能。20 世紀 60—80 年代，類似討論也非常熱烈，莫衷一是。《保護準則》認為，「修繕不允許以追求新鮮華麗為目的，重作裝飾彩繪；對於時代特徵鮮明、式樣珍稀的彩畫，只能做防護處理」，提出了從實踐出發的一種方案。

其實我們已經知道，中國木結構建築都是用磚、石、木、瓦、灰泥建造的，外表面還有油漆彩畫和塗料。這些材料的耐久程度存在巨大差別，在自然條件下，從新到舊有着不同的周期。因此同一座建築的外觀也經常是有新有舊。即便同是周期很短的油漆與彩畫，由於彩畫處於屋簷下，受紫外線的影響要小於木柱，所以木柱油漆的更新比彩畫更頻繁，故宮人稱為「新褲舊襖」的現象是經常發生的。因此建築遺產價值是否得到真實的延續，與單純觀察外觀的新舊並沒有必然聯繫。

要點之五，本輪規劃的「保護工程」，包括五大任務：

其一，保護故宮整體佈局，徹底整治故宮內外環境。故宮的整體佈局構成遺產價值的重要部分，但是有一些外單位佔用着故宮古建築。「文化大革命」後期在西華門南北兩側蓋了五棟大樓，俗稱屏風樓，嚴重破壞了故宮景觀。規劃要求佔用單位騰退古建築，大樓進行拆除整治（圖 1）。

其二，保護故宮的文物建築。在 20 世紀的百年裏，對故宮建築的維

護總體上財力投入不足，建築受自然力影響老化日趨嚴重。琉璃瓦脫釉污染現象普遍，一些琉璃構件破碎。外簷彩畫約 55% 在 1924 年以後重繪，現在普遍老化，有一些嚴重破損。一些大木結構存在隱患。石質構件數量巨大，僅石欄杆就有 6000 米。它們普遍風化，個別非常嚴重。一些不開放區域建築年久失修。故宮個別建築遭到人為破壞，「文革」中故宮慈寧宮大佛堂文物被借給洛陽白馬寺，不僅文物被運走，連建築彩畫都被破壞。利用奉先殿做「《收租院》泥塑」展廳，對建築進行改造，具有唯一性的龕位被拆除。故宮建築的保護工程要做到「祛病延年」，修復這些損傷和破壞，使建築整體恢復健康狀態，從此進入良性循環的軌道（圖 2，圖 3）。

其三，系統改善和配置基礎設施。故宮的給水、暖氣、電力、消防、安防、通訊等等基礎設施大部分是博物院成立以來陸續添加的，缺乏統一規劃，一些設備落後，威脅建築安全，一些露天管線影響歷史環境。這次工程要做到合理規劃，提升水平，管道入地，恢復古建築景觀（圖 4）。

其四，合理安排文物建築利用功能。從皇宮改為博物院，原來建築的功能必然有所改變。目前古建築的功能安排不盡合理，展陳、庫藏、服

圖 1　西華門「屏風樓」

圖 2　年久失修的壽康

圖 3　被拆掉佛臺佛龕的慈寧宮大佛堂

圖 4　露天的採暖管線

務、管理等各類功能的配置和規模需要科學調整，合理佈局，形成相對集中的開放區和非開放區，擴大開放面積，用合理開放促進保護。

其五，提高展陳的藝術品味，改善文物展陳及保存環境。受到客觀條件限制，故宮博物院的展室設備落後，手段陳舊。利用古建築當作文物庫房的，不符合保管珍貴文物的條件。這些問題也要統籌在工程項目中進行安排（圖5）。

總體規劃是一個長期規劃，以2008年北京奧運會為一個時間節點，以前的維修任務規定較實，以後的有一定的調整空間，但是規劃所遵循文化遺產價值觀的導向原則、歸納的問題、提出的對策和規劃目標，則是本輪規劃期內需要不懈追求的。

三、故宮整體維修工程實例

整體維修是如此複雜，協調好五大工程任務之間的關係十分要緊，而且國務院要求邊開放、邊維修，保證工地和觀眾的安全。所以規劃制訂的工程方針是「兼顧維修與開放、保護與展示、地面建築與基礎設施，統籌安排，協調開展」。故宮博物院職工上下一心，認識到這次維修是國家大事、歷史重託，懷着莊嚴的使命感，投身到大修工程中。

圖5　體仁閣二層原文物庫房

1. 總體進展情況

　　試點工程武英殿於 2002 年 10 月 15 日舉行了開工儀式。武英殿佔地 12,000 平方米，共有建築六十餘間，6575 平方米。其中「浴德堂」故事多，特別受到關注。清代同治、光緒朝兩次失火修復，1914 年成為古物陳列所的展室，20 世紀 80 年代開始成為中國文物交流中心辦公室。根據勘查，武英殿前殿木結構腐朽嚴重，需要重點修繕，其餘殿堂是現狀維修。這裏遠離開放區，施工不受開放影響。試點的意義，除了對工程目標、技術措施進行檢驗以外，也包括了檢驗管理和監督機制是否順暢有效的考慮。

　　試點工程還包括寧壽宮花園倦勤齋的內簷裝修保護。2001 年 8 月開始，美國世界建築文物保護基金會（World Monuments Fund）決定與故宮博物院合作進行內簷裝修保護。用了一年多的時間進行了深入的研究工作，2003 年 3 月 20 日，雙方正式簽署合作協議。基金會不僅負責籌措資金，而且在世界範圍廣泛聘請科學家和修復技術專家，深度參與研究和修復工作。對內簷裝修進行全面的研究和保護，在故宮博物院是第一次。

　　2004 年 6 月 4 日，故宮外朝與內廷中軸線西側門廡舉行維修工程開工儀式，標誌着「整體維修工程」開始實施。十六年來，逐步完成了下列工作：

　　佔用故宮場地的問題有很大突破：在國家文物局的協調支持下，原來佔用武英殿、寶蘊樓、午門東雁翅樓的國家博物館徹底騰遷，而且按照文化部要求，國家博物館在新館擴建完成之後，將端門移交故宮博物院管理開放。在國務院的協調下，解放軍某部從佔用了半個世紀的大高玄殿騰遷，交還故宮博物院維修後管理開放。在北京市和西城區政府的支持下，佔用「稽查內務府御史衙門」的居民進行了搬遷。佔用西華門北屏風樓的中國第一歷史檔案館計劃遷建，國家發展和改革委員會已經對其批准立項，並要求，中國第一歷史檔案館遷出後，舊館應該拆除，儘快恢復明清故宮歷史原貌。「完整故宮」，任重道遠。

　　以下建築的維修已經完成了：

　　城池部分，午門、東華門、神武門、部分城牆。

外朝部分，除中和殿、保和殿、文淵閣、箭亭以外的全部建築。

內廷中路，周廡與各側門、欽安殿。

內廷東路，毓慶宮。

內廷西路，養心殿（正在進行中）、中正殿、長春宮、延慶殿、建福宮。

外東路，寧壽宮花園、景福宮（仍在進行中）。

外西路，慈寧宮、慈寧花園、壽康宮、英華殿。

內廷服務機構與衙署，寶蘊樓。內金水河西岸文物科技保護修復室與辦公室建設，武英殿南大庫維修與復建。

展陳條件得到根本改善，開放面積快速擴大。大修前，故宮博物院開放院落佔故宮全部院落的三分之一，開放古建築佔全部建築的四分之一。到 2015 年，開放區域佔全院 65%，以開放促進保護的對策十分成功。

基礎設施的設置改造正在實施中。

2. 午門正樓維修和展廳建設

午門正樓是一座重簷廡殿屋頂的建築，面闊九間，規模僅次於太和殿。文獻記載，明代嘉靖三十七年（1558 年）火災後重建。清代順治四年（1647 年）重建。它的構造，還較清楚地延續了宋代規定的「殿堂」式大木的格式，在金柱和中柱組合的柱網頂上，用一層斗栱層承重，屋頂的梁架都支在斗栱之上。特殊的是，屋頂上的五架梁與正樓金柱並不對位，這樣屋頂就可以使用較短的檁。另外大木構件使用了很多拼接的舊料，説明清代重建時明代午門並未遭到毀滅性災害。

1962 年故宮博物院對五架梁進行過加固，這次維修前勘查，發現午門大木結構牢固穩定，屋頂也沒有漏雨跡象，所以工程性質定為保養性現狀維修。具體項目，包括屋頂的查補和捉節夾壟，外簷彩畫按照清代中期的格式復原，內簷彩畫進行清洗加固。制訂維修計劃的重點，是決定把午門作為展廳，來佈置開放。那麼什麼類型的展廳才合適呢？

故宮博物院在皇家宮殿原址建立，展覽內容包括古建築、皇家收藏，也包括宮廷史跡。有一類宮廷史跡是古建築群的某個局部，如御花園、慈寧宮花園等，再一類是由一座古建築內部的內簷裝修、家俱、匾聯、陳設、收藏構成，它是宮廷文化的活標本，稱為「原狀陳列」。它是故宮博

物院獨具特色的展覽，在 20 世紀 60 年代已經形成了模式與理論。故宮博物院老專家朱家溍先生策展的坤寧宮原狀陳列早已是範本，它生動地展示了滿洲皇家「祭神」和「大婚」兩種場景，場景中出現的每一件文物都是經過考證的，無論時間與空間，都有嚴格的依據（圖6，圖7）。

圖6　坤寧宮祭神原狀陳列

圖7　坤寧宮東暖閣大婚原狀陳列

顯然，室內原狀陳列的條件嚴苛，把故宮博物院的古建築都做成原狀陳列的願望是不現實的，於是我們提出還可以進行「原狀式陳列」。即在基本保持殿堂原狀的基礎上，增加一些文物的展出，如寧壽宮，就是作為珍寶館佈置的。它的內簷裝修等等都保持了原狀，但是年代上，有些是乾隆時期原狀，有些是慈禧時期原狀，而且陳列的文物並不都是寧壽宮的舊藏（圖8）。

故宮博物院的第三類展覽是利用古建築做展室進行文物陳列，這些文物與所在古建築原本沒有關係。這就是一些專館，如古書畫館、古陶瓷館、青銅器館、雕塑館等等。以前這類展館大部分進行過改建，室內原狀已經不存在了。

那麼，故宮哪些建築適合安排哪類功能，能否開放及如何確定開放強度，需要一個判斷標準。總體規劃評估了故宮每座建築的文物價值、所處位置和歷史功能，把它們分成四類：一類是與明清政治、歷史事件、典章制度、歷史人物、宮廷生活密切相關；建築位置和級別重要、建築形制和內外裝修具有典型性和代表性；或建築類型具有獨特性。二類是與明清典章制度、宮廷生活有關；與一類建築一起構成完整格局；或有一定典型

圖8　寧壽宮樂壽堂，原狀式陳列的珍寶館

性和代表性。三類是明清宮廷中不具備獨特性的附屬服務性用房，建築級別低下，內部裝修陳設無存。四類是 1911 年以後至故宮博物院初創時期添建和改建的近代建築，與古建築環境不牴牾或有一定紀念意義。依此標準，一類建築，儘可能安排原狀陳列或原狀式陳列，二類建築可以用作文物展廳。

午門正樓雖然屬於一類建築，但是，1917 年國立歷史博物館進駐，1918 年決定把城樓和兩翼亭樓闢為陳列室，1924 年開放。所以午門城樓的宮廷史跡早已經消失，這次大修以後，繼續它的展廳功能也是一種合理利用。午門正樓前後有廊，有利於觀眾流動。室內面積約 1153 平方米，在故宮博物院已經是不可多得的大面積。室內從地面到天花有 13 米多，空間高敞。這些條件讓我們決定在正樓空間裏建造一個現代化展廳。

清華大學建築學院和其他院系、北京威斯頓建築設計公司承擔了展廳設計和城臺長期監測的任務。展廳的設計制訂了這樣幾條原則：其一，可逆性，展廳與所有設備是一個獨立體系，與古建築之間進行「柔性」連接，必要時可拆除而不對古建築有任何影響。其二，不能對古建築產生不良影響。它的重量控制在科學評估給出的範圍內。展廳內的空氣與古建築不發生交流，不改變古建築的大氣環境。不遮擋古建築，用透明玻璃做圍護材料，觀眾在欣賞文物展品的同時可以感受到古建築的環境。其三，淡化展廳結構的存在感，採用簡潔的風格。其四，創造適宜溫濕度環境，滿足文物展品的安全需要，也給觀眾提供宜人的觀展環境。展廳選用輕鋼材料做框架，每根鋼柱下設可調基座，既與金磚地面隔離，又可使展廳全部重量均勻分佈。展廳的空調設備，都放在正樓的兩個盡間，所有通風電器等等管線，都隱藏在展廳地板與原來的室內地面形成的夾層中（圖 9，圖 10）。

2005 年 4 月 21 日，中、法兩國總理登臨午門城樓，為《法國凡爾賽宮珍品特展》剪彩，午門展廳正式啟用。展廳效果完全達到了設計預期。聯合國教科文組織亞太文化遺產保護獎特設了「2005 評審團創新獎」，頒發給午門展廳。評審團評價說：「在文物建築故宮午門內建造現代展廳，使傳統建築空間滿足現代國際展覽標準，是技術和設計創新典範。」「工程表明，通過創新可以把文物古建與作為展示珍品空間之間不易調和的狀況，轉變為互相映襯的雙贏局面，可作為解決其他類似問題的典範。」（圖 11）

圖 9　午門展廳

圖 10　從展廳內欣賞午門彩畫

圖 11　頒獎典禮合影

圖片説明：右一為清華大學王明旨副校長，右二為國家文物局董保華副局長，左四為聯合國教科文組織亞太地區辦事處恩格哈特文化專員，左三為展廳設計者郎紅陽建築師，左二為本書作者，左一為清華大學建築學院呂舟院長。

這次大修以來，凡是開闢為文物展廳的古建築內部，都新增了附加地板，一來保護金磚或方磚地面，二來將電線等隱蔽在地板之下，避免了在古建築的牆上安裝現代設備，只是由於空間容量的限制，不可能都附加展廳。十幾年來，這個展廳設置的方案對於保護古建築、提升古建築展示水平，都起到了重要的作用（圖 12）。2015 年，午門雁翅樓整修之後闢為展廳，午門三大展廳總面積達到 2800 平方米，是故宮博物院最大、最現代的展廳。

3. 欽安殿維修

欽安殿處於御花園中心位置，明清兩代使用率都很高，室內還是宮廷史跡原狀，擺滿了神龕、神像和供案、供器。欽安殿的結構非常獨特。第一，它的面闊，在簷柱是五間，在金柱位置變成了三間，連接金柱的大額枋長達 13 米，尺度超長，做法罕見。第二，它的重簷盝頂在故宮中是唯一的一例。所謂盝頂，《宮闕制度》解釋：「三椽，其頂若笥之平」。欽安殿的平梁之上，兩端各架一根「承椽枋」，承椽枋上直接鋪排木，兩側到屋簷各鋪木椽，形成一個「八」字，正是「三椽」之制。第

圖 12　武英殿展廳

三，主要結構材料全部使用楠木，兩層梁之間全部使用駝峰承重，構件加工細膩。第四，苫背之上鋪一層青銅板瓦。前後坡銅瓦呈「八」字形，從前簷經屋頂直達後簷，長度很長。第五，盝頂的屋脊是一周圍脊，脊之下保留了筒瓦的流水當，稱為過壠脊。脊的四角安裝合角吻。盝頂正中，安放了一座銅鎏金寶頂，樣子像一個花罐，也像一座覆缽式寶塔。欽安殿前簷原來設有披簷，面闊也是五間，進深達 6.62 米，佔滿了整個月臺。但是 20 世紀 80 年代，披簷被拆除。這次維修原定計劃，是保養性檢修，並復原披簷（圖 13）。

在實施前的進一步勘查時，在屋頂排木的上方，故宮專家發現了寶頂內的雷公柱發生糟杇；排木下方，觀察到有散落的木屑，引起警覺，於是用手搖木鑽深入檢查了兩根排木，發現它們的內部都已經嚴重腐爛。繼續鑽探檢查臨近的兩根，仍舊如此。事情嚴重，但是影響到底有多大範圍？經過研究，決定從屋面開始繼續檢查。工人們按照下面腐杇排木的相應位置，揭起四壠筒瓦和青銅板瓦，這下發現這個部位的排木均已經失去承重能力。這樣只能進一步擴大挑頂的範圍。最終發現，屋頂的大部分排木均已經不能繼續使用了。欽安殿也因此把方案修改為挑頂修繕，經文物局批

圖 13　修繕後的欽安殿

准後實施（圖14）。工人們選取老楠木對雷公柱實施了「墩接」。用乾燥的松木，按照排木原來的尺寸（厚27厘米）替換腐朽排木，中間安裝寶頂的部分加厚加寬，增大安全係數（圖15）。

圖14　挑開屋頂局部發現排木已經腐朽呈木屑狀

圖15　更換下來的排木

由於要挑頂，屋頂當中的寶頂也必須要拆卸下來。寶頂高 3.74 米，腹部直徑 1.64 米，總重約一噸，是一個龐然大物，在故宮也是孤例。工人們用簡單的器械，小心地逐層拆卸。在取下葫蘆形的頂蓋以後，發現寶頂腹中竟然裝滿了經卷，這是一個重大的文物發現。現場停工，協助故宮博物院文物管理處派的專家取出經卷之後，才繼續進行拆卸工作。文物專家整理發現，經卷共三千零三十九卷，包括九種經，用藏文刻版印刷，年代以乾隆年為主。寶頂中也發現了紫檀、檀香、五穀等紙包，這些物品，一般是宮殿正脊合龍時，放在寶匣中的。這些經卷經過整理、記錄，留出七十五卷標本另外保管，其餘在修繕工程完成後又裝回寶頂中。至於當初經卷是什麼時候、出於什麼考慮放入寶頂，還需要繼續研究（圖 16，圖 17）。

圖 16　在寶頂中發現經卷

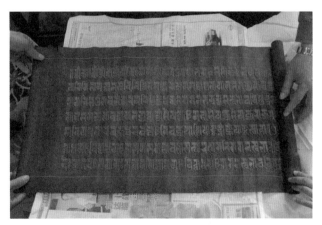

圖 17　經卷一種

寶頂本身，整體完整，但是局部有裂紋，外表面原有鎏金層已經嚴重脫落並污染，而內表面已經出現有害鏽。所以決定清洗，消除病害，恢復保護層。寶頂原來採用的是鎏金工藝，但是傳統的鎏金技術要用大量水銀，造成嚴重污染，特別是對工人造成不可恢復的永久性傷害，所以不能採用原工藝。古建築科技保護小組採樣分析了污染物，制訂了藥物清洗、委託專業廠家進行鍍金和氟碳材料表面封護，這樣三步走的保護方案，經過專家論證後實施（圖 18，圖 19）。[1]

欽安殿得到維修是令人慶幸的，因為它使我們及時發現和處理了古建築的嚴重隱患。這個隱患不排除，如果遇到特殊情況，一朝坍塌，那麼室內那些珍貴宮廷文物將毀於一旦，永遠無可挽回。這說明國務院決定進行故宮整體維修的決策，是正確的和及時的。類似隱蔽部位主要承重構件腐朽的情況，武英殿前殿、熙和門等都發生了，這類工程帶有「搶救」的性質。欽安殿維修中，挑頂、木結構修理、重新苦背鋪瓦，都使用了傳統修繕技術手段。寶頂、琉璃瓦與琉璃構件的保護工作使用了現代科技。

4. 太和殿維修

說這個工程是「舉世矚目」毫不為過。太和殿是外朝的中心，故宮的核心，中國面積最大的古建築。它的維修引得億萬人民牽掛，也使得故宮人備感壓力。現在回憶，當時很多景象仍歷歷在目。

太和殿維修工作的第一步程序，是採用多手段勘查和多學科合作，取得儘可能全面、詳實的資料。包括歷史文獻的蒐集；傳統的徒手測繪；三維激光精細測繪；對臺基、寶座和牆壁抹灰層的專題調查；樹種和保存狀況調查。

文獻蒐集方面，《太和殿紀事》一書值得特別關注。現在的故宮太和殿重建於清康熙年間。清工部營繕司郎中江藻，原本只負責監督黑窯廠和琉璃廠，工部尚書要求他掌理司事，於是他得以親至紫禁城中，「周旋於繩墨尺寸之間，躬逢盛事」，經歷了重建工程的全程。他把工程中的有

1　李玥：《欽安殿屋頂維修過程中的疑難問題及化解措施》，《古建園林技術》，2014 年第 3 期。

圖18　拆卸下來的鎏金銅寶頂零件　　　　　　　　　　　圖19　鍍金寶頂的安裝

關公文摘錄下來，按照工程順序和工種編輯成九卷，成為這次工程的「實錄」。這次重建「遵旨於康熙三十四年二月二十五日起工，三十六年七月十八日完工」。即 1695 年 4 月 8 日至 1697 年 9 月 3 日，工期約兩年半。重建工程從在三臺上刨槽、建造臺基開始，攔土牆的填廂不按常規使用夯土，而是用新樣城磚滿砌，礤墩用臨清城磚砌。臺基的石材新舊並用。太和殿的規制，屬於面闊「九間，東西二邊各一間」。書中記錄的搭材、木作、陶作、石作和彩繪的名物制度補充了《工程做法》，而且使用的物料，一磚一瓦，都精確到個位數，這在古代歷史文獻中是非常罕見的，對判斷太和殿自身的歷史極其可貴。

　　文物建築勘查與測繪的目的，一是研究和記錄它的建築材料、法式制度和技術手段，二是觀察和監測它的保存狀況，是否安全、穩定，材料和結構有沒有發生改變。勘查測繪的結果是修繕設計的依據。這次有四個小組參加了勘查測繪工作。

　　第一組是故宮博物院的古建部，進行傳統的「徒手」勘查測繪，所謂徒手，並非赤手空拳，只是說不需要特殊的設備，一般的定位、度量、

攝影等手段都是要使用的。它對於觀察建築制度、節點狀態和斗栱等細節有不可替代的優勢，但是對於一些較大範圍、較宏觀的狀況，比如梁、枋等長構件發生下垂、扭曲等變形的度量、建築物整體是否歪閃及其程度判斷、屋面的曲面形態等數據的取得就相當困難（圖 20）。第二組是故宮博物院資料信息中心、古建部與北京建築工程學院（今北京建築大學）聯合課題組，帶着「三維激光掃描測量建模技術研究及在故宮古建築測繪中的應用」的科研目標進行測繪（圖 21）。作為當時還比較新的技術，它要攻克天花板以上的數據與地面測量數據的準確整合、測量取得的海量數據的解讀、轉換成工程圖紙等一系列難題。它的優勢恰恰可以與傳統測繪互補。後來這個課題成果獲得了中國測繪學會 2009 年科學技術一等獎。第三組是中國林業科學院木材研究所對故宮大木構件的樹種和保存狀況進行勘查研究。這三個組的勘查，最後形成了《故宮太和殿保護維修工程現狀勘查報告》。

勘查報告說，太和殿的規制，屬於「殿身九間，周圍廊，十三檁重簷廡殿」大木制度，比《工程做法》「九檁廡殿大木」高一個等第。有一些技術手法接近明代，如：明間面闊最大，八個次間基本相等，均窄於明間，各間斗栱攢檔都大於十一斗口等；所有七十二根木柱均用硬木松，外面分瓣拼攢、包鑲杉木。上架大木也只有少量楠木，天花梁、跨空枋、承

圖 20　故宮博物院古建部的專業人員在工作中

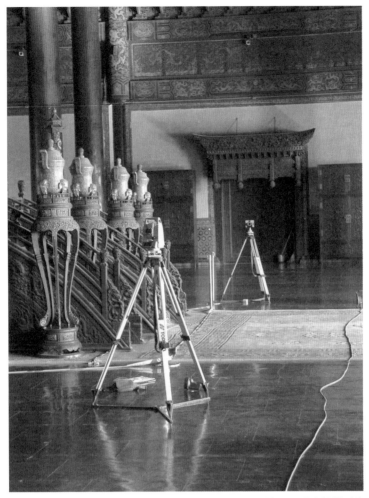

圖21　在太和殿內進行三維激光掃描測繪

椽枋、大額枋等均是包鑲做法。大殿木材用量折算約 5200 立方米；屋頂
苫背用白麻刀灰，鋪瓦用白灰。通脊的空腔裏滿裝木炭。下簷屋面中段，
正對上簷滴水的段落，鋪六塊青銅板瓦，應是預防冬季上層屋簷冰凌衝擊
的措施；主要梁枋構件因跨度大都有下垂，但其下沉撓度都在力學允許範
圍內，木構架基本穩定；兩山梁架局部構件有明顯下沉，梁架外閃，東部
更嚴重。藻井整體下沉。後簷柱多根柱根糟朽，東西兩個牆角的四根柱子
最為嚴重；臺基須彌座多處開裂，多處石材層狀剝落；外簷彩畫普遍褪色，
內簷彩畫基本完好。

第四個工作組在 2003 年 3 月組成，名為「中意故宮保護計劃技術小組」，意方派遣了文化遺產部考古局長、建築與景觀局長、中央修復所所長，故宮博物院有我和古建部、宮廷部、文保科技部的專家。意方也用三維激光掃描的方法記錄和判斷太和殿整體狀況，結論與中方相同。雙方合作的方向主要是就技術保護進行研究、制定切實的保護方案。

第一是三臺石質構件的保護，意大利擅長進行石質文物外表面的清洗，石料開裂、風化的修復和保護，他們有一整套制度值得學習。如果能借鑒他們的技術，延緩三臺的風化，將是一件大功德（圖 22）。第二是太和殿內木質文物保護，就是皇帝寶座下的木質須彌座，佈滿雕刻，罩紅漆，局部貼金。現在木材少量開裂，油漆污染變色、開裂剝落，金色被桐油沁染。意大利用他們的修復和清洗技術進行了修復試驗（圖 23）。第三是殿內牆壁表層處理。太和殿各次間下鹼貼琉璃圭文磚，上身刷包金土色漿，周邊拉紅白兩色粉線，裱糊一周青地片金龍彩畫。傳統修繕，如果需要，則重新抹灰或修補。意方的做法則十分精細，他們採取回貼的方法，把空臌的抹灰以及起皮的灰漿貼回去（圖 24）。意方的工作留給我的突出印象，是滿懷對太和殿的敬畏，特別重視跨學科合作和對每一種材料進行成分檢測。這次合作的結果，是一份長篇的歷史與藝術學報告，和上述三個方面的保護方案。

2006 年初，故宮博物院古建修繕中心開始在太和殿搭設保護罩棚，同時為了保證觀眾安全在太和殿周圍設置了工程圍擋，不久，在圍擋上安設了一個展示太和殿歷史和維修方案的圖片展，成了導遊的新景點。

圖 22　中意雙方進行三臺現狀的勘查記錄

圖 23　開裂漆皮的回貼試驗

圖 24　內牆抹灰及色漿的保護試驗

　　搭設保護罩棚，是為了在全部保護修繕工程期間都有一個防雨的作業環境，同時也作為施工期間的腳手架和物料運輸通道。罩棚頂部需要全封閉，同時在太和殿屋頂施工時又要給工人留下作業空間。罩棚的困難之處在於它的體量太大，而且搭設條件苛刻，必須對三臺地面進行嚴格保護。修繕中心聘請顧永林老工程師為顧問進行設計，最終搭建成前後兩坡頂的大罩棚，面闊 75 米，進深 47 米，高 33 米。北側東西兩邊各設一座提升井架，還創造性地在西北井架附近搭設一座平橋，高 11.5 米，長 84 米，通向開放區之外，解決物料運輸與觀眾流的交叉問題。整個施工期間，罩棚經受了多場風雨考驗。在它南面的無紡布上，噴繪了一幅原大的太和殿南立面圖，彌補觀眾看不到太和殿的遺憾。（圖 25，圖 26，圖 27）

　　2006 年 2 月 17 日，收到北京市文物局關於太和殿修繕工程設計方案的覆函以後，開始實施對兩山部位大木歪閃、角柱腐朽等重大隱患進行揭露檢查。然後有針對性地對木結構進行加固，完成加固後進行屋頂復原。

　　勘查發現了屋頂木結構存在三種大問題：其一，西山挑簷檁下垂尺寸已經大大超過規範規定的數值；其二，東、西第三次間的童柱頂部朝兩個方向開卯口，一個連接順梁，承托着山面屋頂重量的絕大部分，大約每平方米 1850 公斤。一個連接扶栿木。現在順梁和扶栿木的榫頭全都從卯口下沉超過 10 厘米，原有的加固鐵箍已經失效。其三，支撐藻井的井口爬

圖 25　架子工們正在搭設保護罩棚

圖 26　從太和殿工地通往開放區外
臨時平橋

圖 27　太和殿保護罩棚全景

圖 28　順梁和扶栱木的榫頭從童柱頭下沉　圖 29　附加在順梁下的支頂結構，一種預防性的措施

梁產生通裂縫，藻井下垂 13 厘米。經過力學計算，分析認定西山挑簷檁仍能滿足強度要求；歷史上對兩根扶栱木的加固仍在發揮作用，所以不必處理。順梁榫頭下沉，如果抬升，勢必影響到整個屋頂，因此決定維持現狀，增加了「龍門枋」式的支頂結構，把原來由榫頭承擔的重量轉移到童柱腳下。井口爬梁本身沒有腐朽問題，材料可以繼續使用，設計增加鋼箍加固（圖 28，圖 29）。[1]

　　勘查發現的簷柱糟朽的問題，還需要進一步確定糟朽的程度。由於後簷柱在東西兩夾室內完全砌在牆裏，所以必須拆卸部分牆體。為了儘可能減少拆卸面積，採取了先局部探查，確定非採取加固措施不可後，才按照工程需要，拆卸到所需要的高度。柱子是拼接的，裏面用直徑 58 厘米的硬木松為芯，外面用十塊杉木板包鑲，最後達到 78 厘米的柱徑。實際墩接高度，東北角柱最高，達到 2.19 米。墩接也用松木和杉木兩種木材，按照原來的樣式做，最後加上不鏽鋼箍（圖 30，圖 31）。

　　屋面琉璃瓦的拆卸和恢復過程十分複雜。所謂揭露檢查，除了是為屋頂自身的檢修外，也為消減屋面重量，給木結構的深入檢查和加固處理創造條件。因為所發現問題在兩山，揭露從兩山屋面開始。工程設計方案要求，拆卸下來的琉璃瓦，將來都要回到原來的位置上。工人們按照要求，在拆卸前，再次核定瓦壟數目，用「杖杆」標註下來。畫成屋面簡圖，標註了每壟的筒瓦和板瓦的數量、屋脊各部位的長度、脊瓦件的數量。這下

1　參閱石志敏等：《故宮太和殿木構件現狀分析及加固方法研究》，《文物保護與考古科學》第 21 卷第 1 期。

圖 30　拆卸朽柱的鐵箍　　　　　　　　　　　　　　　　　　圖 31　墩接松木柱芯

發現，前後兩坡的瓦壟並不是完全平行，而是上密下疏，工人馬上命名為「喇叭檔」，這是以前沒掌握的情況。拆卸後的瓦，清理乾淨後編上位置號碼，同時鑒定琉璃瓦的保存狀況，進行分類存放（圖 32）。

以往故宮古建築修繕，琉璃瓦損傷嚴重的就只好更換了。所謂損傷嚴重，包括破碎和琉璃嚴重脫落兩種情況。這次大修，我們學習了古人的做法，將那些琉璃脫釉嚴重但是瓦坯完整的瓦，重新回窯掛釉，最終回到屋頂上。這樣就有一批過去會被報廢的琉璃瓦延續了生命。這是大修初期古建築科技保護小組的課題，小組與京西琉璃窯進行了密切的協作，從機理和工藝兩個方面，保證掛釉的質量。對於屋脊上的各種吻獸，需要時進行清洗和加固，一些破碎的構件，經過粘接，都回到了它原來的位置（圖 33，圖 34，圖 35，圖 36，圖 37）。

苫背是古建築屋頂的關鍵工序。一般的傳統做法，是在望板上鋪一層「護板灰」，然後再鋪「摻灰泥」，要分二三層鋪，每一層都不能太厚。太和殿屋頂做法有兩點不同，一是在木望板上塗刷一層「淨油滿」，即用桐油等調成的有機材料。然後鋪一層較薄的白麻刀灰，然後再用白麻刀灰鋪苫背。東西兩山鏟除灰背後發現了這種做法，而且發現兩山望板保存非常

圖 32　琉璃瓦屋頂拆卸編號

圖 33　污染嚴重的割角滴子

圖 34　清洗後的割角滴子

圖 35　拆卸前的太和殿正吻，用十三塊零件拼接

圖 36　粘接破碎的正吻零件

圖 37　修復完成的正吻零件

好，推測是這層材料的作用，因此給予了仿製。二是苫背和鋪瓦都使用白灰，在恢復屋面時，也採用了同樣的材料。

　　當發現太和殿前後兩坡屋面的苫背保存較好以後，故宮博物院召集專家研究對策，大家一致同意加以保護，不需要繼續拆除。但是太和殿屋頂面積超大，上半部坡度也很陡，老灰背與新的白灰層能否緊密結合、是否可以形成足夠大的抵抗屋面瓦下滑的力量，大家建議要進行科學試驗。故

圖 38　老灰背抗滑移試驗

宮博物院委託中國建築科學研究院結構研究所進行了老灰背抗滑力量的試驗（圖 38），得出數據，做出了老灰背可以繼續使用的結論。因此調整了工程方案，增加了老灰背的加固措施。[1]

　　最後，工人們完全使用傳統技術，進行了屋頂的全面恢復。在鋪瓦的時候，瓦壟恢復了原來「喇叭檔」（微放射狀）。在安排幾個工位同時施工的時候，注意了屋頂受力的均衡。在「調垂脊」的時候，保持了原有的曲線，工人們的說法，叫作隨記錄的「垂囊」和「旁囊」。在正脊的「脊筒子」裏，按照拆卸前的做法，填充了柞木炭來防潮。只留着正脊中央的一塊裏面是空的。2007 年 9 月 5 日，依照傳統的儀式，把半個世紀前從這裏取出來的銅鎏金寶匣又裝了回去，只是增加了一紙文書，簡記了這次維修的過程和意義（圖 39，圖 40，圖 41，圖 42，圖 43，圖 44）。[2]

　　太和殿維修是這次「大修」的一個標誌性工程，它堅定執行了《文物保護法》所規定的「不改變文物原狀」的原則，體現了故宮博物院為了貫

1　參閱曹曉麗等：《故宮太和殿的灰背加固保護維修》，《古建園林技術》，2009 年第 3 期。
2　參閱王麗穎：《故宮太和殿維修工程施工紀實》，《古建園林技術》，2009 年第 3 期、第 4 期。

圖 39　開始鋪瓦工程

圖 40　按照原來的優美曲線恢復垂脊

圖 41　工人們裝配正吻

圖 42　維修前的垂脊獸前段落

圖 43　維修後的垂脊獸前段落

圖 44　合龍儀式

徹這個原則而擬定的方針：祛病延年、保存原物和最少干預。中國古建築保護史上，存在「帶病延年」和「祛病延年」兩種方針，在不同的客觀條件下都是正確的，當條件允許對古建築存在的隱患進行全面檢修而技術也完全可能消除病患時，祛病延年就是合理的選擇。最少干預是中外文物保護共同遵循的，最少的標準，不是單純指干預範圍和強度的大小，是否更換材料等等，而是要求所有的干預都應該最必要。

5. 倦勤齋內簷裝修修復

倦勤齋位於寧壽宮內廷西路，是乾隆花園最北端的建築，建築面積只有224平方米。面闊九間，劃分成東五間和西四間。東五間有前廊，室內裝修成「凹」字形平面的仙樓。西四間裝修成一個小劇場，靠西山牆中間建一座木製亭式戲臺，東側仙樓做看臺。多年來故宮博物院對它實行封閉管理，也沒有實施技術干預。2001年成為大修工程內簷裝修保護的試點，2006年3月，故宮博物院與美國世界建築文物保護基金會（WMF）共同舉辦了「倦勤齋保護項目竣工儀式」，在祝賀項目完成的同時，宣佈將雙方合作擴展到整座乾隆花園，目前工作還在進行中（圖45）。

倦勤齋項目的成功，首先要歸功於貫徹了正確的指導思想，制定了明確的規劃目標和工作步驟。項目組編制了《乾隆花園文物保護規劃》，規劃遵循了《威尼斯憲章》和《保護準則》的原則，確定保護程序、保護目標和行動計劃。項目組在每一步程序執行之前都要舉行中外專家共同參加的「里程碑會議」，小結上一階段成果，研究下一階段的工作。而且在每個分項開展前，都對參與者進行培訓。規劃對乾隆花園的歷史進行了詳盡研究，發現這座花園的內簷裝修是在皇帝的直接指揮下製作的，反映了他的審美取向。他命令兩淮鹽政官員在江南定製了內簷裝修零件，很多江南工藝就此進入皇家，形成乾隆花園內簷裝修獨特的風格。所以，修復工作為尋找當年的工藝和材料，下了很大的功夫。

讓我們欣賞一下修復完成的西四間的空間效果。前簷金柱之間立着木雕仿湘妃竹籬笆牆作隔斷，第二間開一個月亮門。進門，西面就是小戲臺，籬笆牆連接着戲臺左側和背後，轉到北牆時，與牆上畫的籬笆牆連成一個整體。北牆籬笆牆外也是花園景色，延展着倦勤齋窗外的真實風景。

圖45　乾隆花園倦勤齋外景

月亮門外有兩隻仙鶴，一隻正在梳理羽毛；還有兩隻喜鵲，一隻落在籬笆牆上，另一隻正在朝它飛來。順着湘妃竹拼成的柱子，盛開的藤蘿爬到天頂上，透過藤蘿的枝葉花束可以看到藍天。畫家用圓形和圓錐形的花束表現藤蘿花距離看臺的遠近，讓人體會到立體感，藤蘿架一直延展到看臺上方，營造了小劇場永久的春天（圖46，圖47，圖48，圖49）。

「天頂畫」和「通景畫」的保護是一大專項。它們都是畫在絹上，然後裱糊起來，再貼在軟天花上和牆壁上。年代久遠，畫面早已佈滿灰塵，從天花木頂格上垂下來，畫面有斷裂。修復需要把它們揭取下來，在修復室的專用大畫案上清洗和修復。絹背後所襯「命紙」必須用傳統的材料和工藝製作，同時按照保護要求，從材料入手，降低宣紙的酸度。項目組尋訪到安徽省，找到了能夠生產的工匠，專門生產了一批供修復工作使用的紙張。裝裱本是故宮博物院擅長的技術，幾十年來，一直有知名專家和不少技術人員從事這項工作。但是這裏的畫幅太大了，增加了工作難度。當天頂畫和通景畫回貼時，要平整周正，接縫準確，難度很大。工作組和中

圖 47　木造亭式小戲臺，籬笆牆外畫着牡丹

圖 46　前簷金柱籬笆牆和月亮門

圖 48　北牆的通景畫

圖 49　藤蘿架天頂畫

美專家一起上手，那激動人心的場面令我至今難忘（圖50）。

西四間修復還有一項重點，即裝修木構件的修復。西四間用「湘妃竹」為主要建材，表達文雅的基調，籬笆牆、戲臺、欄杆、看臺仙樓上的欄杆罩、落地罩、檻牆，莫不作成湘妃竹的樣子。其實，所有這些都是木雕與油漆的效果。項目組用傳統技術修復結構上的問題，同時，檢測了油漆材料和污染物的化學成分，篩選有效而無害的化學清洗藥劑，實施清洗和封護，最大限度地保護了原材料，保留了原工藝，再現了歷史的空間氛圍（圖51）。

東五間仙樓使用多種內簷裝修構件，如隔扇、木檻牆、欄杆、花牙子、掛簷板等。它們的邊框以紫檀為主，普遍使用鑲嵌工藝和通常在民間使用的毛竹材料。

在上下兩層檻牆的正面，使用了竹黃貼雕。檻牆內部用楠木，外表用紫檀拼貼成卍字花紋做底板。所謂竹黃是把毛竹去節去青，經煮、壓使平，然後加以雕刻，貼在檻牆上，薄施彩色。下層檻牆貼雕百鹿圖，上層貼雕百鳥圖，色澤光潤，典雅可愛。竹黃本是江南常見的手藝，用來製作筆筒等小型工藝品。倦勤齋這麼大型的作品別處似乎還沒有發現（圖52，圖53，圖54）。

圖50　通景畫回貼

圖 51　西四間仙樓看臺

　　隔扇的裙板、條環板，還有仙樓中腰的掛簷板，使用了竹絲鑲嵌等工藝。所謂竹絲，是將竹篾破成不足 1 毫米寬的細絲，染成黑、棕、黃三種顏色，拼成 1 厘米左右寬的竹片，把它們貼在楠木板上，拼成卍字圖案。然後再把這塊板雕上凹槽，鑲嵌烏木的花紋與和田玉（圖 55）。隔扇都是「夾紗」做法，即槅花心分成內外兩層，兩面都是精工細作，中間夾上雙面繡的作品，可以從兩面觀賞。

　　東五間的修復，故宮博物院從浙江省東陽市請來工藝美術大師來進行竹子材料的修復，請江蘇省南京市的專家進行絲織品的複製。還有一些基本完整的雙面繡，加固後使用在原來的位置上（圖 56，圖 57）。

　　規劃確定倦勤齋修復後用於展陳，定向、有限地開放，主要是供專業人員交流，不同於「原狀陳列」，沒有放置過多的文物藏品。為實現長期保存的目標，項目組還組織了對倦勤齋室內環境的分析研究，來確定最適宜木結構和裝修構件保存的條件。根據研究結論，配置調節和監測溫、濕度的設備，專門設計了空調，消除霉菌滋生的條件。至於展陳的照明配置，研究人員認為應該再現以自然照明為主的歷史氛圍，新加的照明只是補充，並使用無紫外線的光源。最後，項目組於 2008 年編寫

圖 52　倦勤齋仙樓二層

圖 53　竹黃貼雕百鹿圖

圖 54　竹黃貼雕百鳥圖

圖 55　仙樓掛簷板的竹絲鑲嵌做法

圖 56　工藝美術大師在進行竹絲鑲嵌隔扇的修復

圖 57　乾隆時期的雙面繡原件

完成了工程報告，並公開出版，達到全民共享珍貴文化遺產的目的，圓滿結束了倦勤齋保護項目。

　　乾隆皇帝曾經六下江南，藝術修養極高，他曾經親自指揮建造了多座園林，但是連內簷裝修都完整保存下來的，乾隆花園是唯一的一座，它是「乾隆風格」的代表作。現在把倦勤齋的經驗推廣到乾隆花園，進展也十分順利，它必將成為故宮博物院全面保存文化遺產，延續其價值真實性和完整性的典範。

6. 故宮古建築彩畫保護

　　故宮古建築彩畫的製作工藝分兩大步。第一步在木構件上製作「地仗」，用桐油、骨膠、血料等混合磚灰、石灰、麵粉，製作成粘接材料，把麻絲、苧布等緊密包裹在木構件的外表面。地仗可以保護裸露的木構件，特別是清代多使用拼接的材料，地仗既起到保護作用，也使構件外表面平整，容易施加油漆和彩畫。第二步彩畫，彩畫的圖案，預先在牛皮紙上畫成「譜子」，然後用針在譜子上扎孔，形成鏤空的花紋，用白粉把圖案拍在完工的地仗表面。用骨膠調製顏料和「瀝粉」，瀝粉裝在有彈性的工具裏，靠人工在畫面上擠出凸起的線條。然後刷上大的色塊，工匠們用畫筆描畫細節。用金的彩畫要使用專門熬製的「金膠油」，把金箔貼在畫面上。

　　古建築彩畫的老化和污染從顏料開始，常見的是褪色，顏料層開裂，起甲，脫落，再嚴重則地仗層空臟開裂，最後與木結構完全剝離。以前，僅顏料層發生問題時可以「過色還新」，即在原地仗上再繪製彩畫。如果地仗發生小問題還可以修補，大問題就只能更新了。但是按照文物保護的要求，彩畫處理成為古建築保護中的一大難題，關鍵是彩畫自身的生命週期遠遠短於木結構，但是如果要更新它，又會遭到質疑。在 20 世紀 70—80 年代，被批評是給老人化靚妝。所以當時流行在新彩畫的顏料中添加一些東西，使顏色不那麼鮮豔奪目，叫作「做舊」。20 世紀 90 年代以後，彩畫更新被質疑是破壞了文物真實性，大家開始討論彩畫更新的合法性。現代保護技術在中國取得發展以來，更多人探索把新技術引進到彩畫保護工作中，使它們更長久地留存在原來的地方。

故宮是中國清代官式建築彩畫的寶庫，具有品類的豐富性和時代的連續性。故宮博物院也一直在研究和探索如何保護它們。幾十年來，形成了比較成熟的做法：其一，內簷彩畫一般保存狀況尚可，除非發生需要搶救的問題，都沒有進行技術干預。其二，建立了外簷彩畫維修工程的程序——對彩畫進行勘查、記錄、測量，必要時描、揭實樣；與歷史文獻進行對照研究，明確其年代與價值；進行方案設計；履行專家審核、獲得批准等管理程序；按照傳統技術實施；檢查驗收。其三，形成了「復原」「複製」「整修」三種方案。「復原」，是一種更新方案，需要評估彩畫的價值和保存狀況，按照保護目標的要求，根據縝密研究的結果，把彩畫恢復到歷史上曾經有過的面貌。1959—1960 年，在對前三殿、後三宮及其門廡進行彩畫維修工程時，專家認為現存彩畫是袁世凱為復辟帝制時匆忙繪製，改變了故宮應有的面貌。而三大殿內簷彩畫還是清代原作，應該按內簷制度，把它們移植到外簷來。復原意味着對現狀的改變，必須要有堅實的研究作基礎。「複製」也是一種更新方案，應用在現存彩畫及地仗已經損壞到完全喪失應有功能的地方。複製要對原彩畫進行描揭，詳細記錄原彩畫的色彩配置，使新彩畫成為老彩畫的複製品。「整修」，在老彩畫發生比較嚴重的損害，但是整體還可以維持的情況下，只進行局部的整理和修補，如局部地仗的回貼、局部地仗補作並補齊彩畫、局部顏色的還新。故宮博物院也進行過用化學藥劑進行彩畫加固和封護的試驗，但是缺少總結，沒有形成結論性意見。其四，故宮博物院組織專業人員對不同類型的建築彩畫進行臨摹，繪製了二百餘幅彩畫小樣，妥善保存。

大修工程中，彩畫工程採取了「個案分析」的處理方式，根據建築彩畫價值評估和保存狀況決定保護方案，基本延續了上述三種做法，同時也進行了少量現代技術「修復」的試驗。彩畫保護的出發點和評價標準，不是考慮外觀的新或舊，新復原和複製的彩畫，一般不「做舊」，它們會在十年時間裏自然變舊。

對內簷彩畫，繼續以原狀保存為主的方針，在需要時進行了補齊加固。如午門內簷彩畫。它是故宮彩畫的一個特殊類別；順治四年作品，時代較準確；單披灰地仗。現狀保護尚好，但是被鳥糞和塵土污染，地仗粘接力不足，連同彩色一起剝落比較嚴重。為了使彩畫更長期地保存下來，

實施了除塵、清洗、回貼、局部補色、封護加固，為合理利用室內空間準備了條件（圖 58，圖 59，圖 60）。

太和殿外簷彩畫採取了「復原」的方案。工程之前，外簷彩畫是 1959 年繪製的，已經過了四十餘年，色彩普遍脫落，地仗也顯現裂紋，貼金脫落黯淡。而且對比發現，當初雖然是從內簷仿製過來，但是各間、各構件上下左右應有的顏色搭配關係與原作並不完全一致，所以決定更新復原。為了貫徹設計意圖，故宮修繕中心請張德才老工程師進行指導，他在故宮博物院從事彩畫工作五十多年，有高超的手藝和豐富的經驗。上架大木地仗保留了原有的「壓麻灰」，在其上找補和新做一布五灰。張先生特別抓緊對內簷彩畫進行搨樣和起譜子的環節，避免紋樣帶有個人的臆測和手法，嚴格做到按照依據「復原」。復原完成的彩畫，不僅與內簷彩畫的「規

圖 58　清洗加固前的午門彩畫

圖 59　單披灰地仗和顏色剝落比較嚴重　　　　圖 60　清洗加固適當補色後的彩畫

矩」完全吻合，而且紋飾的細節忠實地反映了清代早期的風格（圖 61，圖 62，圖 63）。

壽康宮年久失修，外簷彩畫色彩脫落始盡，地仗大部分與木骨剝離，一部分已經脫落，只有專業人員還可以勉強辨認出它是龍鳳和璽彩畫。壽康宮外簷彩畫採取了複製方案，即描揭原彩畫瀝粉的紋飾作為起譜子的依據。工程在實施前，把保存還比較完整的彩畫連同地仗層，從木骨上剝離下來，保存到庫房中，作為標本長期保存（圖 64，圖 65）。

大部分建築外廊裏的彩畫，保存狀況雖然不如內簷，但較外簷要好得多，所以大多數採取了「整修」方案。欽安殿東山下簷的大小額枋彩畫損傷嚴重，修繕工程只對它們進行了複製，整座大殿的其他外簷彩畫保存

圖 61　維修前太和殿的外簷彩畫

圖 62　剛剛竣工時的太和殿外簷彩畫

圖 63　太和殿內簷彩畫的枋心龍紋

圖 64　維修前的壽康宮外簷彩畫

圖 65　竣工後的壽康宮外簷彩畫

較好，均只進行了除塵和局部加固，這也是整修的一種方式（圖66，圖67，圖68）。

　　貞度門是清光緒十五年火災後重建，估計當時工期緊張，大木構件沒有充分乾燥就實施了油漆彩畫工程，所以地仗與木骨剝離的現象非常普遍。外簷彩畫尤其嚴重，為了防止它們徹底從建築物上脫落，只好用薄鐵條把彩畫連同地仗釘在木材上，對木材起不到保護作用，也喪失了

圖67　欽安殿東山下簷大小額枋複製了彩畫

圖66　壽康宮前簷廊內彩畫

圖68　欽安殿後簷額枋除塵與局部加固

美化作用。維修工程對它的外簷彩畫進行了複製，內簷彩畫進行了保護修復。保護修復工作由陝西省文物保護研究院承擔，他們記錄分析彩畫病害的現象、成因，分別採取措施，對症施治，清除彩畫表面污染物，如鳥糞、霉斑和灰塵，加固、回貼粉化、開裂、起甲的顏料層，軟化、回貼剝離的地仗，最後整理修復後畫面的效果，使之協調（圖69，圖70，圖71）。

圖69　貞度門內簷彩畫與木構件「離骨」

圖70　貞度門外簷彩畫勉強留在原來的位置

圖71　貞度門內簷彩畫的修復：穿插枋回貼後清洗效果的對比

故宮外簷建築彩畫「復原」和「複製」保護方案只是個案，它的合理性是基於故宮的特殊性。首先是故宮彩畫遺存的豐富性，使得如果需要採取復原的方案，比較容易取得確切、真實的依據，避免個人的臆造。其次是彩畫遺存年代相對較短，在北京地區，清代官式建築彩畫技術基本上得到傳承，傳統材料也基本可以找到，使得無論復原還是複製，基本可以做到「原材料」和「原工藝」。最後，故宮建築的審美特徵不排斥這兩個方案。這些特殊性決定了，正確的復原和複製對延續故宮古建築價值的真實性和完整性、傳遞歷史信息，是一種積極的措施。這與我國早期或者珍稀建築彩畫的傳統技術和材料早已失傳、不可能再現的情況，有着根本的區別。讓具有歷史價值的彩畫更長久地保存在原來的位置，也是我們追求的目標，只是現在還沒有成熟的技術，需要繼續探索。

四、北京會議與北京文件

世界遺產委員會自 2003 年第二十七屆大會以來，就對北京的故宮、天壇和頤和園等三個世界遺產地面臨城市發展的壓力、缺少必要的緩衝區等問題表示關切。而恰恰在北京奧運會之前，這三地又都進行着大規模的維修工程。在第三十屆大會上，有一份報告稱這些工程是「倉促進行，缺乏文獻依據和清晰的原則以指導修復工作」。因此委員會對我國提出了七點要求：其一，澄清這些地點修復工作所採取的原則；其二，澄清為何修復工程倉促進行；其三，澄清修復工程所使用的文獻依據，包括建築彩畫的文獻依據；其四，在故宮保護總體規劃中納入風險準備和旅遊管理的內容；其五，為頤和園和天壇世界遺產制定適當的保護總體規劃；其六，與其他東亞國家合作，研究在保證世界遺產真實性的同時對建築彩畫進行修復的課題；其七，組織關於亞洲文化遺產地的「突出的普遍價值」、真實性和完整性的區域研討會，並評估在東亞地區實施國際普遍採用的保護原則的重要性。按委員會的要求，對在國內三個遺產地點受到「黃牌警告」的誤傳，國家文物局及時做了解釋。

按照委員會的要求，中國國家文物局、國際文物保護與修復研究中心、國際古蹟遺址理事會和聯合國教科文組織世界遺產中心於 2007 年 5

圖 72　北京會議代表在太和殿工地聽取情況介紹

月 24 日，在北京召開了「東亞地區文物建築保護理念與實踐國際研討會」。故宮博物院承辦了這次會議。來自國際組織和十七個國家的六十餘位專家出席了會議。代表們考察了三個遺產地的保護工程（圖 72），經過了緊張的討論，形成了兩個文件：第一個是《北京文件 —— 關於東亞地區文物建築保護與修復》，5 月 28 日晚 10 點簽字。最初刊登在《中國文物報》上。收入這四個機構主編的《國際文化遺產保護文件選編》時翻譯為「東亞地區文物建築保護理念與實踐國際研討《北京文件》」。第二個是《關於北京世界遺產地保護與修復的評價與建議》，會議上沒有來得及最後完成，會後經世界遺產中心潤色後掃交。故宮博物院的中文翻譯本，發表在《中國紫禁城學會論文集》（第六輯）上。這兩個文件，以下分別簡稱為《北京文件》《評價建議》。

《評價建議》歸納了一份「關於委員會要求提供的總體意見」。「與會者認可了由《中華人民共和國文物保護法》和《中國文物古蹟保護準則》（2002 年）所確定的國家級框架，這個框架為保護中國文化遺產的真實性提供了應有的重視、準確的定義和嚴格的規定。」「北京當前在世界遺產保護方面採用的做法，證明了從明清以來幾個世紀中發展而來的建築傳

統，反映了流傳至今的遺產的持續性和多樣性。我們承認，有關負責部門和遺產地管理者成功地根據保護政策和戰略的連貫和共同的基礎進行工作。上述單位的許多問題已得到了適當和應有的關注。」這回答了世界遺產委員會對於修復工作所採取的原則、修復工程倉促、修復工作缺乏依據的質疑。

代表們通過實地參觀來了解中國同行們的保護工程，贊同結構安全是決定修復程度的關鍵考慮因素，贊同整修損毀嚴重的地面磚、拆除水泥磚。他們觀察到清洗後的琉璃瓦和新瓦屋頂呈現了更加光亮的外觀，但是在北京的環境中，這種亮光將在相對短的時間內褪去。代表們還贊同原狀保護內簷彩畫的政策和小心的做法，「認為它們的真實性得到了很好的尊重」。

代表們了解到外簷彩畫對建築物的保護作用，由於暴露在惡劣的環境下遭受嚴重的風化，通常進行過定期的修復。代表們提出兩條建議：「需要試驗使用其他處理方式對其進行保護的可能性，這樣，重要的歷史信息將能夠作為活着的文獻在原位得到保留」；「希望對傳統工藝、技術和材料進行進一步的研究，以便在未來繼續改進修復的效果」。

《評價建議》的最後，代表們給三個世界遺產地點未來的工作提出十點建議：

第一，政府應考慮就保護和修復工作出版詳細的報告，提供給文保專業人士和研究人員；

第二，可對信息管理系統進行改善，以保證在現場工作的中國及其他國家的文保專業人士及相關研究人員能夠很容易地取得信息；

第三，中國政府應繼續工作，將風險準備和旅遊管理納入故宮保護總體規劃，並完成頤和園和天壇保護總體規劃的制定；

第四，在實施必要的修理和修復時，關於儘可能多地保存歷史遺蹟的現有政策應得到保持和加強，以保證遺產地持續的真實性；

第五，石質部分的保護應追蹤這一領域最新的發展成果；

第六，關於建築彩畫，應保持和加強現有政策，以儘可能多地保護歷史資料，保留代代傳承下來的傳統做法；

第七，還應加強研究項目，以便更好地理解與這些建築彩畫相關的材料、工藝和技術，研究工作可以包括從每個遺產地的不同地點廣泛地採集

樣本，以保證對整個遺產地有很好的理解；

第八，如果上述研究項目成為一個更大的亞區域項目的一部分，將會更加有效。因此，可以探討實施世界遺產委員會建議的這樣一個亞區域合作項目；

第九，由於高層建築對頤和園的視覺統一性具有潛在的不利影響，應對必要的保護周邊環境的規劃機制給予關注；

第十，關於故宮，應關注其周邊近距離範圍內的那些歷史性建築，他們可以成為故宮作為文化遺產地的總體規劃的一部分。

應該說，代表們在這麼短的時間裏，通過工地考察、會議討論，得到的認識和提出的建議是比較全面、專業的。石質文物保護是我們亟待解決的問題，維修信息管理與及時發佈、出版工程報告，更是我們工作的長期欠賬。代表們的建議讓我們看到自己與國際現代文物保護運動的差距。

《北京文件》是一個理論文件，總共十二節：背景；保護原則；文化多樣性與保護過程；檔案記錄與信息資料；真實性；完整性；保養和維修；木結構油飾彩畫的表面處理；重建；管理；展陳和旅遊管理；培訓。對東亞地區文物建築保護應該遵循的理念做了盡可能全面、準確的新的歸納，對保護實踐的應有程序和環節做了系統的表述。它是對世界遺產委員會第七點要求的回應，一方面說明了東亞地區文化遺產保護工作存在自己的特點，同時也可以適應和執行國際現代文物保護運動的基本原則。這份文件高屋建瓴，足以指導東亞地區的文物建築保護實踐，應該在中國得到普及。

《北京文件》並沒有重複現代文物保護的一些重要概念，而是用「會議回顧」的方式，重申了《實施公約操作指南》《威尼斯憲章》《奈良真實性文件》《中國準則》《西安宣言》等文件中已經包含的原則，然後把這些概念延伸到文物建築保護的領域。

關於「真實性」，特別強調「任何維修與修復的目的應是保持這些信息來源的真實性完好無損。在可行的條件下，應對延續不斷的傳統做法予以應有的尊重，比如在有必要對建築物表面重新進行油飾彩畫時。這些原則與東亞地區的文物古蹟息息相關。」

關於「完整性」，對於保護工作來講，「它應考慮到體現遺產重要性和價值所需的一切因素。對一座文物建築，它的完整性應定義為與其結構、

油飾彩畫、屋頂、地面等內在因素的關係，為了保持遺產地的歷史完整性，有必要使體現其全部價值所需因素中的相當一部分得到良好的保存，包括建築物的重要歷史積澱層。」

《北京文件》解釋了現代文物保護運動的特徵，「現代保護理論可以被視為涵蓋決策過程的方法論，這一決策過程從認知遺產資源的重要性和價值開始，並構成採取相應保護處理的依據。」「考慮到各個遺產地的文化和歷史特性，修復工作不能不經過適當的論證和認知，就按照固定的應用方式或標準化的解決方法進行」。

《北京文件》關注和尊重不同國家和地區的文化特徵。「文化遺產的根本特徵是源於人類創造力的多樣性」，文物保護「採取審慎的態度至關重要。在修復過程中必須充分認識到遺產資源的特性，並確保在保護和修復過程中保留其歷史的和有形與無形的特徵。」

北京會議的召開和兩個文件的發佈對故宮博物院是一件大事，對中國的文化遺產保護事業也是一件大事。會議文件是中外專家充分交流的成果，是東西方建築遺產保護理論的一次碰撞與融合。文件所表達的現代文物保護運動的核心價值觀，吸收了西方多年的理論成果，也吸收了中國和東亞地區的經驗。特別是在真實性定義方面，從對文化遺產的評估標準，延展到文化遺產保護領域，成為保護活動的宗旨和目標，是一個巨大的進步。故宮博物院為這樣一個重要的國際文件的制定做出了貢獻，而文件必將為指導故宮古建築的延續發揮重要的作用。